Reverse Innovation of Japanese SMEs

中小企業のリバース・イノベーション

Yoshida Kentaro
吉田 健太郎 編著

まえがき

日本の中小企業のグローバル経営が広がっている。情報量や支援策、物流や移動手段の発展により、日本企業のグローバル化は90年代以降一層進展し、巨大な資本を持たない中小企業やベンチャー企業にとっても容易に海外展開を実現できるようになった。

日本が抱える長期的不況に加えて、少子高齢化により国内の市場規模は縮小している。国内の分業構造の中で長年存立してきた「ものづくり」産業を支える下請中小企業は、親企業の海外進出にともなって取引が大幅に減少している。一方では、近隣のアジア圏に目を向けると成長著しい市場の台頭が目立ち、欧米やアジアの富裕層には、日本人固有の感覚が生む質の高いサービスやコンテンツ、食に対する関心は高まるばかりである。国内市場の見通しが暗い一方で、海外市場の魅力は大航海時代のカリブ海に浮かぶ「宝島」のようにも思える。

とはいえ、経営資源に乏しい中小企業にとって海外で成功することは容易ではないようだ。海外の未開拓市場への参入はチャンスも大きいがリスクも高い。海外展開をきっかけとして、大きく成長する中小企業もいれば、経営難に陥ったり倒産したりしてしまう中小企業も数多く存在する。

中小企業の海外進出は、規模拡大と生産性向上を積極的に進める大企業とは異なり、必ずしも戦略的あるいは積極的な理由とは限らない。親企業の要望によることや、取引関係を継続するためにやむを得ず海外まで追随するケースも少なくない。大企業と中小企業とでは海外進出の要因は必ずしもすべてが一致するわけではない。国際経営の理論上の共通点は少なくないものの、規模的特性による強み、弱みの違いを考慮する必要がある。規模的特性による強みが違えば、当然のことながら戦略も違ってくる。

これまでの国際経営論は、豊かな資本力を背景に経営資源を国際間で活発に移転させることが出来る多国籍企業を前提とした概念が中心であった。実態では、中小企業の海外進出の数も多国籍企業に劣らずかなりの蓄積があるものの、異質多元な中小企業の特性を体系的に捉えることの難しさや、そもそも、大企業に比べて成功事例としてのデータが少ないなどの理由もあり、「中小企業」に焦点を当てた国際経営の体系的な理論の構築はまだ少ない。まして、「日本の中小企業」にフォーカスしたものは決して十分とはいえない。

そして、日本の中小企業には、日本的商慣習や日本的経営のシステムを背景に、発展性と問題性を帯びてきた独特の歴史的な特徴を持っている。たとえば、ものづくり大国として成長してきた日本の産業発展の背景には、製造業の大企業と中小企業との系列関係による従属的で蜜な関係が存在した。こうした関係のもとでは、個別の契約がなくても、情報交換や試作品の開発、図面の共有などが行われてきた。生産計画と管理は大企業が面倒を請け負い、下請分業構造を支える中小企業が得意な専門分野に特化し技術・技能を高めていったのである。サービス産業においても同様のことがいえる。日本の文化的背景や日本人の「おもてなし」精神や「わびさび」、徹底した「こだわり」が強みとなって織りなす独特のサービス（たとえば、娯楽宿泊やエステサロン、日本食レストランやラーメン店にみられるサービスなど）は、他国では容易には真似できない日本特有のものといえる。このようなわが国独特の従属的関係性やサービスは「日本的経営」の特徴によるものであり、欧米の企業システムにおいて一般的に説明できるものではない。

すなわち、欧米の多国籍企業を対象として蓄積されてきた国際経営の理論をそのまま日本の企業、とりわけ、中小企業に適用しようとしてもうまく機能するはずはない。日本中小企業の歴史的特徴と経営特性を踏まえたハイブリッド型の理論の構築が不可欠となる。さらに、中小企業にとって海外展開を大企業に追随していくような後ろ向きなものではなく、どうせならば成長するための機会にしたいものである。そのためには、海外展開を「イノベーション」の機会、すなわち、成長戦略として捉えることが重要な視点となる。

本書の狙いは、ここにある。本書では、日本中小企業が海外展開を機に進出国でイノベーションを起こし、その現地発イノベーションを本国本社や第三国拠点へリバース（還流）させることで組織全体の持続的成長につなげる、そんな戦略を描けるための実践的な手順と方法論の枠組みの提言を試みている。すなわち、中小企業を対象とした日本オリジナルの国際経営戦略の理論構築の一助となる研究を目指すものである。

規模的特性を共通としつつも多様な中小企業の実態を体系立てて捉えようとする中小企業研究には、個々の実態への深い理解を捉えることが重要となる。「中小企業経営」にかかわる分野は、複雑な学際領域が複雑に混ざり合う分野である。それだけ、そこに内在する問題も複雑で一つの処方箋を投じて解決するものではない。こうした分野だからこそ、労を惜しまず足で稼ぐことが、現実の問題を紐解く重要なヒントになるものと考える。

本書は、国際経営論、ベンチャービジネス論、経営戦略論、管理会計、経営法、人的資源管理、そして、中小企業論といった筆者を含む専門の異なる6名の研究者と1名の実務家がそれぞれのフィールドでまさしく足で稼ぎ収集した情報とデータをもとに、長期間にわたる議論を重ね、それぞれの視点から日本中小企業の国際経営の実態について考察し、各自の専門分野、フィールドワークや実務活動に基づき解明・検証した成果を書き下ろしたものである。

なお、本研究は科学研究費助成事業・基盤研究（B）海外学術調査（課題番号：26301025）「日本中小企業のアジア域内における分業構造とリバース・イノベーションとの関係性」の助成を受けたものである。すなわち、本書は、2014年4月に本研究費の獲得を契機に始まった「中小企業のリバース・イノベーション研究会」の到達点である。この間に、現地調査のために訪問した国は12ヵ国、聞き取り調査を行った企業（公的機関・大企業・中堅企業を含む）は、55社、そのうち日本の中小企業は45社、インタビューを行った総時間は160時間に及んだ。海外展開を行う中小企業（有効回収数200社）に対してアンケート調査も実施している。聞き取り調査の対象とした中小企業は、学術研究の用に供する断りのうえでジェトロおよび日本政策金融公庫総合研究所から提供頂いた情報をもとに慎重に選定した。

本書の構成は、理論編とケーススタディ編とまとめ編の3部構成となっている。第1部理論編は、それぞれの専門分野において先行研究を整理し、アンケート調査や文献調査から問題意識を明確にすることで各専門分野におけるリサーチクエスチョンを提示する５章で構成した。第２部は、第１部で掲げたリサーチクエスチョンを検証するケーススタディ６章で構成した。このケーススタディ編では、中小企業10社と中堅企業３社の事例を取り上げた。第３部では、制度上の留意点、事例分析と本書の結論を２章にまとめた。このまとめ編では、日本中小企業が国際経営によるイノベーション活動を行い自社の成長を目指すうえで不可欠となる法的な留意点をリスク管理の観点から示したうえで、第２部で紹介する異なる10社のケースの共通項から日本中小企業がリバース・イノベーションを興すための要因を分析し、実現条件を導き出した。中堅企業３社の事例は、中小企業との比較分析に用いて中小企業ならではの優位性を浮き彫りにした。なお、各章は研究会で発表しピアレビューを行ったうえで掲載している。掲載した事例企業のインタビュイーには本書の内容を確認して頂き掲載許可を得ている。

本書の執筆に際して想定した主な読者は、海外展開に取り組む企業経営者・担当者ならびに経済団体関係者、公的支援機関、国際経営および中小企業分野を研究する大学研究者・大学生・大学院生と幅広く想定している。大学研究者には、「中小企業論」「イノベーション論」「国際経営論」「マネジメントコントロール論」をはじめとする関連科目の専門書としての利用を想定し、一定の科学性を担保できるよう先行研究の整理、研究手法の選択や検証方法に慎重に配慮した。また、中小企業が海外の現場で試行錯誤しながらイノベーションを生み出していく姿を詳細に描き出し、彼らが現場でどのような支援を必要としているのかを分かりやすく示唆することで、国・地方自治体の海外展開支援を行う担当者にも役立つものになることを心がけた。何より海外展開に挑む日本中小企業に、経営資源に限るがある中でも規模的特性ゆえの強みを活かし奮闘し成長する事例企業の経験から、僅かなりとも希望を感じとって貰えたら嬉しい限りである。

さて、本書は多くの方々に助けられ、そして、支えられ出版を実現できたものである。本書の執筆に取り組み始めてから、われわれは多くの友人や同僚、諸先輩・先生方から激励と建設的なコメントをいただいた。筆者の恩師である横浜国立大学（現在は横浜国立大学名誉教授・嘉悦大学教授）の三井逸友先生に「世界に視野を広げた研究から大きな議論をなしつつある」と背中を押して下さったことが本研究の出発点にある。なかなか次の研究のステージに踏み込めずにいた中での有難いお言葉だった。兄弟子である駒澤大学の長山宗広先生には、研究進捗の「ペースメーカー」になって頂き、いつも厳しくも温かいメッセージで励まして頂いた。そのおかげで予定どおり刊行にたどり着くことができた。そして、貴重なご教示を賜った川邉信雄先生（早稲田大学名誉教授）に深く感謝申し上げたい。川邉先生の御助言により、現地調査の精密さと分析の視点が改善され、本研究の完成度を高めることができた。

また、世界各国、多くの国・地域を訪問させて頂き、経営者や海外担当者のお話しを伺わせていただいた（詳細は巻末付録「訪問先リスト」を参照されたい）。この間に在外研究の機会にも恵まれた。英国ロンドン大学SOAS（東洋アフリカ研究学院）のHelen Macnaughtan先生、Richard Black先生は筆者にロンドン大学で研究を行う機会を与えて下さった。そして、米国ハワイ大学マノア校DURP（都市地域計画学部）のKem Lowry先生、Makena Coffman先生、Vince Okada先生はハワイ大学で研究を行う機会を下さった。秘書のDana Singer氏には、ハワイ大学での不慣れな学内諸手続きにかかわるご支援を頂き大変助けられた。ロンドン大学とハワイ大学の諸先生方からは、本研究の方向性について議論し多くのヒントを頂けた。これらの在外研究は、素晴らしい研究者や実務家の方々との新たな出会いの貴重な機会となり想像以上の刺激とインスピレーションを与えてくれた。感謝してもしきれない。このような環境に筆者を快く送り出してくれた立正大学経営学部にも深謝申し上げたい。引き続き一層の努力のもとに研究成果を出し続けることでこの恩に報いたい。

実務家であるHawaii Innovative KnowledgeのYoshi Tsurumi氏、Go Law OfficeのGo R. Kato弁護士からは、実務の観点から有意義なアドバイスを頂いた。JETROおよび日本政策金融公庫には、毎度無理なお願いばかりしているにもかかわらず、いつも快く情報や資料を提供して頂き頭が上がらない。そもそも日本学術振興会に科研費助成を受けることができなかったら本研究を実現することはできなかった。厚く御礼申し上げたい。すべての方や関係機関のお名前をここにあげることはできないが、その面々にも感謝の意を表したい。本書の出版・編集に関しては、とくに同友館の佐藤文彦氏の労に負っている。とりわけ、今回は海外と日本とのやり取りだったため大変なお手数をおかけしてしまったものと思う。この場を借りてお詫びを申し上げるとともに記して犒いたい。申し上げるまでもなく、本書における一切の誤りは編者である筆者の責任に帰すものである。

最後に、本書が完成するまでの間、熱い議論に付き合ってくれた研究会の仲間である横浜市立大学の中山健先生、多摩大学の丹下英明先生、ロンドン大学のShinozawa Yoshikatsu先生、獨協大学の高橋均先生、立正大学の藤井博義先生、高橋俊一先生に、そして、温かい愛情で辛抱強く見守り支え続けてくれたすべての方々に、言葉に言い尽くせないほど心から感謝を申し上げたい。

みなさま、本当にありがとうございました。

新緑が芽吹くブルームズベリーに佇むロンドン大学にて

吉田 健太郎

在外研究先の英国ロンドン大学ソアス

筆者撮影

目　次

理 論 編

第1章
中小企業の国際経営の理論と視座

I はじめに

かつて国際経営戦略の対象は、多国籍企業を中心とする大企業であったため、その理論構築には大企業を前提とした議論が行われてきた。しかし、時代の変遷にともない企業規模問わず海外展開が当たり前となった今、中小規模企業の国際経営戦略の理論構築の必要性が高まっている。中小企業(1)と大企業(2)とでは、規模的特性ゆえの経営資源の違いから、国際経営の考え方において当然ながら同じ理屈では通じない部分もある。この点を考慮し、中小企業の国際経営戦略を検討する必要がある。

90年代以降、中小企業を含む企業の国際化は右肩上がりで増え続けている(**図表1－1**参照)。海外子会社を持つ企業の進出先は、先進国のみならず新興国や開発途上国に及んでいる。80年代以前に比べ、情報量や支援策、物流や移動手段の発展によりグローバル化は進展し、巨大な資本を持たない中小企業やベンチャー企業にとっても、相対的に容易に海外展開を実現できるようになった。そのため企業の国際化は、規模に関係なく企業の持続的成長に必要不可欠な戦略となりつつある。

図表1－1　日本の中小企業の海外展開の推移

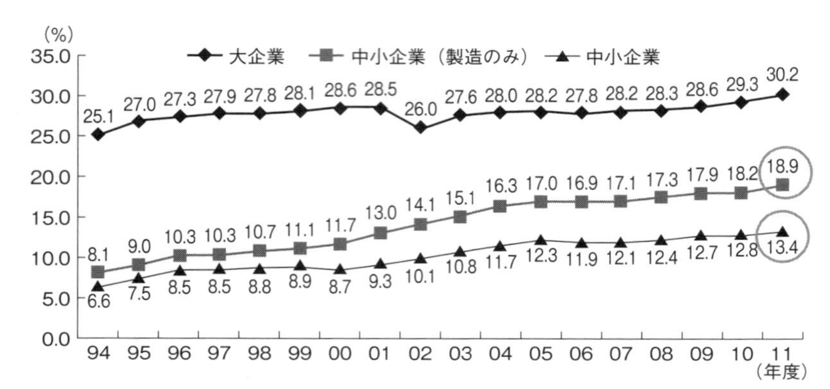

資料：経済産業省「企業活動基本調査」再編加工

（注）１.「海外子会社を保有する企業」とは、年度末時点に海外に子会社又は関連会社を所有する企業をいう。

２.「子会社」とは、当該会社が50％超の議決権を所有する会社をいう。子会社又は当該会社と子会社の合計で50％超の議決権を有する会社も含む。「関連会社」とは、当該会社が20％以上50％以下の議決権を直接所有している会社をいう。

（出所）中小企業白書（2014）

とりわけ、長期的不況に加えて、少子高齢化により国内の市場規模が縮小の一途をたどることや、日本の分業構造を支えてきた親企業が海外進出したことによる国内における取引の減少が、日本の中小企業の国際化の必要性を高めている。加えて、海外に目を向ければ成長著しい市場や高付加価値市場など多様で魅力的な市場が数多く存在している。日本人固有の繊細な感覚と成熟化社会が育て上げた質の高いサービスが、諸外国で求められる時代になった。とはいえ、海外で成功する中小企業は決して多くはなく、むしろ苦戦し撤退するケースが少なくない。経営資源に限りがあるうえ、海外の未開拓市場への参入は不確実性が高く競争の質・量ともに国内とは異なるため成功は決して容易なことではないからである。そのため、海外展開を契機に成長する中小企業に注目が集まっている。このような背景から、今まで以上に中小企業の国際経営戦略の根拠となる理論構築の重要度は増してきているといえよう。

本章では、代表的な国際経営論の先行研究をレビューしながら、パラダイムシフトにともないこれらの理論に生じた限界と課題を示す。そのうえで、上掲で述べた背景を踏まえ、日本の「中小企業」の国際経営に焦点を当てながら、この限界と課題を克服可能な成長戦略とはいかなるものなのかを検討する[(3)]。結びとして、本書の出発点にある問題意識と本研究の目指す到達点を示す。

Ⅱ　国際経営における理論の変遷

1．直接投資論的アプローチ：変遷の境界線（～80年代前半）

現代における国際経営論の系譜は、1980年代前までとそれ以降で大きく変化がみられる。それゆえ、80年代前半までの国際経営論の代表的な概念を解説したうえで、その後に見られる変化の要因となった時代背景を捉えながら、近年注目される国際経営論の概要をみていく。

国際経営を志向する企業には、輸出、技術供与（ライセンシング）、提携（フランチャイズ）、海外直接投資（FDI）などいくつかの海外展開における選択肢がある。80年代前半までは、「国境を越えて行われる経営活動」である海外直接投資を中心として、その要因と目的を説明するための理論が経済学者らによって展開されてきた[(4)]。山倉(2012)によれば、その代表論者は、Vernon (1971) の「プロダクト・サイクルモデル」、Knickerbocker (1973) の「寡占的対抗モデル」、Hymer & Kindleberger (1976) の「寡占モデル」、Buckley & Casson (1976)、Rugman (1981) 等によって展開された「内部化論」とされる[(5)]。

プロダクト・サイクルモデルでは、商品のライフサイクルに応じた経営能力（新製品→成熟商品→標準商品）とそれに適した立地選択（本国→先進国→低開発国）を重視する。寡占的対抗モデルは、寡占産業において同一産業の競争企業に対する対抗行動として海外投資を説明する。これに対して、寡占モデルでは市場の不完全の存在ゆえに、企業が固有に持つ独占的優位性を利用して海外投資を行うことを論じる。内部化論は、市場の不完全性に対して、企業固有の優位性にもとづく「内部化」によって世界的規模で生産・販売を行うことを説明する。すなわち、市場の不完全性に対処する制度として海外生産子会社の設立をとらえ、海外直接投資は企業固有の優位性を失わせないために選択される。

これら諸理論の統合モデル（折衷理論）として位置づけられるのが、経営学者Dunning（1980, 1985）の提唱したOLI（Ownership Locational Internalization）モデルである。OLIモデルは次に挙げる3つの優位性の観点から、企業の海外展開の行動目的を説明する。①本国の企業は受け入れ国の企業よりも技術・ブランド・品質・経営管理上のノウハウなどの相対的優位性を持っている、②本国よりも受け入れ国が優遇政策や安価な労働力などの立地上の優位性を持っている、③事業活動の国際化は市場の不完全性に対して親会社の優位性を内部化することの利益を享受する(6)。

すなわち、折衷理論では本国親会社の優位性を前提として、海外直接投資が行われる。逆に、コスト削減やリスク軽減の観点から現地で生産をする利点（内部化優位）がなければ、自国からの製品輸出を選択する。あるいは、現地の企業に技術を（ライセンス）供与することでロイヤリティを受ける選択が行われることになる(7)。この直接投資論的アプローチにおける包括的な視野は、井原（2009）が指摘するように、複雑な現実が絡み合う企業の国際化を分析する最初の段階で用いるものとしては一定の有効性があるが、これらの議論は海外直接投資の「動機解明」を主な目的としており、企業の組織や戦略を分析しようとする視点は希薄といえる(7)。同時にこれら諸理論は、いずれも親会社と子会社との「一方向の関係」「上意下達の関係」を前提とした企業の国際化における行動選択基準を一般化したことが特徴となっている。このように80年代前半までの直接投資論の考え方の根本には、「国際経営の成功には本国親会社の優位性が絶対的な役割を演じる」という認識が根強く存在していたことを示している。

2．組織論・戦略論的アプローチ：変遷の境界線（80年代後半～）

一般的に、国際経営論における研究の潮流はこの時代背景の変遷にともない、1980年代後半から大きく変貌を遂げた。時代の変化にともない、国際経営における企業本社の絶対的役割は現実的に限界を迎えた。つまり、浅川（2006）

によれば、パラダイムシフトを契機に起きた技術革新とグローバル化の進展は、重要な知識・能力の所在を世界規模で流動化、分散化させ続けた結果、それまで常識とされた本国親会社の絶対的な役割に揺らぎが生じることとなった[(9)]と説明する。

1980年代後半以降、国際経営論に新たな潮流をもたらしたのは、組織論・戦略論的アプローチを特徴とするBartlett & Ghoshal（1989）の「トランスナショナル経営論」および「メタナショナル経営論」である。なぜ、潮流に変化が起きたのか。それは、イノベーション活動を行ううえでの「パラドクスとジレンマ」を克服するための新たな組織や戦略のあり方に変化が生じたからである。企業の競争優位をもたらすイノベーション活動[(10)]は、イノベーション論の原点にある概念（Schumpeter, 1912）に従えば、Face to Faceの関係によって共有される、模倣が難しいとされる暗黙知・文脈知・経験知（詳細は後述する）といわれる「知識」を生み出す極めてローカルな活動によるものとされてきた。なおかつ、経済に大きなインパクトを与えるほどのイノベーション活動のロケーションは、先進国に限られるものとされてきた。つまり、グローバルとローカルは対極にある概念であり、先進国ローカル（本国本社の内部）から生み出されたイノベーションの優位性をグローバルへ移転・分散するベクトルは成り立っても、その「逆」のベクトルを示す海外子会社の優位性を本国本社に「逆流」させることは一般的に困難とされてきたのである。

しかし、グローバル化は、ヒト・モノ・カネ・情報を世界各地に分散させたことに加え、新興国やBOP（Base of the Pyramid）の台頭は、ニーズや市場をより一層多様化させ、イノベーションの源泉そのものが世界各地に分散する状況を創り出した（Prahalad, 2004）。その結果、進出先の海外子会社では本国本社の優位性は直ちには発揮できない状況に陥った。一方では、先進国問わず途上国や新興国の現場でイノベーション活動を行う企業が、イノベーションを起こし得ることが可能となり、実際にそうした現象が現実となった（Govindarajan, 2012）。すなわち、海外進出先のローカルからイノベーションが起こる、他方ではそれまでの概念とシステムでは困難（それまでの仕組みではイノベーション活動に限界が生じる）、というパラドクスとジレンマが生じた。この困難を克服するための新たなシステムの足掛かりを提唱し、国際経営論における新潮流を生み出したことが、「トランスナショナル経営論」と「メタナショナル経営論」の貢献である。

トランスナショナル経営論では、国際経営によって成長し続けるためには、伝統的な「一方向の関係」「上意下達の関係」から脱却する必要があることを主張している。具体的には、本社と進出先との「双方向（共同・共創）の関係性」に基づく組織体系を最終段階として、イノベーション活動を「段階的に」発展させていくことの重要性を説いている(11)。発展段階は、進出段階に応じた４つのタイプの国際経営類型に分けて体系化され、それぞれの組織の特徴から段階ごとに海外子会社の役割を説明している（**図表１−２**参照）(12)。

このように、トランスナショナル経営というフレームワークは既述したイノベーション活動における「ジレンマとパラドクス」を子会社の役割を再定義することで克服する形で、国際経営の議論を新たなステージへと進化させた。その意味で、「グローバルな効率追求と現地市場への適応に加えて、グローバルなイノベーションを同時に追求する戦略モデル」(13)であるといえる。しかし、依然として自国を起点に、自社のネットワーク、そして経営資源をベースに本国と進出国との双方向性と自律性を追求するものであった。このため、後述す

図表１−２　トランスナショナル経営４つの国際経営類型と進出ステージ

組織の特徴／ステージ	インターナショナル 第１段階	グローバル 第２段階	マルチナショナル 第３段階	トランスナショナル 第４段階
能力と組織力の構成	能力の中核は中央集権、他は分散	中央集中型／グローバル規模	分散型／海外子会社は自立	分散、相互依存、専門家
海外事業が果たす役割	親会社の能力を適応させ活用	親会社の戦略を実行	現地の好機を感じ取って利用	海外の組織単位ごとに役割を分けて世界的経営を統合
知識の開発と普及	中央で知識を開発し下位の組織単位に移転	中央で知識を開発して保有	各組織単位内で知識を開発して保有	共同で知識を開発し世界中で分かち合う

（出所）浅川（2007）P.6を基に筆者加筆

るように、昨今現実的に起きている先進国企業が途上国や新興国などに進出しその現地主導のイノベーション活動が本国本社を含む企業全体の成長をもたらすような、進出先を起点とする「現地発イノベーション活動」を本国へ「リバース」させる戦略までは想定されておらず、その後のグローバル社会の普遍的なイノベーション活動を包括するフレームワークとしては課題が残されていた。

その後注目されたのが、Doz, Santos & Williamson（2001）の「メタナショナル経営論」である。浅川（2009）によれば、メタナショナル経営とは「自国中心主義、自前主義、先進国至上主義から脱却した経営」[(14)]のことをいう。Doz らは、トランスナショナル経営の最終段階である現地子会社と本国親会社との「相互関係」「共同・共創」から更に一歩進化した議論を展開し、進出先子会社の役割に関する再定義を試みた。すなわち、メタナショナル経営の本質とは、本国のみではなく世界中のあらゆるロケーションで価値創造を現地拠点主導で行うことであるとして（Doz, Asakawa, Santosand Williamson, 1997）、自国の優位性のみに依拠せず現地拠点発のイノベーション活動の必要性と、世界中の経営資源を有効活用して世界規模で競争優位を構築することの重要性を強調している。

3．先行研究からの示唆：現地発イノベーション論的アプローチの分析視角

結局のところ、トランスナショナル経営論とメタナショナル経営論の相違点はどこにあるのだろうか。どこが進化し優れているのだろうか。それは、自国優位性から脱却して、世界中から新しい優位性を確保し「現地拠点発のイノベーション活動」を行っていく点であろう。その際、自社のネットワークのみに依存するのではなく、外部ネットワーク（現地のネットワーク）や外部資源（現地の地域資源）を活用していくことを仕掛けとして、自社の保有する強みとそれらを掛け合わせ知の融合（共有・移転）を図ることで現地発の優位性を生み出す新たなシステムを提示したという意味で国際経営論に大きな進化をもたらしたのである。すなわち、トランスナショナル経営論からメタナショナル

経営論への発展から得られる重要なポイントは、進出先の資源を有効活用し、現地での外部ネットワークや外部資源との接触のなかで触発される学習をベースにグローバル水準の新たなイノベーションを通じた競争優位を構築するためのイノベーション能力の開発の必要性を示したことであろう。

それでは、メタナショナル経営を成功させるために、具体的にどのような能力開発が必要となるのだろうか。Doz らは、これらを段階に分けて解説する。第一段階は、新しい知識や市場を感知し、それにアクセスする能力。第二段階は、新しい知識を機動化し、イノベーションを作り出す能力。第三段階は、このイノベーションを日常のサプライチェーンに乗せ売上や利益の拡大を図る能力である[(15)](イノベーション能力の条件についての詳細は第３章を参照されたい)。

したがって、イノベーションを通じた新たな持続的競争優位を構築するためには、このような能力開発を意識しながら、本国における「柵（しがらみ)」から脱却し、自社の強みを最も発揮できる地域に国境を飛び越えて参入する戦略的視点が求められる。その際、その地域資源や外部経済を有効利用し、進出国から吸収・学習し、必要に応じて組織もサービスも商品もサプライチェーンも現地から「還流」させる形でグローバルに通用するイノベーションを起こすことを狙った仕掛け作りとそのための組織変革が肝となる。そして、そのイノベーションが全社全体の収益を生み出すことにつながる仕組み作りが、現代の国際経営に有効な経営戦略の一つとなっている、といえそうである。

既に述べた「イノベーション活動のパラドクスとジレンマ」を克服するためには、この現地発のイノベーションを「還流」させ全社全体の競争優位へと統合を図る必要がある。この点では、Govindarajan (2012) が提唱した、「リバース・イノベーション（逆イノベーション)」論が国際経営論の発展に貢献した。Govindarajan は、「リバース・イノベーションとは、近年のグローバル規模で活動する多国籍企業が、『イノベーション』を新興国で起こし、本国も含めた他のロケーションで活用することが可能な競争優位性の源泉を得ているもの」と定義した。具体的には、途上国の市場を対象として現地で起こしたイノベーションが、先進国でも適用できるケースがあることを論じている。Govindarajan (2012) の貢献は、「途上国で最初に採用されたイノベーションは、意外にも重力に逆らって川上に『逆流』することがある」という事実発見をしたことであり、多国籍企業が「ウォンツやニーズが大きく異なる新興国では、まったく違う市場攻略法を白紙状態から行うイノベーションが必要である」という仮説を提示したことであろう(16)。

他方、丸川・駒形 (2012) は、リバース・イノベーションの限界を「先進国ですでに利用されている製品を途上国の所得水準に合わせて機能を簡略化して安価にする側面ばかり強調する結果となり、途上国から生まれてくる独創的な製品やサービスを正当に評価できなくなる」(17)との課題を指摘する。こうした点を克服する視点として、「キャッチダウン型イノベーション」の概念を提唱し、途上国・新興国の開発戦略としてのイノベーション研究の発展を試みている。丸川・駒形 (2012) によれば、キャッチダウン型イノベーションを「途上国の企業がローカルな市場、あるいは先進国がまだ十分に開拓していない市場に向けて、先進国企業を技術的に後追いするのではなく、技術を別の方向に発展させることで、こうした市場のニーズに応える製品やサービスを開発する行動」と定義する(18)。キャッチダウン型イノベーション研究は、途上国・新興国において現地発のイノベーションを起こすことの重要性を示すとともに、途上国・新興国現地（地場企業）の自律的発展を促す具体的な方法論を提唱したことで大きく貢献を果たしたものと思われる。一方では、途上国・新興国の開発戦略を重視する前提ゆえに、イノベーション活動の主導主体が途上国・新興国企業に限定される(19)。

キャッチダウン型イノベーション研究は、途上国・新興国における現地発のイノベーション・システムに新たな経路を加えた点で大きな貢献を果たした。そして、地場産業主導のイノベーション活動により外資の中小企業にも商機をもたらす可能性を示した。何より、途上国・新興国の自律的な発展を目的とした「ソーシャル・イノベーション」としてのインプリケーションには富むが、日本の中小企業が主導する（対外直接投資や輸出による）成長戦略としてイノベーション活動を捉えたときには限界がある。

つまり、**図表１－３**が示すように、国際経営による成長戦略を「現地発イノベーション」の観点から捉えたときに、進出国における現地発のイノベーションには、主導する主体となる企業には地場企業と外資企業（主に先進国）の２つのパターンが想定できる。また、進出先は途上国・新興国と先進国の２つロケーションが想定できる。キャッチダウン型イノベーションでは、途上国・新興国に限られた地場の企業を主体とした現地発のイノベーション活動を対象とした開発戦略を想定している。すなわち、先進国から途上国・新興国あるいは先進国から先進国に進出した企業が主導して行う、現地の需要や社会環境に合わせた製品・サービスの開発よって起こすイノベーションが含まれていないことになる。企業規模によっても事情は異なってくるであろう。

上記を踏まえ、日本の中小企業の国際経営によるイノベーション戦略の観点から成長戦略となりえる可能性を類型別に整理すれば、日本の中小企業が途上国において技術ないしサービスを別の方向に発展させるイノベーション活動（環流型イノベーション）と日本の中小企業が先進国で別の方向に技術やサービスを発展させるイノベーション活動（横展開型イノベーション）が想定できる[20]。したがって、この日本中小企業を主体とたした類型では、現地発イノベーション活動によって生み出された競争優位が子会社から全社全体に「還流・逆流・横展開」していく視点を加えたシステムの有効性にかかわる検討が

図表１－３　現地発イノベーション活動の類型

<table>
<tr><th></th><th>途上国の所得水準に合わせた製品・サービスの開発</th><th>途上国固有の需要や社会環境に合わせた製品・サービスの開発</th><th>先進国固有の需要や社会環境に合わせた製品・サービスの開発</th></tr>
<tr><td>先進国企業が開発の主体であるもの</td><td>逆イノベーション</td><td>環流型イノベーション</td><td>横展開型イノベーション</td></tr>
<tr><td rowspan="2">途上国企業が開発の主体であるもの</td><td>倹約型イノベーション</td><td></td><td rowspan="2"></td></tr>
<tr><td colspan="2">キャッチダウン型イノベーション</td></tr>
</table>

筆者加筆部分

（出所）丸川・駒形（2012）P.4を基に筆者加筆修正

必要となる。

いずれも、現地ニーズやシーズをベースとして新たな価値や技術を模索し従来の「ビジネスモデル」そのものを大きく変革することが前提となる。Govindarajan（2012）は、「リバース・イノベーション」を起こしていくうえで、新興国に研究開発チーム（Local Growth Team）を置き、富裕国と途上国におけるニーズのギャップを認知し、本国では考えつかなかった進出企業の新たな発想や技術を生み出す重要性を説いているが、そのための具体的な方法が示されていないため、ビジネスモデルの変革につながる道筋を描けていない。またその研究開発チームに、CEO直属と異なる業績評価方法を設定することの必要性を説いているが、これについても具体的な方法が一般化されていない。そして、繰り返し述べてきたとおり、イノベーションの源泉は世界中に散りばめられている時代であり、環流させるためのイノベーション原因となる現地発イノベーションのロケーションを新興国に限定する必要は必ずしもない。このように、Govindarajan（2012）の「リバース・イノベーション」の概念には蓋然性を高める余地があるものと考える。したがって、本書では、「リバース」のキーワードを拡大解釈し、従来の「リバース・イノベーション」の概念・定義を「援用批判的」に捉えたうえで、日本の中小企業のイノベーション戦略を検討していく。いまのところ、このような分析視角で行われている研究は見あたらない。

４．本研究の学際的貢献

メタナショナル経営論は、現代国際経営論に発展に大きく貢献したことは間違いないが、課題も残されている。それは、概念レベルでは多くの研究者や実務家の間で注目を集めたにもかかわらず、実証研究が十分に行われていないことに対する課題である。実証研究を阻む要因として、浅川（2006）は、ナレッジと組織構造の乖離、対象範囲の広さ、分析レベルの設定、センシング概念の測定の問題、ドミナントロジックとの関連など５つの課題を指摘している[(21)]。浅川が指摘するように、メタナショナル経営論は成功した大企業を対象とした事例研究としてスタートしており、概念には曖昧さ、概念操作化の困難さといった諸問題を抱える。これらの諸問題を克服するためには、より照準を絞った実証研究が求められるものと思われる。

とくに、この理論をこれから適用しようとする企業にとって、グローバルに知識を吸収・学習し、全社の成長にフィードバックさせていくことの重要性を踏まえると、そのための仕掛けや仕組みづくりが不可欠となる。しかし、いかにして進出国で知識を吸収し・学習を重ね、イノベーションを起こしていくのかの方法や条件が必ずしも具体的ではない。また、本国優位性を守りつつ子会社から本社へ知識移転や知識創造が具体的にどのように行われるのかについては、メタナショナル経営の概念では明確には説明がなされていない。先に述べたイノベーション能力の構築における重要性についても指摘しているが、その人的能力がどのように開発され、どのような条件で機能するのかについては必ずしも明示的ではない。

そもそも、メタナショナル経営もリバース・イノベーションもあたかも企業一般のマネジメントと戦略の概念として語られるが、その分析対象となっているのは成功を遂げた大企業である。経営資源に限りのある「中小企業」に対してどこまで通用する理論なのか明らかでない。さらに、規模的特性が同じ中小企業だからといって、諸外国の中小企業に同様の理屈が当てはまるという単純な話ではない。日本の中小企業には他国とは異なる特有の「日本的中小企業経営」のありようがある。多様な中小企業の国際化にかかわる動向が活発化する一方で、この分野の研究には未開拓な領域が残されている。こうした日本の中小企業の国際化における理論構築には、定性的アプローチによって明らかにできる実態における事象への深い理解を出発点とした泥くさく地道な実証研究の蓄積が不可欠となる。冒頭の「まえがき」でも触れたように中小企業の海外展開はチャンスが大きく魅力である一方でリスクは高く成功を収めることができたケースはまだまだ稀である。それゆえ、一見ユニークに見える数少ない成功した事例から、深く豊富な情報を分析する作業が一般化を試みる作業が不可欠となる（Yin, 2013）。

すなわち、日本の中小企業を対象とした新たな国際経営の試論として、イノベーションによる成長戦略を切り口としながら、リバース・イノベーションの実現に向けた知識移転と人的能力開発に焦点を当てた、定性的手法（質的調査法）による細やかな事例分析から実態における事象を紐解く、実践的な国際経営戦略の理論構築の一助となる実証研究を試みることには、一定の意味があるものと思われる。

Ⅲ　小括　論点の整理と研究手法

既に述べてきた先行研究からの重要な示唆は、いずれの理論も先進国に限らず途上国・新興国においても現地発のイノベーション活動が可能であることを示す重要な視点を与えていること、そして、この分野における中小企業を対象とした実態への理解を深めるための定性的研究の必要性である。

加えて、日本中小企業が海外展開を成長の機会にするための戦略として不足する概念は、海外進出を契機にどのようなイノベーション活動に取り組むべきか、そして、取り組んだイノベーション活動においてどのような条件が満たされれば現地発のイノベーションを実現できるのか、そもそもどのようなイノベーションが現地で創出されうるのか、仮に現地でイノベーション活動に成功したときにはそれをどのように本国にフィードバックさせ全社全体の成長を実現するのか、の問いについての答えである。

これらの問いに答えるべく理論構築を目指すことに先立ち、本研究では、途上国・新興国問わず日本中小企業の進出国の子会社や合弁会社などの現地拠点から、現地発のイノベーション活動が起点となる本国あるいは第三国にフィードバックされ統合されていく現象を既に述べた拡大解釈のもと「リバース・イノベーション」として捉える[22]。この過程で現地拠点から全社全体に知識移転や組織変革を行い成長を目指す国際経営戦略を仮に「中小企業のリバース・イノベーション戦略」と定義したい。

以上を踏まえ、日本の中小企業における海外展開を契機としてイノベーショ

図表１－４　国際経営におけるイノベーション活動の展開プロセス

海外（拠点）	イノベーション活動の展開
(1) 現地発イノベーション	①海外展開後プロセス 新たな競争優位獲得による成長の鍵を握る最重要プロセス
日本（本社）・第三国（拠点）	
(2) リバース・イノベーション	②フィードバックプロセス 持続的な成長の鍵を握る重要プロセス

（出所）筆者作成

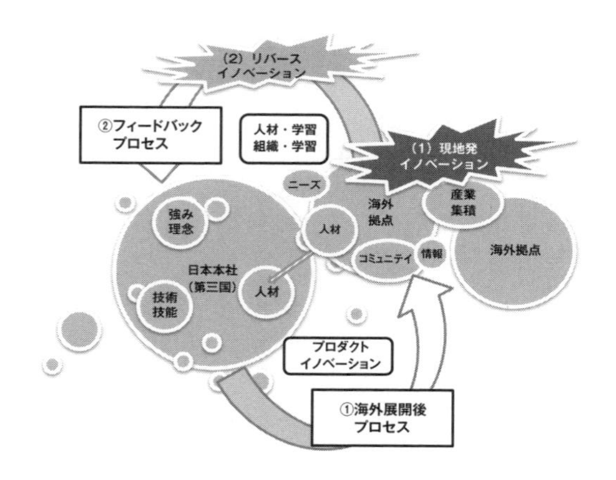

ンを進出先で起こすことで、企業成長の機会につなげていく「日本中小企業のリバース・イノベーション戦略」の理論構築を行うためには、第一に、(1) 中小企業が海外進出先においてイノベーションを起こすプロセス、(2) 現地発のイノベーションを日本本社にフィードバック（あるいは第三国への横展開）させ全社全体の成長につなげるフィードバックプロセス（**図表１－４**参照）、のようにイノベーションプロセスを段階的に分けて捉える必要がある。なぜならば、リバース・イノベーションの実現には、前提としてリバースさせる何らのイノベーションが存在しなければならないからである。第二に、どのような要因と能力によってこの「リバース・イノベーション」を実現可能とするのか、フェーズ毎に実現条件を明らかにしたうえで、このメカニズムの要因分析を行

図表１－５　リバース・イノベーションを実現するために検討すべき条件

	現地拠点で起きる「イノベーション」					
イノベーション要素	a	b	c	d	e	f
イノベーション要因						
イノベーション能力						

	リバースされる「イノベーション」					
イノベーション要素	a	b	c	d	e	f
イノベーション要因						
イノベーション能力						

（出所）筆者作成

う作業が不可欠となる（**図表１－５**参照）。最終的にフェーズごとに検討した要素条件を統合し全体を俯瞰することで、はじめて「日本中小企業のリバース・イノベーション戦略」の全体像がみえてくることになるものと考える。

本研究の検証作業を通じて最終的に本書の結論として、日本の中小企業が海外展開を契機として持続的発展を遂げるためのリバース・イノベーション戦略に必要となる条件、開発すべき人的能力、そして構築すべき仕組みを明かにするとともに、そのプロトタイプ・モデルを「概念図」に示せるまでの発展を試みたい。

その解を導くためには既存研究からの知見や文献調査には限界がある。既述のとおり、一般的に異質多元な存在である特性に加え、歴史的にも特徴を持つ日本の中小企業の実態に鑑みれば、マクロデータを用いた量的調査や計量分析のみによる実証研究にも限界があるものと思われる。したがって、本書では全体構成を（1）理論編、（2）ケーススタディ編、まとめ編の３部構成として、理論編では文献調査と統計調査を用いた分析から本書のリサーチクエスチョン、研究手法、研究目的を提示する。続くケーススタディ編では、海外展開する日本中小企業を事例として取り上げ[(23)]、現地調査に基づく定性的手法を用いた仮説検証を行う。そして、まとめ編では、まず、中小企業が海外展開しイノベーション活動に取り組む際の実態における留意点や法的課題をリスク管理の観点から提言する。続いて、各事例の実態の活動から浮かび上がってくる成功要因を分析し、段階ごとの実現要素を明かにする。そのうえで、リバース・イノベーションを実現させるための条件とその条件をクリアするために必要となる能力構築を抽出する。これらの分析結果から結論として、プロトタイプ・モデルを概念化する。

以上、本章では、国際経営論の代表的な理論の先行研究をレビューしながら、現代の国際経営を成功に導くポイントとして、自国優位性から脱却してグローバルに優位性を獲得し、現地発のイノベーション活動を行っていく戦略的視点を持つことの重要性を示した。また、この分野における中小企業を対象とした実証研究の必要性を指摘した。そのうえで、わが国の中小企業が課題や限界を乗り越えて成功へと導くためにはリバース・イノベーション戦略の実現条件とその仕組みを明らかにする必要があることを述べた。そして、そのための方法論を具体的に示した。本章の議論を踏まえ、次章では「中小企業」に焦点を絞り込み、本研究のリサーチ・クエスチョンと研究目的を示していきたい。

(注)

(1) ここでいう「中小企業」とは中小企業基本法第２条の定義にする企業をいう。「製造業その他」にあっては、資本金の額又は出資の総額が３億円以下の会社又は常時使用する従業員の数が300人以下の会社および個人。「卸売業」にあっては、資本金の額又は出資の総額が１億円以下の会社又は常時使用する従業員の数が100人以下の会社および個人。「小売業」にあっては、資本金の額又は出資の総額が５千万円以下の会社又は常時使用する従業員の数が50人以下の会社および個人。「サービス業」にあっては、資本金の額又は出資の総額が５千万円以下の会社又は常時使用する従業員の数が100人以下の会社および個人。

(2) ここでいう大企業とは、中小企業基本法に定義する中小企業以外の企業をいう。ただし、本書においては、従業員数300人以上1000人以下の企業を「中堅企業」と定義する。

(3) 本章は、拙稿「中小企業の新たな国際経営戦略に関する予備的考察」、第49巻２号、立正経営学会、2017年を本書のために大幅に加筆・修正したものである。

(4) 長谷川（2014），pp.44-52参照。

(5) 山倉（2012），pp.95-96参照。

(6) 同上・山倉（2012），pp.96-97参照。

(7) 逆に、本国親会社の優位性をライセンス供与せず自社の海外子会社で活用する利点と、自国内ではなく海外の特定国で活用する利点があって初めて海外直接投資をする、との説明もできる。

(8) 井原（2009），pp.3-9参照。

(9) 浅川（2006），p.2参照。

(10) Schumpeter（1912）は、創造的破壊を起こすために必要となる要素として、(1) 新しい財貨（新製品など）の生産・販売＝製品イノベーション、(2) 新しい生産方法の導入＝新製法イノベーション、(3) 新しい販路の開拓＝新市場イノベーション、(4) 原料あるいは半製品の新しい供給源の獲得＝新素材イノベーション、(5) 活動分野の再組織化＝新組織イノベーション、の5つを提示した。そのうえで、イノベーションを起こすうえで重要となるのが「非連続的変化」であることと指摘した。ここでいう「非連続的変化」が意味するところは、新しい均衡点は、古い均衡点からの微分的な歩みによっては到達しえない、ということである 。これをSchumpeterは、「郵便馬車」をいくら連続的に走らせても、それから「鉄道」は生まれないことにたとえた。すなわち、レールの上を走るトロッコに蒸気機関車を「結合する組み合わせ＝新結合」が重要となることを示している。これが「イノベーション」の定義のである。本書では、原則、この定義に基づき「イノベーション」という言葉を使用していくが、とりわけ、企業成長すなわち収益の増加を最終ゴールと見据えた「非連続的変化」を捉えていくことが重要であると考えている。現代における非連続的変化には、たとえば、アマゾンが生み出したイノベーションに見られるように「ビジネスモデル」もその範疇に含まれるものと考えられる。したがって、本書では、上記5つの要素に加えて6つめに「ビジネスモデル」を加えたい。

(11) トランスナショナル経営論は、本社と子会社との関係は一方向の関係ではなく、双方向であり、子会社は自律性をもって行動し、子会社間には双方的相互依存性があり、組織の統合は価値や理念そして知識によってもらされている点に斬新性を持つ理論となっている。山倉・前掲書（2012），p.100参照。

(12) 藤原（2015）は、本社集約型（第1段階および第2段階）と子会社自立（第3段階）の弱点を補完する国際経営モデルとして分散・相互依存型のトランスナショナル（第4段階）を提起している点にトランスナショナル論のユニークさがあることを指摘している。藤原武史「トランスナショナル経営論対メタナショナル経営論に関する比較考察」『社会学部紀要』第121号、関西学院大学、2015年 3月、p.9参照。

(13) 山倉・前掲書（2012），p.97参照。

(14) その際、自社資源および自社組織のみにこだわらず、積極的に外部資源および自社組織のみにこだわらず、積極的に外部資源依存をオープンに展開すること、さらに、先進国のみならず、世界中くまなくアンテナを張り巡らせ、潜在価値の高いナレッジを感知・獲得し活用することが経営戦略上の重要な視点となることを指摘している。浅川（2009），pp.18-21参照。

(15) 中村（2010），pp.106-107参照。

(16) Vijay Govindarajan（2012）では、多国籍企業の「リバース・イノベーション」の事実発見をいくつかのケースを用いて紹介しているが、どのようなメカニズムや市場攻略法によってこの「イノベーション」が起こるのかそのメカニズムについては必ずしも一般化できるだけの検証作業が行われていないため「仮説」を提示したことにとどまっているものと解釈する。

(17) 丸川・駒形（2012），p.5参照。

(18) 丸川・駒形（2012），同上、p.5参照。

(19) ただし、地場企業が起こす現地発イノベーションを契機に、日本を含む企業にもイノベーション活動に参入できることは、丸川・駒形（2012）同上のなかで、日本の中小企業である電動自転車ブレーキを製造・販売する唐沢製作所のケースから明らかにされている。

(20) 本稿では便宜上、造語として仮にこのように呼ぶ。丸川・駒形（2012）同上で定義される「キャッチダウン」に対比する用語として「環流型イノベーション」とした。

(21) 詳細は浅川・前掲書（2006），pp.19-22を参照されたい。

(22) 厳密には、日本へのフィードバックに限定せずに、第三国（たとえば、タイの拠点から中国の拠点へイノベーションを還流させるといったように）への移転も想定はできるので、本研究では日本の中小企業を対象とした提言を主目的としつつも、第三国への横展開も含むものとする。第三国への移転に関しては第３章で詳しく述べる。

(23) 事例選定基準は、ジェトロおよび日本政策金融公庫から提供頂いた情報をもとに、研究会で議論し以下の点に留意し選定を行うこととした。①既に海外展開している中小企業であること、②中小企業の定義については前掲脚注（1）を基準とすること、③経営者ないし海外展開に関わった責任者から聞き取り調査ができること、④現地に拠点があること、⑤現地拠点で何からの「変化」が起きていること、⑥その変化によって成長の兆候がみられること、⑦できればその変化が日本ないし第三国に還流していること（あるいはその兆候があること）。ただし、⑦については実際には聞き取り調査を行ってみないと明確にはならないため現実的には①～⑥を基準として選定することになった。また、第11章については分担執筆者のアポイントの都合上、（海外進出は積極的に展開しているが）リバース・イノベーションを実現していない「中堅企業」を対象に調査を実施することになった。そこで、これら中堅企業とリバース・イノベーションを実現する中小企業との比較軸を新たに組み込み、分析を加えた。結果的に、中小企業の優位性が浮き彫りとなる興味深い発見事実があった。この分析にかかわる詳細は第13章を参照されたい。

〔参考文献〕

Alan Rugman.(1981). *Inside the Multinationals*, Croom Helm（江夏ほか訳『多国籍企業と内部化理論』ミネルヴァ書房、1983年）.

Bartlett,C.A. and Ghoshal,S.(1989). Managing Across Borders：The Transnational Solution, Harvard Business School Press（吉原英樹監訳『地球市場時代の企業戦略』日本経済新聞社、1990年）.

Buckley, P and M.Casson.(1976). *The Future of the Multinational Enterprise*, Macmillan（清水隆雄訳『多国籍企業の将来』文眞堂、1993年）.

Coimbatore K, Prahalad.(2004). *Fortune at the Bottom of the Pyramid*, Revised and Updated 5th Anniversary Edition, The：Eradicating Poverty Through Profits Frederick（スカイライトコンサルティング訳『ネクスト・マーケット―「貧困層」を「顧客」に変える次世代ビジネス戦略』英治出版、2005年）.

Etienne Wenger, Richard McDermott, William Snyder.(2002). *Cultivating Communities of Practice：A Guide to Managing Knowledge.*, Harvard Business School Publishing（野村恭彦監修・野中郁次郎解説・櫻井祐子訳『コミュニティ・

オブ・プラクティスナレッジ社会の新たな知識形態の実践』翔泳社、2007年).

Frederick T. Knickerbocker.(1973). *Oligopolistic Reaction and the Multinational Enterprise*, Harvard University Press（藤田忠訳『多国籍企業の経済理論』東洋経済新報社、1978年).

Hymer, S.H. The international operations of national firms：A study of direct foreign investment, 1976, Cambridge, Mass., MIT Press.

Kindleberger, Charles.(1969). American Business Abroad：Six Lectures on Direct Investment. Yale University Press.

Kindleberger, Charles.(1970). The international corporation：A symposium. Cambridge, Mass., The M.I.T. Press.

John H. Dunning.(1980). "Towards an Eclectic Theory of International Production" Journal of International Business Studies 11.

John H, Dunning.(1985). *Explaining International Production*, Unwin.

Joseph A. Schumpeter.(1912). *Theorie der wirtschaftlichen Entwicklung*（塩野谷祐一他訳『経済発展の理論―企業者利潤・資本・信用・利子および景気の回転に関する一研究』岩波書店、1977年).

Doz, Y., Asakawa, K., Santos, J., and Williamson, P.(1997). The metanational corporation. Working Paper, INSEAD, Fontainebleau, France.

Doz, Y., Santos.J., Williamson, P.(2001). *From global to metanational*. Harvard Business School Press, Boston.

Michael Porter (ed).(1986). *Competition in Global Industries*, Harvard Business School Press（土岐／中辻／小野寺訳『グローバル企業の競争戦略』ダイヤモンド社、1989年).

Nonaka, I., & Takeuchi, H.(1995). *The knowledge－creating company：How Japanese companies create the dynamics of innovation*. Oxford University Press.

Polanyi, Michael.(1966). *The Tacit Dimension*, Routledge & Kegan Paul Ltd.（伊藤敬三訳『暗黙知の次元―言語から非言語へ』紀伊国屋書店、1980年）

Raymond Vernon.(1966). "International Investment and International Trade in the Product Life Cycle"., Quarterly Journal of Economics.

Stephen Hymer.(1960). *The International Operations of National Firms*, MIT press（宮崎義一編訳『多国籍企業 論』岩波書店、1979年).

Teece, David J., Pisano, Gray and Shuen, Amy.(1997). Dynamic capabilities and strategic management. *Strategic management journal*, pp.509-533.

Tushman, M. L. & O'Reilly, III, C. A.(1997). *Winning through Innovation：A Practical Guide to Leading Organizational Change and Renewal*. Harvard Business School Press.（平野和子訳『競争優位のイノベーション：組織変革と再生への実践ガイド』ダイヤモンド社、1997年).

Vijay Govindarajan (2012). *Reverse Innovation：Create Far From Home, Win Everywhere*, Harvard Business Review Press（渡部典子訳『リバースイノベーション』ダイヤモンド社、2012年).

Vijay Govindarajan and Chris Trimble.(2005). *Ten rules for strategic innovators：From idea to execution*. Harvard Business School Press（酒井泰介訳『ストラテジック・イノベーション―戦略的イノベーターに捧げる 10 の提言―』翔泳社、2013年).

Yin, Robert (2013). *Case Study Research：Design and methods*, Sage.

浅川和宏（2009)「メタナショナル経営の実証研究をめぐる課題」立教ビジネスレビュー２『21世紀の重要な国際経営論の研究課題は何か』立教大学。

浅川和宏（2011)『グローバルＲ＆Ｄマネジメント』慶應義塾大学出版会。

浅川和宏（2007)「メタナショナル経営とグローバル・イノベーション：論点整理と問題提起」RIETI 政策シンポジウム（2007年３月14日)。

浅川和宏（2006)「メタナショナル経営論からみた日本企業の課題：グローバル R&D 戦略を中心に」RIETI Discussion Paper Series06-J-030、経済産業研究所。

井原基（2009)『日本合成洗剤工業のアジア進出―マーケティングと経営移転―』ミネルヴァ書房。

駒形哲哉（2016)「第３章　中国進出日本中小企業の現状と課題」『東アジアの地域経済の発展と中小企業』晃洋書房。

中村久人（2010)「トランスナショナル経営論以降のグローバル経営論」『経営論集』第75号、東洋大学。

長谷川礼（2014)「国際ビジネスの諸理論」江夏健一他『国際ビジネス入門』中央経済社。

中小企業庁（2012)『中小企業白書 2012年版』日経印刷。

中小企業庁（2014)『中小企業白書 2014年版』日経印刷。

中小企業庁（2015)『中小企業白書 2015年版』日経印刷。

中小企業庁（2016)『中小企業白書 2016年版』日経印刷。

藤原武史（2015）「トランスナショナル経営論対メタナショナル経営論に関する比較考察」『社会学部紀要』第121号、関西学院大学。
丸川知雄・駒形哲哉（2012）「発展途上国のキャッチダウン型イノベーションと日本企業の対応―中国の電動自転車と唐沢製作所」RIETI Discussion Paper Series 12j-029。
山倉健嗣（2012）「国際経営戦略論の構成」『横浜経営研究』第33巻第４号、横浜国立大学。
吉田健太郎（2017）「中小企業の新たな国際経営戦略に関する予備的考察」第49巻２号、立正経営学会。

（吉田 健太郎）

第2章
日本中小企業のリバース・イノベーション戦略

I はじめに

近年、中小企業の国際化に関する議論は学術や実務、政策の場において活発化している。しかし、実態において日本の中小企業の海外展開そのものの歴史は長いものの、データの蓄積の整理やその評価は必ずしも十分なものとはなっていない[(1)]。加えて、大企業とは異なる目的や競争優位を持つ中小企業に焦点を当てた、国際経営戦略にかかわる理論構築はいまだ確立されておらず、その研究成果も多いとはいえない。駒形（2016）が指摘するように、中小企業の海外展開には経営資源の制約や既存の取引関係などからその目的や進出国までもが左右されやすく、こうした固有の条件をまず出発点として議論が行われる必要があり、これらの条件を乗り越えた海外展開がなぜ可能であるのか、といった中小企業の特性を踏まえた国際経営の有効性を検討することに意味がある[(2)]。同時に、どのような条件が整えば、日本中小企業の特性と強みを最大限活かし、海外展開を契機に成長することが可能となるのか、といった日本特有の中小企業の成長性を踏まえた国際経営の戦略を検討する必要がある。

本章では、第1章で示した問題意識のもと、日本中小企業の海外展開における特性や動向を踏まえたのち、中小企業ならではの国際経営の有効性を検討しながら、イノベーションを通じた成長戦略を切り口として、海外展開を成長の機会とするための日本中小企業の国際経営戦略を考察する[(3)]。そのうえで、本書におけるリサーチ・クエスチョンと研究目的を述べる。

Ⅱ 日本中小企業の国際経営

1．日本中小企業の特性と海外展開の目的

第1章で既に述べたように、国際経営戦略は通常、①間接輸出、②直接輸出およびライセンス、③海外生産の開始、④海外生産の世界的展開、⑤海外拠点での研究開発の開始というように段階的に展開していく。しかし、一般に中小企業は大企業に比べて、資金力、労働力、市場支配力などに乏しい。そんな経営資源に限りがある中小企業の海外展開の目的や進出先は、大企業と同じ論理では決まらない側面がある。

中小企業白書（2010）によれば、中小企業の海外進出の目的として、①コスト削減、②取引先の要請、③取引先の海外移転、④販路開拓、⑤国内の市場縮小、の5点(4)を挙げている(5)。また、ジェトロがWeb上で公開している、中小企業が海外展開する際のチェック項目(6)を参考にすると、このほかにも①部品・商品の調達、②新規事業の立ち上げ、③豊富な人材の活用の3点が加えられる。

中小企業は大企業に比べて経営資源に限りがある前提から、大企業以上に外部資源に依存する傾向がある。そのため、外部環境の変化に影響を受けやすく、海外進出の目的そのものに違いが見られる。具体的には、製造業であれば国内での分業体制のなかで取引先との関係性に依存し、その取引先の有無次第で倒産につながるリスクを持つ中小企業は少なくない。そうした企業にとって、自社の成長戦略いぜんに、主要取引先から、海外移転要請があった場合にはそれに応じるほか選択の余地がないケースも存在する。すなわち、中小企業の場合、海外進出の背景には市場拡大や成長戦略といった、ポジティブな目的や要因が出発点にあるとは限らない実態がある。

コスト削減についても、「規模の経済」を甘受し成長戦略を講ずる大企業と、存続のためにコスト削減を行う中小企業とではまた別の文脈となる。ニッチな分野で特定の専門性を強みとして市場を獲得していく中小企業の特性から考えると、コスト削減が必ずしも長期的かつ高利潤を生みだす戦略とは限らない。

人件費などのコスト削減によって海外で生産した製品の逆輸入をするにしても、輸送費や税金、人材育成や労働問題といった海外で生産するためのコストがそこに上乗せされる。さらに規模の経済による恩恵を受けにくい前提条件を考慮すると、コスト削減のみを主目的とした海外進出は、中小企業（とりわけ零細企業）にとってコスト削減効果は低く、持続発展的な成長戦略にはなりえない。実際、海外で慣れない生産管理や人材育成のハードルを抱えながら現地の地場企業との競争にさらされたり、当てにしていた取引先から受注を減らされたりするなど現地での需要不振によって、かえって苦しい状況に追いやられ撤退するケースが増加している[(7)]。大量生産するにしても、そもそも国内マーケットは縮小傾向にある。薄利多売の大量生産では持続的成長は見込めない。現地のサプライヤーと価格面で競争することは言わんや得策ではない。

他方では、中小企業ならではの強み、すなわち規模が小さいゆえの強みを発揮し、成長を遂げる中小企業も存在する。中小企業のなかには、競争優位を発揮できるニッチな領域で、自らの強みとなっている高付加価値（特定分野の技術やサービス）を認めてもらえる市場を創造したり参入したりするような企業家精神に溢れ、常に学習意欲旺盛な企業も存在する。こうした中小企業は、競争優位獲得や活動の場を国内に限定していない。すなわち、大企業と同様に自らの競争優位を獲得しそれを発揮するために、市場開拓を目的として海外進出を行う中小企業も存在する。

このように撤退の一方で、適正規模を前提としたニッチ市場あるいは規模の小さな高付加価値市場に対して、市場開拓、販路拡大を図っていくことで海外市場に乗り出し成功しているケースがある。加えて市場開拓のプロセスで、現地で獲得できる地域資源を能動的に活用し、足りない資源を最適地から上手に補完することで、すなわち現地でしか得られない「外部経済」を有効利用することでイノベーションを起こすケースも数は多くないものの最近になってちらほら見られるようになった。このような場合、間接輸出から段階的に現地拠点の研究開発拠点に至るような上掲で述べた展開経路は必ずしも辿らずに、中小企業の実態の現場ではニッチ領域での競争優位を迅速に構築するために、輸出経験だけで海外に研究開発拠点を設けたりするケースもあれば、輸出経験がなくてもいきなり海外に営業拠点や生産工場を設けたりするケースもある（これらのケースはケーススタディ編で詳しく紹介する）。

外部から資源や知識を吸収し、柔軟に対応を図ることで競争優位を獲得していくこうしたやり方は、実は日本における中小企業の発展の歴史からみて大企業よりも得意なはずである。そのように考えてみると、現代を逞しく生き抜く革新的な中小企業においては、第１章にて既述したメタナショナル経営の実践が、海外の現場でまさに始まっているものと捉えることができそうである。

以上みてきたように、中小企業には、危機的状況からどちらかといえば存続のため仕方なく海外展開を行う企業と、さらなる成長のために攻めの姿勢で海外展開を行う企業とが混在している。これは、中小企業が本来持つ「異質多元性」に属性を帯びていることを考えれば当然のことといえる。したがって、日本の中小企業にはこのような中小企業固有の海外進出の事情と実態があることを考慮して、目的や要因を理解し戦略を検討する必要がある。

２．中小企業における海外進出における実態の変化とあるべき姿

さて、既述のような実態と条件を考慮し、中小企業白書（2014）を参考に、進出前と進出後の目的における近年の変化を見てみると、興味深い傾向が見えてくる。

図表２－１は、最も重要な直接投資先について、当初の目的と現在の目的を業種別にその変化を示したものである。製造業では、進出前・進出後ともに「新規の取引先・市場の開拓」が最も多く、その割合は近年増加していることがわかる。一方で、「既往取引先の随伴要請への対応」「人件費等のコスト削減」の割合は進出後ともに減少している（**図表２－４**参照）。すなわち、製造業では、当初は既往取引先の随伴要請やコストの削減を目的に直接投資を行った場合でも、直接投資後は、新規の取引先や市場の開拓を進めている企業が多いことが分かる[(8)]。

また、**図表２－２**は、直接投資を決定した際のポイントの推移を示したもの

図表2－1　最も重要な直接投資先の当初の目的と現在の目的

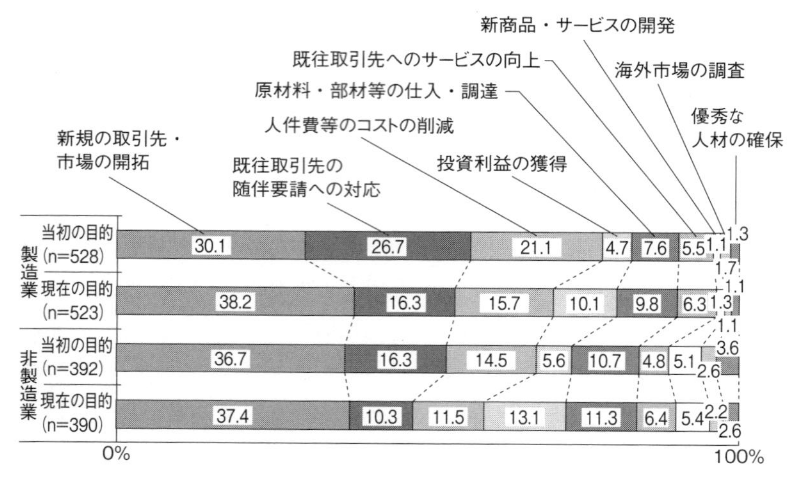

資料：中層企業庁委託「中小企業の海外展開の実態把握にかかるアンケート調査」(2013年 12月、損保ジャパン日本興亜リスクマネジメント(株))

(注) 当初の目的と現在の目的は、それぞれ最も優先順位の高いと回答しているものを集計している。

(出所) 中小企業白書 (2014)

図表2－2　中小企業が直接投資を決定した際のポイントの推移

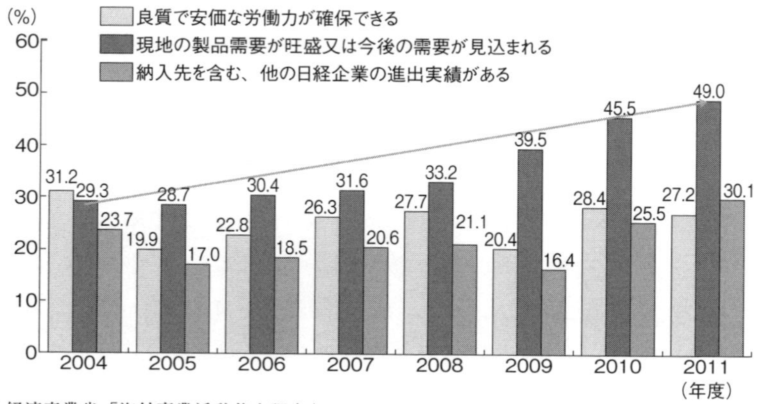

資料：経済産業省「海外事業活動基本調査」

(注) 1．国内本社が、中小企業基本法に定義する中小起業者と判定された企業を集計している。
　　 2．2011年度に回答の割合の高い上位３項目について表示している。

(出所) 中小企業白書 (2014)

である。これを見ると、かつては「良質で安価な労働力を確保できる」の割合が高かったが、最近では「現地の製品需要が旺盛又は今後の需要が見込まれる」の割合が増加している。すなわち、コスト削減から需要獲得、生産拠点から販売拠点へと直接投資の目的が変化してきていることが分かる[(9)(10)]。

ここで示した近年の傾向からは、増加する日本の中小企業の海外展開を背景に、とりわけ、生き残りをかけて海外展開する中小企業のなかでも、現地で何らかの気づきや商機を得て、市場開拓に挑み進化する中小企業の姿が浮かび上がってくる。海外展開後に撤退や倒産するなどの失敗のケースが増えているのも事実であるが、ダーウィンの「進化論」のルールに従えば、変化する環境に適応し数々の厳しい競争のなかから生き残ったものが新たな時代を創り上げていく企業となる。そこに大小の規模は問われない。環境変化に適応し成長し続けるためには、中小企業はどのような戦略をもって海外展開に臨めばよいのか、これらの実態と動向を踏まえ、以下では中小企業のイノベーション戦略の基本的な考え方を論じるとともに、不確実性の高い時代であっても経営資源に限るある中小企業がリスクの高い海外展開においてイノベーション創出（知識創造）を可能とするための実態および実現条件を明かにしてくための分析視角を述べていきたい。第１章で示した分析視角をさらに中小企業の観点から絞り込むことで、本研究の到達点をより明確により実践的なものへと具体化したい。そのうえで本書のリサーチ・クエスチョンと研究目的を示す。

３．中小企業にかかわるイノベーション研究

本書では、中小企業が海外展開を契機にイノベーションを起こし、成長に結びつける機会とすることを成功として捉えている。その意味で、「イノベーション」を起こすための戦略は、その解を導くうえで重要な手がかりとなる。グローバル時代においてどこでイノベーションが創出されるのかについては、先進国・本国のみならず途上国・新興国からでも現地発のイノベーションが起こりえることを第１章で既に述べた。ここでは、グローバル化という新潮流のなかどのような戦略の下で、中小企業が海外展開を契機としてイノベーション

を起こしていくことが有効となるのかをみておきたい。

グローバル経済は、インターネットの普及とテクノロジーの進歩とともに知識と情報の流れを加速させ、コモディティ化と製品ライフサイクルの短縮をもたらした。このため、製品の開発・製造・管理をすべて自社内で行う垂直統合型（クローズド・イノベーション）の方法では高コスト・高リスクとなった(Chesbrough, 2003)。そこで、企業の内部と外部のアイデアを有機的に結合させ価値を創造することで、自社に最も利益をもたらすイノベーションを起こしていく「オープン・イノベーション」の概念を戦略に取り入れることで成功を収める企業が数多く台頭している（Chesbrough, 2006）(11)。そして、このオープン・イノベーション・システムが有効な分野は、従来の製品や製造を基本としたビジネスに限らず､サービス関連のビジネスに拡張している（Chesbrough, 2011)。ここでいう「サービス」は、効率・品質・多様性を高めるために知識を活用する知識集約型産業（米国商務省:標準産業分類）のことを指し、「サービスの高度化」と「製造業のサービス化」が含まれる。

経営資源の少ない中小企業にとっては、もともと外部資源を活用する（あるいは相互に依存し合う）形で、企業活動を行うことは当然のことであったが、大企業が積極的に外部資源を活用することになったことで、大企業と中小企業との関係性に変化をもたらすメリットを生んだ。かつて、日本の製造業における中小企業には、その経営資源の持つ力の違いから、大企業と中小企業との間において「垂直的な（従属的）関係」がおのずと存在していたが、オープン・イノベーション・システムにおいては、戦略的に付加価値の高いイノベーション活動を狙うことで大企業が求める優位性を持つことができれば、中小企業であっても大企業との「水平的（対等な）関係」を構築することが可能だ。これまでの日本の製造業は高い技術をもっていても歴史的に形成されてきた分業構造のなかで従属的関係性が定着し、中小企業が新たに参入できる市場は限られていた。こうした環境下においては、大企業と中小企業との対等な取引に加え中小企業・起業家が市場に直接アクセスし、ニーズに応じた研究開発を自ら行うことも可能になったといえよう。たとえば、米国シリコンバレー（Kenny

& von Burg, 2000）やオースティン・モデル（西澤・福嶋, 2005）にみられるように、中小企業同士のオープン・イノベーションの実例では、業種横断的なコラボであったり、大学・研究機関などを含めたコラボなどから、新たな販路やビジネスモデルを追及する形で付加価値の高いイノベーション活動が実現されている[12]。この戦略的視点は、理論上は、本国だけでなくグローバルに適用できるはずのものである。

むしろ、オープン・イノベーションにおいて考慮すべき点は、知識・技術をいくら高めてもそれ自体では、経済的価値を生まないことである。知識・技術は、最適なビジネスモデルを通じて、商品化されることによって経済的価値を生む[13]。したがって、水平的に分業化された「ビジネス・エコシステム」[14]のなかで技術的価値とアイデアやビジネスモデル（アイデア）価値等の複数の知識とが結合し、イノベーション活動が展開されていくことになる[15]。すなわち、自社がどのネットワーク（ここでは集積やコミュニティを指す）に身を置き、そのなかのどのポジションで強みとなる価値を創造し、資源投入していくのか、つまり、ネットワーク内のどの資源を有効活用していけば最適なビジネスモデルを生み出し商品化（サービス化）できるのか、を見極めることが重要な視点となる。

それでは、イノベーションは、実際にどのように創造されるのだろうか。換言すれば、このネットワーク内で、企業の競争優位の源泉となる知識はどのように創造され、製品開発や市場開拓、組織改革やビジネスモデルの革新に結実していくのだろうか。これには、「知識創造プロセス」の概念がヒントを与えてくれる。

野中（1996）は、「知識創造は暗黙知と形式知の相互変換運動であり、知識は経験と論理によってつくられる」としたうえで、経験と論理を経て創造されたイノベーションは、企業組織の競争優位となることを論じた。Nonaka & Takeuchi（1995）によれば、主観的、身体的な経験知のことを「暗黙知」といい、思いやメンタル、熟練やノウハウなど、言語では語り切れない知などを指す。他方、「形式知」は極めて明解に言語化、客観化できる理性的な知のことで、普遍性的なものである。これは概念や論理、問題解決手法やマニュアルを指し、コンピュータ等で表現できる。紺野・野中（1995）は、この２つは通底しているが、アナログとデジタル、経験と言語というような対照的な性格をもつので、そこにダイナミクスが起こることになり、暗黙知と形式知を絶えずスパイラルアップさせることが知の源泉、知の創造プロセスの基本になる、と説明する。

すなわち、イノベーションは、Face to Faceの関係性をベースとして、この２つの対照的ともいえる暗黙知と形式知が繰り返し相互に結合していくプロセスのなかで学習が促されことで生じるものであること、つまり、知識創造プロセスのなかで新たなアイデアが生まれたり、そのアイデアを具現化するビジネスモデルが生まれたりするのである。Nonaka & Takeuchi（1995）の知識創造プロセスをやや拡大解釈すれば、企業内で展開するこの知識創造プロセスの範囲を地域（集積・コミュニティ）に範囲を広げて学習プロセスを捉えてみることもできよう。先のオープン・イノベーションの概念になぞらえてみると、自らが身を置くネットワーク内の資源の補完・共有・供給を行うプロセスにおいて、その構成員同士のインタラクティブな関係性が構築され、この関係性から知識の吸収や学習が促されることでイノベーションが誘発されていくことになる。そして、現代ではこのネットワークを有するロケーションは、世界各地に散在する。つまり、自社の強みを発揮できて、学習を繰り返すことで成長をもたらすことのできるロケーションを国内外から見極め選択し、自社の優位性をはめ込むための戦略が不可欠となる(16)。このように、中小企業が海外展開を契機としたイノベーション活動を実行するうえで、ロケーション（立地）選択とそのロケーションにおける地域資源の活用の戦略的視点が重要になる。

４．知識創造の活動の場としての産業集積

以上みてきた現代のイノベーション活動は、不確実性時代においてイノベーションはオープンな環境のなかで起こすことが効率的であること、経験と論理の繰り返しによる学習プロセスを経て形成される知識創造は、模倣されにくく

高質なものであり、ネットワークのなかで上手く自社の強みを創造できれば、生産性の高い経済的価値を生むことにつながる。こうしたイノベーションをめぐる環境の変化に目を凝らし「産業集積」を切り口に成長戦略を紐解いていくと、現代の中小企業に有効な経営戦略が見えてくる。

近年、産業集積の発展のメカニズムにおける議論は、「現代社会は地域の時代」あるいは「中小企業の時代」という論とともに、Weber（1909）やMarshall（1920）の「集積論」「立地論」から、Porter（1998）の「産業クラスター論」、Kenny & von Burg（2000）の「第２経済論」、Scott（2001）の「創造的文化産業論」、Acs（2005）の「地域イノベーション論」、Wolfe & Gertler（2006）やEtzkowitz（2008）の「地域エコシステム論」へと議論の潮流が起こっている。これは、今日が成熟化・知識経済社会の段階に達し、バリューチェーン（価値連鎖）の影響を得て、地域をベースとした産学官連携、新技術利用と新産業創造といった動きが世界的に活発となっていることを示している。換言すれば、大量生産地域よりも学習地域の方が、競争優位を持てるようになってきていることを意味する。このことは、競争力の源泉の変化にともなって、生産システムおよび企業間の関係をはじめとする、あらゆるインフラ環境と産業ガバナンスシステムを変革させているとともに、イノベーションを導くエンジンとしての「中小・ベンチャー企業」「アントレプレナー」の戦略にも変化をもたらしていることを示唆している。

このような中小企業の視点から考察した「産業集積と地域復権」にかかわる先行研究は、グローバル時代ゆえに、人間的な密接なつながりが再認識され、科学や技術がどのように発展しようとも、人間同士のつながりを基盤とした知識創造からイノベーションが促進されることを主張している（三井, 2011）。地域を形成している社会、制度、文化、風土、関連支援産業、同業他社、コミュニティ等は、もともと歴史ある産地や都市には共通して存在しているが、そうした「地域資源」を中小企業は巧みにオープン・イノベーション環境のなかで意図的に有効利用することで、自らの経営資源の限界を克服し、さらには情報交換、学習を促進させ、競争力のある知識創造企業へと成長できるものと考える。

もう一つ考慮しなくてはならない重要な論点は、先にも述べたように日本の中小企業経営の特徴である。日本には欧米とは異なる特有の「日本的経営」スタイルがある。日本の中小企業には、それゆえの強みと弱みの２面性を帯びる形で存立してきた歴史がある(17)。欧米には、それぞれの歴史性や企業文化等(18)が背景にあって、現代における産業集積の発展の形があったのである。欧米の理論は、そうした実態と経験をもとに導き出された理論である以上、そのまま日本に適用しようとしても、そこにはそもそも無理がある。

この点、長山（2012）の論点が参考になる。長山は、日本の産業集積を有効に活用するためには、シリコンバレーモデル（米国の産業集積における成功事例）やその進化形である上掲の「オープン・イノベーション（Chesbrough, 2003)」モデルの安易な輸入にすがるのではなく、日本的システムに馴染むようにシンクロナイズさせる仕掛けづくりの重要性を説く。知識集約型産業の発展を背景に、日本の産業集積からプロダクト・イノベーション(19)を創出するためには、日本企業の特有の「イノベーションのジレンマ」から脱却する必要があると主張する。具体的には、企業内でしか通用しない専門知識から脱却し、組織外でも通用・応用できる知識へと発展させるプロセスを必要し、それを実現する場が産業集積であると論じる。すなわち、「対立項を乗り越えるための組織学習の場」として産業集積を捉え、この「場」は、個人、グループ、組織、組織間といった組織的知識創造論でいうところの存在的次元を超えて、シンクロナイズされた日本的システムを容易に作り出す装置として、Wenger et.al（2002）を援用し「実践コミュニティ」の重要性を説いている。Wenger et.al（2002）によれば、実践コミュニティとは、「あるテーマに関する関心や問題、熱意などを共有し、その分野の知識や技能を、持続的な相互交流を通じて深めていく人々の集団」と定義され、暗黙知と形式知を結び合わせることを可能とする知識を体系化する役目を担うことに特徴を見出すことができる(20)。

本研究では、必ずしも日本の産業集積を主な研究対象とするわけではないが、諸外国の産業集積における日系コミュニティ（あるいは外資や地場を含むコミュニティ）との関係性においても同様の状況が想定できること、海外展開であっても対象とするプレイヤーは日本の中小企業やアントレプレナーであることを考えると、この長山の「日本的実践コミュニティ」説から得られる本研究への示唆は大きい[21]。何よりイノベーションを創出ために「知識創造としての学習」は国内外問わず不可欠であり、その「場」を産業集積における実践コミュニティに求める分析視角は、本研究にも有効なものとなる。したがって、本研究では、単に欧米の理論を輸入し日本の中小企業へそのまま適用するようなやり方ではなく、日本中小企業特有の歴史性や特徴を踏まえた、グローバルに通用する「日本的中小企業経営」へとシンクロさせるための仕組みづくりとは何かというような問題意識を持ちながら、分析を行うことが必要であると考える。

次節では、以上を踏まえ本章の結びとしてこれまで述べてきた概念整理のポイントを総括し、本研究のリサーチ・クエスチョンと研究目的を示していく。

Ⅲ　本書のリサーチ・クエスチョンと研究目的

第１章でも述べたように、グローバル化は、ヒト・モノ・カネ・情報を世界各地に分散させたことに加え、新興国やBOP（Base Of the Pyramid）の台頭はニーズや市場をより一層多様化させ、イノベーションの源泉そのものを世界各地のロケーションに分散させている。そして、世界各地の産業集積がスパイキーに発展し（Florida, 2008）、分業構造が広域化していることを考慮すれば、国境横断的に企業が海外展開することで新たなイノベーション創出につなげられる可能性を持っている。したがって、ここでいう産業集積は、一般的にいわれる「特定産業において地理的に企業が集積している」状態を指すのではなくグローバルに再編が進む文脈をも含み、より拡大したバリュー・チェーン、あるいはサプライ・チェーンを意味する。

このように考えると、産業の空洞化とコモディティ化により長期的な閉塞感から脱することのできないわが国中小企業にとって、これまで培ってきた強み

（技術・技能・サービス）を最大限活かしつつ新たなイノベーション（新製品開発、製品のサービス化にともなうビジネスモデルの転換、サービスの高度化）を実現するために、適切なロケーションとポジションを選択する意義は増々高まってきているものといえよう。とりわけ中小企業の製造業分野における価値創造プロセスは、情報技術の革新と世界各地の産業集積の存在によって分割可能となり、企画・デザインから流通・市場（顧客）までのグローバルレベルの分散・再編成が進んでいる（港 2011）。すなわち、今日的な産業集積の積極的意義とは、単なる物理的空間的距離の優位性や外部経済の発揮だけではなく、むしろ、人的能力開発および知的創造の場として捉えるべき概念となっている。それゆえ、ヒトの存在と知識・技能などの形成、知識と技能の習得・伝播・普及、高度化、そしてその事業化には産業集積のもつ基盤性・社会関係性が重要視され、またその意義は今日ますます高まっていくものと考えられる。

こうした潮流において、今起きている状況は産業の空洞化ではなく工業のグローバル化にともなう分業範囲の拡大が進行し、「東アジア化」（渡辺 2007）さらには「アジア大の産業構造の広域化」（川上 2011）といった概念が提起されている。この文脈に基づくならば、中小企業がおかれている現状は必ずしも脅威ではなく、チャンスにもなり得る。さらに、視点をグローバルに広げれば、そこには、米国のシリコンバレー（西海岸）、オースティン（南部）やドイツのジーンバレー（ミュンヘン郊外）、フィンランド（オウル）や英国（ケンブリッジ）のハイテククラスターように、不確実性の時代にあっても停滞期を経験しつつも絶えず変革を繰り返しながら成長する産業集積が存在する（西澤・金井他 2012）。

つまり、この「分業と棲み分け」を核として、自社の得意分野と取引対象を見定め、戦略的に不足する資源を補う立地を選定し、且つ柔軟に差別化を図れば、中小企業は、グローバルに生じる成長気流を自社の変革と成長に有効に活用することが可能となる。すなわち、かつての日本の中小企業が、従来不足する資源を国内の集積から補うことで、イノベーションを起こし成長してきた仕組みを、アジア域内に広域化する成長力ある産業集積や欧米の特定分野において際立って競争力のある産業集積からグローバルに獲得することで、彼らは自らの競争優位性の源泉とすることが可能になるのではないかと考える。これが本研究のリサーチ・クエスチョンである。

第１章で述べたとおり Doz, Santos & Williamson（2001）は、近年のグローバル規模で活動する多国籍企業は、現地（進出先）発の学習をベースにグローバル水準のイノベーションを世界各地で起こし、本社を含めた自社ネットワークに知識移転を行い組織全体の競争優位を高める「メタナショナル経営」の概念を提示している。また、Govindarajan（2012）は、同様にイノベーションを新興国で起こし、本国も含めた他のロケーションで活用することが可能な競争優位性の源泉を得ているものとして、「リバース・イノベーション」という概念を提示している。これらの概念は、海外に拠点を持つ企業が、本国以外のロケーションで競争優位性の源泉となりうるイノベーションを起こすという点においては、上掲のリサーチ・クエスチョンと類似している。

しかしながら、これは豊かな資本力を背景に経営資源を国際間で活発に移転させることが出来る多国籍企業を前提とした概念であり、海外で起こすイノベーションのための資源を、自らの資源移転によって調達することが困難な中小企業は、現地発イノベーション活動のための資源を進出先の産業集積がもたらす外部経済やそこでの社会関係性に多く依存しているのではないか、と考える。

以上を踏まえ次のとおり本書の研究目的を設定したい。本書は、日本の中小企業がグローバルな事業活動を展開するなかで、諸外国の産業集積の構成要員として、集積内のオープンな企業間関係を構築するとともに能動的にその関係性を活用し、どのようにして進出国発の新たなイノベーションの創出に結びつけていくのかといった問題意識をもとに、国外における集積の経済性の活用と企業の競争優位性の構築との関係性について、動態的に解明することを目的とする。また、上掲の実態を明らかにするだけでなく、わが国中小企業における今後の競争優位性の源泉となるであろう、日本中小企業の海外展開戦略としての「リバース・イノベーション」の概念化モデル、すなわち、日本の中小企業が「リバース・イノベーション」を実現させるための条件を明らかにするとともに実現に必要となる能力を提示することを試みたい。

とりわけ、現地子会社のイノベーション活動が現地でどのように展開され、それが本社を含めた全社全体にどのように環流され、競争優位を構築していくのか、イノベーションをグローバルに移転・分散・還流させるカギを握る知識移転のメカニズムや組織のマネジメントに焦点を当てながら、「日本中小企業のリバース・イノベーション戦略」の仕組みと有効性を明らかにしていく。

次章では、本章のなかで示した中小企業のリバース・イノベーション戦略を実現する上で重要となる「知識移転」に焦点を当てながら、その実現のための具体的な条件について掘り下げ検討を行う。

(注)

---

(1) 林(2016), pp.110-111 参照。

(2) 駒形(2016), p.40参照。

(3) 本章は、拙稿(2017)を本書のために大幅に加筆・修正したものである。

(4) 中小企業白書(2010)第2章第2節「国際化を行う中小企業の特徴」中小企業庁 HP 参照。http://www.chusho.meti.go.jp/pamflet/hakusyo/h22/h22_1/Hakusyo_part2_chap2_web.pdf(アクセス日 2017年6月28日)

(5) なお、中沢(2012)では、一般に中小企業は、次の点を求めて海外展開を行うと整理している。①コスト削減、②主力取引先の要請、③投資への配当・特許料・技術指導料などの収入、④販路拡大、⑤従業員の確保、⑥高い技術利用の6点である。中沢(2012), pp.90-91参照。

(6) ジェトロ「進出目的の明確化」によれば、チェック項目では次の6点を挙げている。①市場開拓、②生産コストの削減、③取引先からの要請、④部品・商品の調達、⑤新規事業の立ち上げ、⑥豊富な人材の活用。ジェトロホームページ参照。https://www.jetro.go.jp/theme/fdi/basic/purpose.html(アクセス日 2016年9月3日)

(7) 丹下(2015), pp.24-30参照。

(8) 中小企業白書(2014)第4章第2節「海外展開の成功要因・失敗要因」中小企業庁 HP 参照。http://www.chusho.meti.go.jp/pamflet/hakusyo/H26/h26/index.html(アクセス日 2016年9月7日)

(9) 中小企業白書(2014)第4章第1節「成長する海外市場、挑戦する中小企業」中小企業庁 HP 参照。http://www.chusho.meti.go.jp/pamflet/hakusyo/H26/h26/index.html(アクセス日 2016年9月7日)

(10) 林(2016)は、時代背景や経済や政治の動向の変化により進出国には移り変わってきているが、日本の中小企業の海外展開における目的はほとんど変化が見られないと指摘する。具体的には、「1960年代から現在にかけて、低廉な労働力と市場の開拓の2点」に集約されるとしている。林(2016), pp.110-111参照。

(11) Chesbrough(2006)によれば、オープン・イノベーションは、「自社のビジネスのために外部のアイデアや技術を積極的に活用し、自社で使わないアイデアを他社が使うようにすべき」としている。このため、「外部のアイデアと技術を外から流入させ、内部のナレッジを外に流出させるため、自社ビジネスをオープンにすることが求められる」としている。Chesbrough（2006）参照。

(12) Chesbrough（2011）によれば、効果的なサービス・イノベーションには新たなビジネスモデルが必要となる、とされる。具体的には、社内のイノベーションで利益を得ながら、ビジネスの付加価値となる社外にあるイノベーションを刺激するというビジネスモデルである、としている。Chesbrough（2012），p.22参照。

(13) 城川（2008），p.32参照。

(14) ビジネス・エコシステムとは、成長力のある中小ベンチャー企業、技術シーズを移転する大学や弁護士・会計士等の多様で優れた専門家集団が集積するだけではなく、ネットワークを通じてイノベーション活動を支援し、そうした活動を積極的に承認する地域文化を含む概念であり（Bahrami & Evans, 2000）、ここでいう「水平的ネットワーク」をさす。

(15) この水平的ネットワークを別の言い方をすればビジネス「エコシステム」と呼ぶことができる。エコシステムのなかでイノベーション戦略を検討してすることの重要性を指摘する研究結果は近年散見される。たとえば、Adner and Kapoor（2016）は、技術革新のタイミングをより的確に予測するために必要な「技術そのものでなく、それを支えるエコシステムに目をむけること」を指摘するRon Adner, Rahul Kapoor（2016），pp.60-67参照。Wassel et.al.（2016）は、デジタル時代のビジネスの主役は大企業から新興企業に移り変わりつつあることを指摘いたうえで、他社との協働関係がより強固に求められるいま、その土台として新たなエコシステムを構築・刷新する必要性を説くMaxwell Wessel, Aaron Levie, Robert Siegel（2016），pp.68-75参照。Ihring and MacMian（2017）は、今日では、数多くの業界で製品・サービスのシンプルなイノベーションでさえ、複雑なものになりがちであること主張したうえで、各企業が相互のつながりが強い有力なステークホルダーで構成されるエコシステムのなかで事業を展開していることをその要因と説明するMartin Ihrig, Ian MacMillan（2017），pp.102-107参照。

(16) 上記のようなネットワーク（Ａ国）からネットワーク（Ｂ国）へグローバルに知識創造プロセスを実現させるためには、どのような知識移転あるいは知識共同の条件が必要とされるのかを検討する必要があるが、これについて詳細は第３章で述べる。

(17) たとえば、高度成長期を支えた日本の自動車産業における発展の背景には、大手メーカーのQCD（Quality：品質 Cost：コスト Delivery：納期）管理や「系列」のなかで育まれた下請中小企業との関係性は、国際競争を勝ち抜く強い基盤を作り上げ、日本の中小企業の技術・技能を磨き上げた。一方では、長期的関係は、中小企業のアントレプレナーシップ、マーケティング力、そして販路開拓力を脆弱化させた。

(18) 起業風土やインキュベーション、起業環境・制度、投資環境等に大きな違いがある。スピンオフ・スピンアウトできるアントレプレナーシップにかかわる教育制度も慣習にも明確な違いがある。

(19) プロダクト（製品）イノベーションとは、基本的には、他社が真似をできない差別化された革新的な新製品を新たに開発することを意味する。一方で、第５章でも詳しく説明するとおり、プロダクト・イノベーションの定義範囲は研究者、研究機関により異なり、もう少し範疇を広げて捉える定義も存在する。たとえば、OECDが策定したOslo Manual（OECD and Eurostat, 2005）の定義を参考にすると「その特性または用途に関して新規または大きく改良された製品」となっている。これには「設計仕様、構成部品、原材料、組み込みソフトウェア、使い勝手（user friendliness）、またはその他の機能等を大幅に改良した製品」も含むことになる。本書では、この「革新的な新製品」に「大幅に改良された製品」も含む定義を採用する。

(20) Wenger et.al (2002), pp.33-40参照。

(21) とりわけ、本書が目指す、欧米の理論と、日本の中小企業の歴史的特徴と経営特性を踏まえたハイブリッド型の理論の構築を試みる検証・分析作業のフェーズにおいて、欧米の理論を日本的システムにシンクロナイズさせるための装置として、「日本的実践コミュニティ」の概念は大いに参考になる。

〔参考文献〕

Alfred Weber.(1909). *Ueber den Standort der Industrien, Erster Teil, Reine Theorie des Standorts, Tubingen*: J. C. B. Mohr (篠原泰三訳『工業立地論』(第2版の訳) 大明堂、1986年).

Allen Scott (ed).(2001). *Global City-Regions*: *Trends, Theory, Policy*, Oxford University Press.

Bartlett, C. A. and Ghoshal, S.(1989). Managing Across Borders: The Transnational Solution, Harvard Business School Press (吉原英樹監訳『地球市場時代の企業戦略』日本経済新聞社、1990年).

Clayton, M Christensen.(1997). "*The Innovator's Dilemma*: *When New Technologies Cause Great Firms Fail*" Boston, Harvard Business School Press. (玉田俊平太監訳・伊豆原弓訳『イノベーションのジレンマ—技術革新が巨大企業を滅ぼすとき』翔泳社、2001年).

C. K Prahalad (2004). Fortune at the Bottom of the Pyramid, Revised and Updated 5th Anniversary Edition, The: Eradicating Poverty Through Profits Frederick (スカイライトコンサルティング訳『ネクスト・マーケット—「貧困層」を「顧客」に変える次世代ビジネス戦略』英治出版、2005年).

Etienne Wenger, Richard McDermott, William Snyder.(2002). *Cultivating Communities of Practice*: *A Guide to Managing Knowledge*., Harvard Business School Publishing (野村恭彦監修・野中郁次郎解説・櫻井祐子訳『コミュニティ・オブ・プラクティスナレッジ社会の新たな知識形態の実践』翔泳社、2007年).

David A. Wolfe, Meric S. Gertler.(2006). "Local Antecedents and Trigger Events: Policy Implications of Path Dependence for Cluster Formation" in Pontus Braunerhjelm and Maryann P. Feldman (eds.), Cluster genesis: *technology-based industrial development*., Oxford University Press.

Doz, Y., Asakawa, K., Santos, J., and Williamson, P.(1997). The metanational corporation. Working Paper, INSEAD, Fontainebleau, France.

Doz, Y., Santos,J., Williamson, P.(2001). *From global to metanational.* Harvard Business School Press, Boston.

Henry Etzkowitz.(2008). The Triple Helix：University-Industry-Government Innovation in Action, Routledge（三藤・堀内・内田訳『トリプルヘリックス：大学・産業界・政府のイノベーション・システム』芙蓉書房、2009年).

Henry William Chesbrough.(2003). *Open Innovation：The New Imperative for Creating and Profiting from Technology*, Harvard Business Press.

Henry William Chesbrough.(2006). *Open Business Models：How to Thrive in the New Innovation Landscape*, Harvard Business Press.

Henry William Chesbrough.(2011). *Open Service Innovation：Rethinking Your Business to Grow and Compete in a New Era*, Jossey-Bass.（博報堂大学ヒューマンセンタード・オープンイノベーションラボ監修・監訳『オープン・サービス・イノベーション 生活者視点から、成長と競争力のあるビジネスを創造する』CCCメディアハウス、2012年).

Martin Ihrig, Ian.(2017). "How to Get Ecosystem Buy-in", Harvard Business Review（HBR), MacMillan. pp.102-107.

Martin Kenny & Urs von Burg（2000). "Institutions and economies：Creating Siticon Valley", *Understanding Silicon Valley-The Anatomy of an Entrepreneurial Region*, *Stanford* Business Books（加藤敏春監訳・解説／小林一紀訳『シリコンバレーは死んだか』日本経済評論社、2002年).

Marshall, Alfred.（1920). *Principles of economics*（*8th ed.*), London：Macmillan（永沢越郎訳『経済学原理』岩波ブックサービスセンター、1997年).

Michael Porter.(1998). *On competition*, Boston, Mass：Harvard Business School Publishing（竹内弘高訳『競争戦略論Ⅰ・Ⅱ』ダイヤモンド社、1999年).

Maxwell Wessel, Aaron Levie, Robert Siegel.(2016). "The Problem with Legacy Ecosystem", Harvard Business Review（HBR). pp.68-75.

OECD and Eurostat.(2005). *Oslo Manual：Guidelines for Collecting and Interpreting Innovation Data*, 3rd edition, OECD Paris.

Nonaka, I., & Takeuchi, H.(1995). *The knowledge-creating company：How Japanese companies create the dynamics of innovation.* Oxford university press.

Polanyi, Michael.（1966). *The Tacit Dimension*, Routledge & Kegan Paul Ltd.（伊藤敬三訳『暗黙知の次元―言語から非言語へ』紀伊国屋書店、1980年).

Richard Florida.(2012). *The Rise of the Creative Class, Revisited (10th Anniversary Edition)*, Basic Books（井口典夫訳『新クリエイティブ資本論――才能が経済と都市の主役となる』ダイヤモンド社、2014年).

Richard Florida.(2008). *Who's Your City?: How the Creative Economy Is Making Where to Live: The Most Important Decision of Your Life*, Basic Books（井口典夫訳『クリエイティブ都市論―創造性は居心地のよい場所を求める』、ダイヤモンド社、2009年).

Ron Adner, Rahul Kapoor.(2016). "Right Tech, Wrong Time"., Harvard Business Review（HBR). pp.60-67.

Vijay Govindarajan.(2012). *Reverse Innovation : Create Far From Home, Win Everywhere*, Harvard Business Review Press（渡部典子訳『リバースイノベーション』ダイヤモンド社、2012年).

Zonltan Acs.(2005). *Regional Innovation, Knowledge And Global Change*, Routledge.

川上義明（2011）「中小企業の連携・連鎖と融合イノベーション―アジア大フルセット型産業構造構築化パラダイムにおいて：試論」福岡大学研究部論集 B3。

駒形哲哉（2016）「第３章　中国進出日本中小企業の現状と課題」『東アジアの地域経済の発展と中小企業』晃洋書房。

紺野登・野中郁次郎（1995）『知力経営 ダイナミックな競争力を創る』日本経済新聞社。

城川俊一（2008）「知の創造プロセスとSECIモデル：オープン・イノ ベーションによる知識創造の視点から（阿部照男教 授退職記念号）」『経済論集』33巻２号、東洋大学。

丹下英明（2015）「中小企業による海外撤退の実態」日本公庫総研レポート、日本政策金融公庫。

西澤昭夫・金井一頼他（2012）『ハイテク産業を創る地域エコシステム』有斐閣。

西澤昭夫・福嶋路（2005）『大学発ベンチャー企業とクラスター戦略―日本はオースティンを作れるか』学文社。

長谷川礼（2014）「国際ビジネスの諸理論」江夏健一他『国際ビジネス入門』中央経済社。

林幸治（2016）「第８章　歴史から見た中小企業の海外進出」『中小企業のアジア展開』中央経済社。

中小企業庁（2010）『中小企業白書2010年版』日経印刷。

中小企業庁（2012）『中小企業白書 2012年版』日経印刷。
中小企業庁（2014）『中小企業白書 2014年版』日経印刷。
中小企業庁（2015）『中小企業白書 2015年版』日経印刷。
中小企業庁（2016）『中小企業白書 2016年版』日経印刷。
中沢孝夫『グローバル化と中小企業』筑摩選書、2012年。
長山宗広（2012）『日本的スピンオフ・ベンチャー創出論？新しい産業集積と実践コミュニティを事例とする実証研究』同友館。
野中郁次郎（1996）『知識創造企業』東洋経済新報社。
藤原武史（2015）「トランスナショナル経営論対メタナショナル経営論に関する比較考察」『社会学部紀要』第121号、関西学院大学。
港徹雄（2011）『日本のものづくり　競争力基盤の変遷』日本経済新聞出版社。
山倉健嗣（2012）「国際経営戦略論の構成」『横浜経営研究』第33巻第４号、横浜国立大学。
吉田健太郎（2017）「中小企業の新たな国際経営戦略に関する予備的考察」、第49巻２号、立正経営学会。
吉田健太郎編（2014）『地域再生と文系産学連携』同友館。
三井逸友（2007）「地域イノベーションと地域の再生」『ECPR』第21号（えひめ地域政策研究センター）。
三井逸友（2011）『中小企業政策と「中小企業憲章」―日欧比較の 21世紀』花伝社。
渡辺幸男編（2007）『日本と東アジアの産業集積研究』同友館。

（吉田 健太郎）

第3章 知識移転の観点からの日本中小企業のリバース・イノベーション実現の条件

Ⅰ はじめに：問題提起

知識は、イノベーションの源泉である（Nonaka & Takeuchi, 1995；Tsai, 2001；Cheng et al., 2009）。ヒト・モノ・カネの経営資源同様、知識も、適切な資源配分が鍵である。すなわち、イノベーションが興りうるロケーションを選択し、そこに知識を移転させたり、イノベーションを促すために知識を共有させたりするための、企業による知識のマネジメント（ナレッジ・マネジメント）の巧拙は、イノベーションの成否を左右する要因の一つとなる（Christensen & Drejer, 2005）。特に、本研究が言及するようなリバース・イノベーションは、本国本社から海外拠点へ、という従前想定されていたフローとは異なる、逆の知識の流れの結果として実現するものである。したがって、企業が、海外進出先でのイノベーションを実現させ、かつそれを逆流（還流）させるために、知識移転や知識共有のような活動はどのようになされるものか、論じられなければならない。しかしながら、特に、日本の中小企業を対象とした、ナレッジ・マネジメントの観点からの、リバース・イノベーションに関する先行研究は、不十分である。そこで、本章では、知識という概念を整理した上で、知識移転研究とりわけ移転の困難性に関する研究の観点から、リバース・イノベーション実現のための前提条件を、仮説として提示する。

Ⅱ 知識移転に関する先行研究レビュー

１．知識と知識移転

本節では、リバース・イノベーションの概念を、知識移転の観点から再概念化すべく、「知識」の概念について整理する[(1)]。

ナレッジ・マネジメント研究の第一人者である Davenport & Prusak（1998）が、「データ、情報、知識（data, information and knowledge）は互換性のある概念ではない」と述べていることは、概ねこの分野の研究においては同意されていることである（Chini, 2004）。彼らは、データを「客観的事実（objective fact）」、情報を「意味を持つデータ（data with significance）」と定義しており、知識に関しては、それぞれ知識は情報に由来し、情報はデータに由来するもの、としている。Nevis, DiBella & Gould（1995）は、知識を「解釈と意味（interpretation and meaning）」、また Nonaka & Takeuchi（1995）は、知識を「正当化された真なる信念（justified true belief）」と定義した。彼らは（1）「信念」「コミットメント」に密接に関わり、ある特定の立場、見方、あるいは意図を反映している、(2) 目的を持った「行為」に関わっているという側面での情報の相違を強調することで説明し、また特定の文脈やある関係においてのみ「意味」を持つ点において、知識と情報の類似点を示した。

同時に Nonaka & Takeuchi（1995）は、暗黙的側面と形式的側面の双方が存在するとし、暗黙的知識をいかに形式知化するかにナレッジ・マネジメントの本質があるとした。形式知とは、「言葉、数字およびコードを通じて成文化されたシステマチックな言語（Hedlund,1994）」であるのに対して、暗黙知とは、「言葉で表現されない、直感的で論理立てられておらず」、「特定状況に関する個人的な知識であり、形式知化したり他人に伝えたりするのが難しい（Nonaka & Takeuchi, 1995）」とされる。そのため、Hedlund（1994）は、企業を「明文化する機械（articulation machine）」としての意味を強調し、「経済的利益に適うほとんどの暗黙的スキルは、少なくとも潜在的に明文化可能であるように見える」と述べた。また、Brannen et al.(1996) および Brannen

(2004) は、知識移転には、知識をどのように、どの程度、脱文脈化 (Decontextualization) と再文脈化 (Recontextualization) をさせるかが知識移転の鍵となると述べている。すなわち、暗黙的知識の形式知化と再度の暗黙知化への変換作業は、知識移転の行程の重要な鍵である、と彼らは主張しているのである。

ただし、Nonaka & Takeuchi (1995) らによるこうした暗黙知の概念は、暗黙知 (Tacit knowledge) の概念を初めて提示したPolanyi (1966) とは異なるようにみえる。上掲のHedlund (1994) が述べたように、Nonakaらは暗黙知たる知識も形式知化が可能な、潜在的な形式知としている。一方、Polanyiが指す暗黙知は、人間が知識を利用して行動するために必要な、語ることの出来ない知識 (近接的項目についての知識) であり、得ようとする知識の周辺に存在する(2)。したがって、受け手に必要な全ての周辺知識を限りなく形式知化することは可能であったとしても、全てを形式知化した上で相手に伝えることは、極めて困難である。

では、こうした形式知化することが出来ない、暗黙的な知識とは具体的に何を指すのか。知識移転研究の先行研究においては、本来、技術に関連する知識を指すもの (e.g. Ghoshal & Bartlett, 1988 ; Kogut & Zander, 1993 ; Zander & Kogut, 1995) としてみなされてきた。ところが、昨今では、潜在的な競争優位性の源泉は、そうした知識だけでなく、知識をマネジメントするための能力に関連する知識にもあると捉えられている。経営管理方式 (Kostova, 1999a ; Kostova, 1999b)、ベストプラクティス (Szulanski, 1996)、マーケティングの知識 (Simonin, 1999) そして、組織文化 (Jaegar, 1983) に関係する知識を扱った研究が、そのような傾向を示している。さらに、組織慣行 (Kostova & Roth 2002) や、経営理念 (d'Iribarne, 1989)、倫理基準 (Kostova, 1999a) に関係する知識といったように、組織構成員の行動の価値観を規定するようなものも含まれている。その背景には、知識の持つ経済的価値、模倣困難性、移転困難性だけではなく、組織能力 (e.g. Barney, 1991 ; Grant, 1996) もが、持続的競争優位性の尺度として認識されるようになってきたことが考えられる。

2．知識移転とリバース・イノベーション

上掲の知識移転に関する研究の焦点の多くは、困難性、成功要因、障害要因などと呼ばれる知識移転の巧拙に影響を与える要因に関する研究である。その対象は、特に多国籍企業が、文脈の異なるロケーションへ知識を移転する際の困難性に取り組んでいるものである。一方で、リバース・イノベーションは、こうした知識移転の研究とどのような関わりを持っているのか。第1章においては、80年代以降の国際経営における議論から、現地（進出先）の地域資源を活用し、現地発の学習をベースに組織全体の競争優位を高めるグローバル水準のイノベーションを興すための能力構築の必要性とその実現ために暗黙知を含む知識移転プロセスが必要となることが指摘された。ここでは、多国籍企業の知識移転に関する議論が、どのようにリバース・イノベーションの概念を生んだのかについて、本章において今一度概観する。

多国籍企業理論の祖である、OLIパラダイム（Hymer, 1960）やプロダクトライフサイクルモデル（Vernon, 1966）のような、米国系多国籍企業を対象とした企業の国際化に関する理論的枠組みでは、本国市場よりコストの低いヒト・モノ（労働力と原材料）を確保し、本国本社から移転された「型落ち」の技術や知識を組み合わせて、価格競争力のある製品を（継続的に）生産していくことを前提としている。これらの理論的枠組みの大前提は、本国本社が保持する経営資源の優位性にある。そして、海外拠点の役割は本国本社の戦略の実行者であり、経営資源の流れも、本国本社から海外拠点への一方通行であることが暗黙の前提である。したがって、海外でのイノベーションは当てにしていないか、あるいは生まれないことが前提になる。

ところが、時代は移り、経営資源の国際移動が、情報通信技術や運輸技術の向上および各国政府による通商政策の規制緩和によって活発化することで、企業活動のグローバル化は急速に進展した。経営資源を世界各国から獲得、利用することが容易になることで、先進国、とりわけ日本・米国・欧州といった「トライアド（浅川，2009）」の持つ経営資源や市場から、BRICSをはじめとする、新興国の持つ経営資源や市場の可能性や潜在性に、注目が集まるように

なる。そのため、これまで本国の優位性に依存することが前提となってきた従来の議論に限界が生じ、本国本社の戦略によって定まる海外子会社の役割も、外部環境やそこに散在する資源の（グローバル規模での）戦略的重要性が決定要因に含まれるようになる（Birkinshaw, 2000）。そして、知識移転に関する議論もおいても、外部知識へのアクセス（Cantwell 1989；Sakakibara & Westney, 1992, etc）や研究開発（R&D）機能のグローバル化と知識移転（Doz etc, 2000；浅川, 2009）に関する議論が生まれた。このような経緯で、本国本社から海外拠点への一方通行だけではなく、とりわけ海外拠点の外的環境からの「逆流」に焦点が当てられるようになった。

こうした知識の国際的な「逆流」の動きに対する注目が、本国の（経営資源の）優位性を前提としてきた多国籍企業に関する諸理論のパラダイムシフトを促したことで、オープン・イノベーション（Chehsbrough, 2008；von Hippel 2011, etc.）やダイナミック・ケイパビリティ（Hamel, 1989；Teece, 1997etc.）といった概念に代表されるように、イノベーション戦略のパラダイムシフトも促した。加えて、これまで先端的な技術革新を前提としていたイノベーション戦略も、旧来多国籍企業が市場と見なさなかったBOP層（Base of Pyramid：低所得者層）をターゲットとしたBOP市場戦略において生み出されたイノベーションの、本国や他国での活用事例が紹介されるようになると、新興国におけるリバース・イノベーションは一気に注目を浴びるようになった(3)。

第2章においては、このリバース・イノベーションを実現させるために、進出国で生じたイノベーションを本国あるいは第3国に移転させるための知識移転の仕組み（知識創造プロセス）の重要性を指摘している。そのうえで、この知識創造プロセスをグローバルに展開するとき、つまり、A国（進出国）からB国（本国・第3国）への知識移転とはどのような条件のもとで実現されるのか個別に詳しく検討する必要があると指摘している。以下では、この各論についての検討を行う。

Ⅲ リバース・イノベーション概念の再検討

ところで、リバース・イノベーションと呼ばれる概念は、上掲の経緯から、あたかも今日の多国籍企業の新興国市場戦略、とりわけBOP市場戦略において初めて発生したように受け止められがちである。しかし、林（2016）は「新興国の登場と台頭の史的プロセスを、技術革新と技術移転の経済史的視点からみれば、そのプロセスはイノベーションとリバース・イノベーションのプロセスであった」と述べており、歴史的に繰り返されている現象だ、としている。それを前提に、林は、リバース・イノベーションを、国際的比較優位、ないしは国際的競争優位の視点からの国際分業上の「広義」なリバース・イノベーションと、多国籍企業による企業内国際分業の視点からの狭義の意味でのリバース・イノベーションの二つに分類している。前者は、比較優位の逆転に伴うマクロ的現象、後者は（a）比較優位の逆転に伴う先進国多国籍企業によるイノベーションの逆流戦略と、（b）新興国多国籍企業による、前優位国技術を活用し、新興国市場だけでなく先進国のGood enough市場に適合化させたイノベーション戦略を指す、としている。本章では、こうした概念全てがリバース・イノベーションの概念に当てはまるものとする。

また、林（*ibid.*）は、リバース・イノベーションには二つの側面があるとしている。一つ目は、破壊的イノベーションの側面であり、これは、新興国市場の戦略的価値（市場的ニーズ）が背景であるとしている。新興国拠点開発製品の新興国投入の成功と先進国（本国）への逆移転が相まって発生するものである。二つ目は、ソーシャルイノベーションの側面であり、これは新興国（BOP）市場における社会的利益の創出（社会的ニーズ）が背景であるとしている。つまり、現地知識を利用したGrassroots innovation＝ボトムアップ型が主 で、新興国のBOP市場における社会的諸問題の解決を多国籍企業とNGOが協業して発生するものである。その上で、リバース・イノベーションが実現する条件として、(1)先進国（本国）における“Good enough”市場にも同様のニーズが存在すること、また(2)移転可能（あるいは国際的標準化）

が可能な製品・サービスであること、の２点を挙げている。第１章でも既に提示されているとおり、すなわち、ここで得られる示唆としての、リバース・イノベーションの実現条件は、第一に、海外進出先における社会的ないしは市場的ニーズが存在することのみならず、そのニーズを企業が発見し、現地の知識を利用したオープン・イノベーションが実現していることである。第二に、再移転先である他国や本国にも、同様あるいは類似のニーズがあることで、海外進出先で実現したそのイノベーションが、ニーズのある他国に再移転したり本国に逆流したりすることが、第二の条件である。

したがって、上掲の経緯を踏まえて、リバース・イノベーションの概念を、以下の三つの段階を経ているものとして定義する（**図表３－１**参照）。

図表３－１　リバース・イノベーション実現のための段階

移転	プロセス	前　提
第一段階 拠点Ａ→Ｂ	拠点Ａで創出されたイノベーションの、拠点Ｂへの移転	送り手（拠点Ａ）、受け手（拠点Ｂ）側双方による移転活動、特に送り手による移転先（ロケーション）の選択活動
第二段階 拠点Ｂ	拠点Ｂにおいて、現地の知識を活用した新たなイノベーション	拠点Ｂの地域でのイノベーションのニーズと把握 現地の知識と融合させたオープン・イノベーション
第三段階 拠点 Ｂ→AorC	拠点Ｂで創出されたイノベーションの、ＡないしはＣへの再移転	A/C の地域でのイノベーションのニーズと把握および拠点ＢおよびA/C 側双方による移転活動

（出所）筆者作成

第一段階は、拠点Ａ（本国）において創出されたイノベーション（およびそのための知識）の、拠点Ｂ（海外拠点）への移転である。そもそも、拠点Ａで創出されたイノベーションが、拠点Ｂへ移転されていなければ、逆流そのものが発生しない、という単純な理屈からである。拠点ＡからＢへ移転される際は、送り手（拠点Ａ）が移転のための活動を行うだけでなく、受け手（拠点Ｂ）側も、移転を受け入れるための活動を行う。そこには、送り手が、移転先（ロケーション）を選択する活動や、直接投資活動といった予備的活動を行うことが前提である。

第二段階は、これまでのリバース・イノベーションに関する議論においても、この段階に集中して議論されてきたが、拠点Bの地域における、拠点Aから移転されて来た知識と現地の知識を融合させ、新たなイノベーションが実現する段階である。その実現には、前述のように、イノベーションを必要とする市場的あるいは社会的ニーズが存在すること、そして何よりそのニーズを把握し、現地の知識と融合させたオープン・イノベーションが前提である(4)。

第三段階は、拠点Bで創出されたイノベーションの拠点A（本国）ないしはC（第三国）に再移転（逆流）する段階である。これは、先行研究においては、第二段階より議論に欠けるポイントであると考える。その実現には、上掲の林の議論にあるように、拠点Bの地域におけるニーズと同様ないしは類似のニーズが、先進国（本国）における"Good enough"市場等に存在することを把握していることが前提である。再移転が可能なように、送り手（拠点B）だけでなく、受け手（拠点AあるいはC）側も移転を受け入れるための活動を行うことが前提である。

したがって、リバース・イノベーションとは、拠点A（本国）から拠点B（海外拠点）への移転がなされていることは大前提として、拠点Bにおいて、現地発の知識と融合させて実現する、所謂「オープン・イノベーション」が、拠点A（本国）あるいは拠点C（他拠点）に再移転され、かつ活用される一連のプロセスである、と定義される。これが実現するために、企業、特に日本中小企業に求められる能力とは何かを、以下で検討する。

Ⅳ 仮説：日本中小企業におけるリバース・イノベーション実現のための能力

浅川（2003）は、多国籍企業が、グローバルR&D活動によって、世界規模でナレッジ（知識）を感知、確保し、移転、融合し、活用するといったメタナショナル(5)企業になるために必要な諸能力として、次の6点を挙げている。それは、(1)新たな技術や市場を予知する能力、(2)新たな技術や市場に関するナレッジを入手する能力、(3)入手したナレッジを本国、第三国に移転する能力、(4)新たなナレッジをイノベーションに向けて融合する能力、(5)新たに創造されたナレッジを日常のオペレーションに変換する能力、(6)新たに創出されたイノベーションを活用する能力、である。この6点の能力は、国境を超えて、ナレッジを確保し、移転、融合し、活用することで実現するリバース・イノベーションのための能力としても説明することが出来る。特に、外部知識を活用したオープン・イノベーションの段階である第二段階や、そのイノベーションを本国や他拠点に再移転させ、かつ活用する特に第三段階においては、これらの能力が求められると考える[(6)]。

浅川（2003）に限らず、これまでに多くの研究において、知識移転の巧拙を左右する要因に関する議論はなされてきたが[(7)]、組織的能力として広く議論されているのが、Cohen & Levinthal（1990）によって提示された、知識の吸収能力（Absorptive Capacity）という概念である。彼らは、この概念を「新しい知識を評価し、同化し、利用する能力（The ability to value, assimilate, and apply new knowledge)」と定義し、新しく移転されてくる知識を利用するための、過去の吸収経験によって蓄積された能力が移転コストに影響を与えるとしている。特に、前節で述べたリバース・イノベーションの第二段階においては、外部知識をいかに獲得しイノベーションを実現させるか、また第三段階では、海外進出先でのイノベーションを、いかに本国などの再移転先が獲得するかが前提となることから、本章では、この概念に依拠しながら、リバース・イノベーション実現のための能力を探ることとする。

2014年度の中小企業白書の調査結果によれば、日本の中小企業の海外子会社のうち、78%が中国を含むアジアに所在している。これについて、同書では、「アジアの安価な人件費を求めての進出や取引先のアジア展開への随伴に加えて、近年は成長著しいアジアの需要の獲得を目的としたものが多いと推察される」としている。すなわち、日本の中小企業の多くは、直接的あるいは間接的に、コスト要因、あるいは需要獲得のいずれかを理由として進出していると言える。業種別での差異については、日本政策金融公庫総合研究所（2014）によれば、特にサービス業においては、拡大する現地需要を見込んだ展開に意欲的であるとしている。しかしながら、**図表３－２**によれば、製造業か非製造業の間に、需要獲得やコストダウン等の理由に大きな差異はみられない。当然、海外展開の詳細な理由は企業によって十人十色であるが、ここでは、企業の現地のニーズを把握する必要性は、業種や企業によってそれほど差異はないという点、また海外需要の獲得を目的として進出する企業は、一定数存在するという点を前提とする。

では、日本の中小企業において、知識移転の際の最も大きなハードルとなるのは、何かと問うならば、それは経営資源上の制約であると考える。**図表３－２**は、日本の中小企業が挙げる直接投資先からの撤退理由に関するアンケート結果であるが、とりわけ、資金（採算悪化、資金繰りの悪化）や人的資源（人材の力不足、人件費、従業員の確保・育成・管理の困難性）が主たる要因として挙げられている。したがって、そのための資源や人的資源の確保は、知識移転の巧拙に影響を与える一因になると考える。

以上の文脈から、本節では、リバース・イノベーションを実現させるために日本の中小企業に求められる能力を、特に、各段階において検討し、仮説として提示する。なお、第一段階に求められる能力についてであるが、本国で創出されたイノベーションに関連する知識が、拠点Ｂへ移転されていなければ、逆流そのものが発生しない。上掲の浅川（2003）に照らし合わせると、特に、需要獲得を目的として海外展開する場合には、(1)新たな技術や市場を予知する能力が指摘されうるが、本著では、既に海外展開をしている企業が、リバース・イノベーションを実現させるためにどうすれば良いのかという問題意識を持っていることから、第一段階において求められる能力についての議論は割愛し、第二段階および第三段階において求められる能力を仮説として提示する。

図表３－２　海外進出をする理由

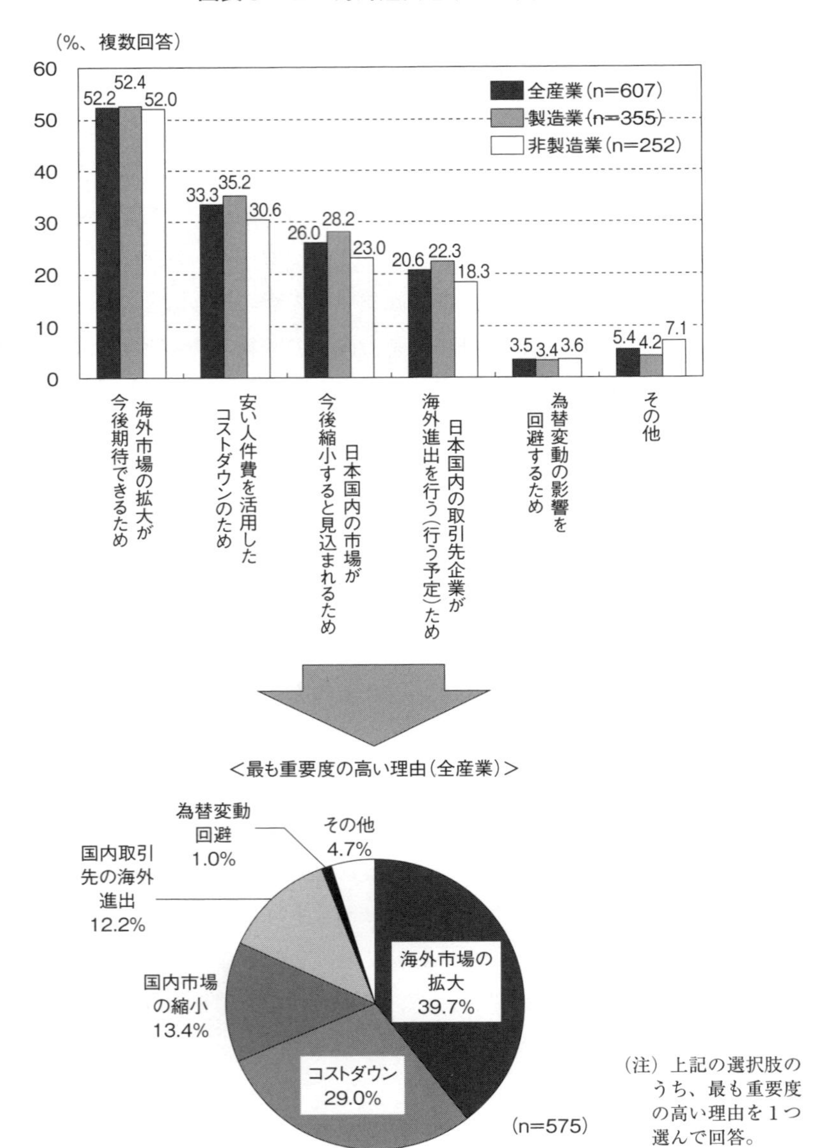

（注）上記の選択肢のうち、最も重要度の高い理由を１つ選んで回答。

（出所）商工組合中央金庫（2015）『中小企業の海外進出に対する意識調査』、p.6.

図表3－3　直接投資先からの撤退の理由

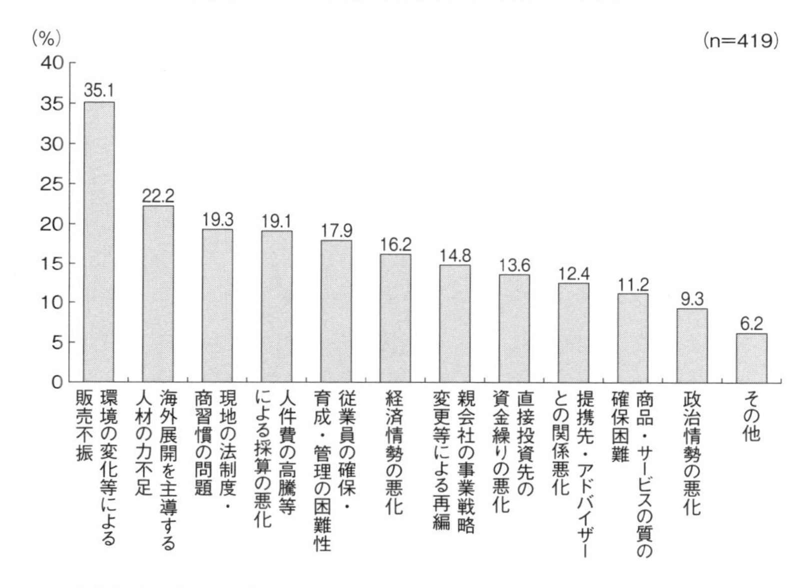

資料：中小企業庁委託「中小企業の海外展開の実態把握にかかるアンケート調査」(2013年12月、損保ジャパン日本興亜リスクマネジメント(株))

(注) 直接投資先からの撤退した経験について、「撤退した経験がある」、「撤退を検討している」と回答した企業を集計している。

(出所) 中小企業庁 (2014)『中小企業白書』p.330.

1．第二段階

ここでは、海外進出先の地域における、本国から移転されてきた知識と現地の知識を融合させた新たなイノベーションを実現させる第二段階において求められる能力を探る。この段階では、イノベーションを必要とする市場的あるいは社会的ニーズが存在し、そのニーズを把握し、かつ現地の知識と融合させた上でオープン・イノベーションを実現させる。しかしながら、もし本国知識の圧倒的な優位性があればあるほど、海外進出先にとっては本国知識に依存する程度が高くなる。それに比例して企業は本国知識の移転のために、集中的に投資する。また、仮にそうでなく、海外の需要開拓や、そのための現地知識の吸収は視野に入っていたとしても、もし現地のニーズを把握し、かつ知識を吸収するための経営資源が不足すれば、現地知識とのオープン・イノベーション実現のハードルとなりうる。そのため、現地のニーズを把握し、かつイノベーションの種となるような現地知識を吸収するための投資は、条件となると考えられる。

したがって以下の仮説を提示する。

【仮説１】リバース・イノベーションを実現させる日本の中小企業は、移転先において、現地のニーズを把握するための経営資源に投資し、活用する能力を持っている

【仮説２】リバース・イノベーションを実現させる日本の中小企業は、移転先において、現地知識を吸収するための経営資源に投資し、活用する能力を持っている

また、第二段階で指摘されなければならないのは、外部資源を活用することから外部企業との提携行為を伴うオープン・イノベーションに対しての中小企業の考え方である。**図表３－４**にあるように、日本の中小企業の４割近くが、外国企業との提携に抵抗を持っている。したがって、海外進出先で、外部知識の吸収に対する抵抗の程度は、経営資源配分にも影響を与えることから、上掲の仮説１、２に影響を与える要因となり、現地知識とのオープン・イノベーション実現のハードルとなりうる。

したがって、下記の仮説を提示する。

【仮説３】リバース・イノベーションを実現させる日本の中小企業は、そうでない企業に比べて、移転先において現地知識を吸収するための抵抗が低い

図表３－４　外国企業との販売提携・技術提携・資本提携に対する考え

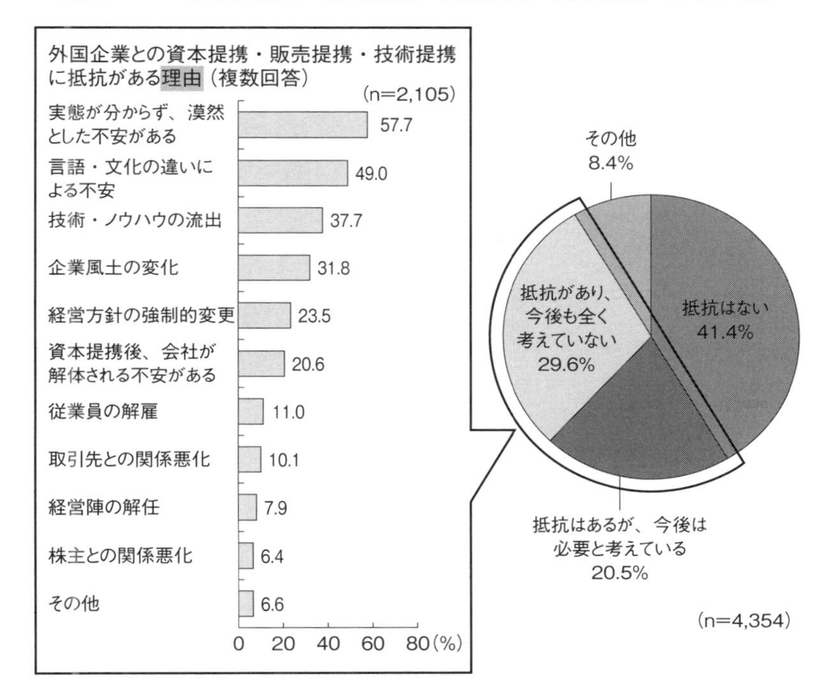

資料：中小企業庁委託「中小企業の海外展開の実態把握にかかるアンケート調査」(2013年 12月、損保ジャパン日本興亜リスクマネジメント(株))

(出所) 中小企業庁 (2014)『中小企業白書』p.350.

2. 第三段階

ここでは、海外進出先で創出されたイノベーションの本国ないしは第三国への逆流を実現させるための、第三段階において求められる能力を探る。経営資源上の制約が存在する中小企業にとっては、第一に、再移転先である日本や他地域で、移転先と同様ないしは類似したイノベーションのニーズを発掘するための能力が必要である。換言するならば、海外進出先でのイノベーションと、本国等でのニーズとのマッチングをさせるために投資をしているかどうかが、その能力と関係する。また、海外進出先で実現したイノベーションに対する偏見や先入観がないとしても、それを吸収するために必要な経営資源が不足していれば、最終的にリバース・イノベーションは実現しない。したがって、本国側や第三国側にそうした海外進出先のイノベーションを吸収するための投資が必要になる。例えば、**図表３－５**は、中小企業が技術移転を受けるのにどのような課題を認識しているのかについての調査結果だが、人材、情報や知識といった経営資源が足りない、という回答だけでなく、「有望な技術の発掘方法が分からない」という回答の多さにも注目したい。したがって、海外進出先と本国との間の意思疎通によって、本国側が、海外進出先の情報を把握したり収集したりするための人員を確保したり、制度（組織体制、定期的会合等）を採っていたりすることによって、ニーズを発掘する能力を持っているかどうかが、また技術や知識を吸収するための能力を備えているかどうかが、この段階

図表３－５　技術移転にあたっての課題

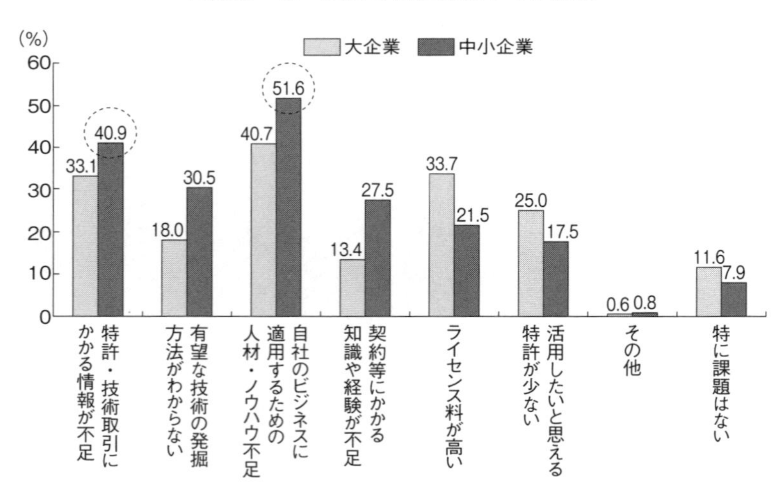

資料：三菱 UFJ リサーチ＆コンサルティング（株）「市場攻略と知的財産戦略にかかるアンケート調査」（2008年 12月）

（注）１．ここでの大企業とは、中小企業基本法に定義する中小企業以外の起業をいう。
２．複数回答のため合計は 100を超える。

（出所）中小企業庁（2015）『中小企業白書』p.112.

で求められる能力になると考えられる。
したがって、以下の仮説を提示する。

【仮説4】リバース・イノベーションを実現させる日本の中小企業は、日本本国あるいは再移転先において、同様あるいは類似の、イノベーションのニーズの存在を発見するために経営資源に投資し、活用する能力を持っている

【仮説5】リバース・イノベーションを実現させる日本の中小企業は、日本本国あるいは再移転先において、それに関連した技術や知識を吸収するための経営資源に投資し、活用する能力を持っている

V　むすびにかえて：ケーススタディに向けての展望

本章は、イノベーションの源である知識に着目し、日本の中小企業が「リバース・イノベーション」を実現させるために、知識をマネジメントするための能力としてどのようなものが求められるのかを、仮説として提示した。リバース・イノベーションは海外進出先だけでなく、本国や第三国でのニーズがあって初めて実現するものであるが、特にリバース・イノベーションを受け入れる本国や第三国側において、それを受け入れるためのキャパシティが必要である。

日本の中小企業にとって、リスクの高いイノベーション活動、しかも海外での活動に積極的に取り組むだけの経営資源を投入する余裕はない。そもそもコスト要因で海外展開している日本の中小企業にとっては、リバース・イノベーションの重要性はそれほど重大なものと映らないかもしれない。しかし、現地需要を求めて海外展開する企業が増加している昨今においては、現地のニーズを把握し、そこから得た知識と日本からの知識を融合させた新たなイノベーションを起こすことによって、現地需要だけでなく、日本や他地域における新

たなニーズの発掘も呼び起こすことになるかも知れない。元々コスト要因で進出した企業にとっても、現地だけでなく、日本も含めた他地域でのニーズの発掘を促し、新たなビジネスチャンスに繋がるはずである。**図表３－６**にあるように、中小企業においても、外部資源を活用した方が業績は良い傾向にある、という調査結果も存在する。

したがって、「現地で起きたイノベーションを現地のものだけにせず、周辺地域、もしくはグローバルの標準にしていく可能性を吟味し続ける」（新宅, 2015）ための努力は、中小企業にも求められていると言える。さらに、現地化に努力し成功している中小企業にとっては、イノベーションはただ「発見」されてないだけで、実際に発生している可能性もある。製品のイノベーションだけでなく、ビジネスモデルのイノベーションにも着目すれば、発見の可能性はより高くなるのではないかと考える。

そこで、この章で提示された５つの仮説を念頭に置きながら、第２部でのケーススタディ編において検証作業を進める。とりわけ第11章においては、この５つの仮説の検証のための章としたい。

図表３－６　技術移転の有無と企業業績の関係

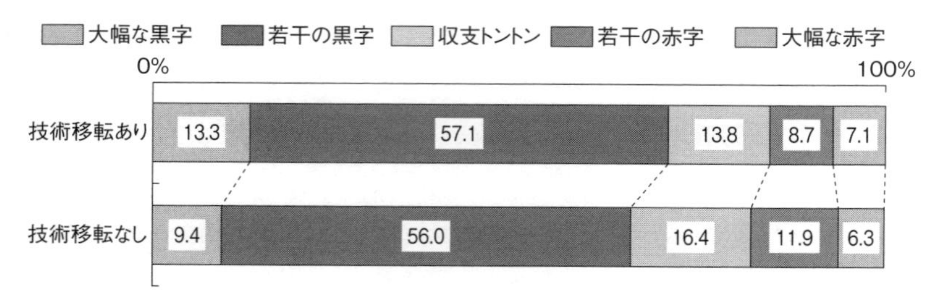

資料：三菱 UFJ リサーチ＆コンサルティング（株）「市場攻略と知的財産戦略にかかるアンケート調査」（2008年 12月）

（注）１．ここでの技術移転とは、特許の権利譲渡やライセンス許諾を受けることをいう。
　　　２．中小企業のみ集計。

（出所）中小企業庁（2015）『中小企業白書』p.111.

（注）

(1) この章での知識および知識移転の概念整理については、髙橋（2009）を参考にする。
(2) たとえば、自動車部品を製造するために必要な技術が、表出化された知識であるとしたら、ここでいう知識は、その技術が生み出された社会的背景や、自動車そのものに対する社会的な位置づけや考え方、あるいは工業製品の製造に対する諸々の考え方等、その技術が生まれるに至った様々な文脈であり、「得たい」知識の周辺にある知識だといえよう。
(3) 先行研究における概念では、非先進国（新興国）市場発のイノベーション（Radjou etc, 2012etc）、ソーシャルイノベーション（Prahalad, 2002a, 2002b）、あるいはフルーガルイノベーション（Frugal Innovation）（Zeschky, 2010）といったものがある。
(4) Govindajaran & Trimble（2012）は、この第二段階（現地でのイノベーション）において、そのニーズを満たす為のイノベーションは、単なる「現地化」するためのカスタマイズではなく、出来るだけ白紙の状態から行うこと、そして製品のイノベーションに限らず、ビジネスモデルのイノベーションも視野に入れることが条件である、としている。
(5)「メタナショナル」（戦略）とは、「本国のみでなく、世界中で価値創造を行い競争優位を構築する企業戦略のこと（浅川, 2003）」を指す。
(6) 第2章においては、Chesbrough（2003）の「オープン・イノベーション」の概念を援用し、経営資源に限りのある中小企業のイノベーション戦略を実行するには、ロケーション（立地）選択とそのロケーションの地域資源の活用の仕方、ネットワーク内でのポジション（強みを発揮できる水平的分業関係）と関わり方（学習を含む能力開発に繋げていく関係性の構築）が重要となることを指摘している。
(7) 髙橋（2009）によれば、知識移転の困難性は、主に知識の移転コストという側面から粘着性（von Hippel, 194）という概念が用いられてきたこと、その後の研究によって、粘着性の要因は知識そのものに由来するものだけではなく、組織的要因、制度的要因の3つに大きく分けて議論されてきた。知識的要因では、暗黙知の形式知化に関する議論、あるいは文脈を抜き取る脱文脈化、脱コードといった知識そのものの暗黙性を取り除く動きが中心となっている。制度的要因としては、知識の送り手と受け手側の制度的な不適合が、移転の阻害要因となっていることが指摘されている。組織的要因では、古くはNIHシンドロームのように、組織の持つ属性や行動が、知識の移転を阻害する要因となっていることが多く指摘されている。とりわけ本章では組織的要因を探っている。

〔参考文献〕

Barney J.B.(1991). “Firm Resources and Sustained Competitive Advantage”, *Journal of Management*, 17(1):99-120.

Birkinshaw, J., & Hood, N. (2000). Characteristics of foreign subsidiaries in industry clusters. *Journal of international business studies, 31*(1), 141-154.

Brannen, M. Y. & Wilson(Ⅲ), J. M.(1996). “Recontextualization and Internationalization: Lessons in Transcultural Materialism from the Walt Disney Company”, *CEMS Business Review*, 1:97-110.

Brannen, Mary Yoko(2004). “When Mickey Loses Face: Recontextualisation,

Semantic Fit, and the Semiotics of Foreignness", *Academy of Management Review*, Vol.28-4 : 593-616.

Cantwell, J.(1989). The changing form of multinational enterprise expansion in the twentie th century. *Historical studies in international corporate business*, 15-28.

Chen, C. J., & Huang, J. W.(2009). Strategic human resource practices and innovation performance-The mediating role of knowledge management capacity. *Journal of business research*, *62*(1), 104-114.

Chesbrough,H., Vanhaverbeke,W., Wes, J. 2008. *Open Innovation : Researching a New Paradigm*, OUP Oxford.

Christensen, J., & Drejer, I.(2005). The strategic importance of location : Location decisions and the effects of firm location on innovation and knowledge acquisition. *European Planning Studies*, *13*(6), 807-814.

Chini, Tina, C.(2004). *Effective Knowledge Transfer in Multinational Corporations*, Palgrave Macmilan.

Ghoshal, S. & Bartlett, C.(1990), "The Multinational Corporation as an Interorganizational Network", *Academy of Managent Review*, vol.15-4 : 603-625.

Cohen, W.M. & Levinthal, D. A.(1990), "Absorptive capacity : a new perspective on learning and innovation", *Administrative Science Quarterly*, Vol. 35 : 128-152.

Davenport & Prusak (1998). *Working Knowledge : How Organizations Manage what They Know*, Harvard Business Press.

Doz, J. Santos and P. Williamson (2001), *From Global to Metanational : How Companies Win in the Knowledge Economy*, Harvard Business School Press.

Govindarajan, V., & Trimble, C.(2012). *Reverse innovation : Create far from home, win everywhere*. Harvard Business Press.

Grant, R. M.(1996). Toward a knowledge-based theory of the firm. *Strategic management journal*, *17*(S2), 109-122.

Hamel, G., Doz, Y. L., & Prahalad, C. K.(1989). Collaborate with your competitors and win. *Harvard business review*, *67*(1), 133-139.

Hedlund, G.(1994). A model of knowledge management and the N-form corporation. *Strategic management journal*, *15*(S2), 73-90.

Hymer, S.(1976). *The International Operations of National Firms*, MIT Press.

(d')Iribarne, Philippe(1989), *La logique de l'honneur*, Paris, Le Seuil.

Jaegar, Alfred, M.(1983). "The Transfer of Organizational Culture Oversea：an Approach to Control in the Multinational Corporation", *Journal of International Business Studies*, Vol.14：91-114.

Katz, R., & Allen, T. J.(1982). "Investigating the Not Invented Here(NIH) syndrome：A look at the performance, tenure, and communication patterns of 50 R&D project groups", *R&D Management*, Vol.12-1：7-19.

Kogut, B. and Zander, U.(1993). "Knowledge of the Firm and the Evolutionary Theory of the Multinational Corporation", *Journal of International Business Studies*, Vol.24：625-45.

Kostova, T. & Zaheer, S.(1999a). "Organizational Legitimacy under Conditions of. Complexity：The Case of the Multinational Enterprise", *Academy of. Management Review*, Vol.24-1：64–81.

Kostova, Tatiana(1999b). "Transnational Transfer of Strategic Organizational Practices：A Contextual Perspective", *Academy of Management Review*, Vol.24-2：308-324.

Kostova, T., & Roth, K.(2002). Adoption of an organizational practice by subsidiaries of multinational corporations：Institutional and relational effects. *Academy of management journal, 45*(1), 215-233.

Nevis E.C. A DiBella & J.M. Gould, (1995). *Understanding organisations as learning systems*, Sloan Management Review, Winter, 73-85.

Nonaka, I., & Takeuchi, H. (1995). *The knowledge－creating company：How Japanese companies create the dynamics of innovation*. Oxford university press.

Polanyi, Michael(1966). *The Tacit Dimension*, Routledge & Kegan Paul Ltd (伊藤敬三訳『暗黙知の次元―言語から非言語へ』紀伊国屋書店、1980年).

Sakakibara, K., & Westney, D. E.(1992). *Japan's management of global innovation：technology management crossing borders* (pp.327-43). Stanford University Press, Stanford, CPrahalad 2002a, 2002b

Simonin, Bernard L.(1999). "Transfer of Marketing Know-how in International Strategic Alliances：An Empirical Investigation of the Role and Antecedents of Knowledge Ambiguity", *Journal of International Business Studies*, Vol.30-3：463-490.

Szulanski, Gabriel(1996). "Exploring internal stickiness：impediments to the transfer of best practice within the firm", *Strategic Management Journal*, Vol.17 (Winter Special Issue) : 27-43.

Teece, D. J., Pisano, G., & Shuen, A.(1997). Dynamic capabilities and strategic management. *Strategic management journal*, 509-533.

Tsai, W.(2001). Knowledge transfer in intraorganizational networks : Effects of network position and absorptive capacity on business unit innovation and performance. *Academy of management journal*, *44*(5), 996-1004.

Vernon Raymond (1966). ; International Investment and International Trade in the Product Cycle. *Quarterly Journal of Economics* ; Vol.80-2 : 190-207.

Zander, U., & Kogut, B.(1995). Knowledge and the speed of the transfer and imitation of organizational capabilities : An empirical test. *Organization science*, *6*(1), 76-92.

Zeschky, Marco, Bastian Widenmayer, and Oliver Gassmann.(2011). "Frugal innovation in emerging markets." *Research-Technology Management* 54.4 : 38-45.

浅川和宏（2011）『グローバル R&D マネジメント』慶應義塾大学出版会。

天野倫文、新宅純一郎、中川功一、大木清弘（編）（2015）『新興国市場戦略論―拡大する中間層市場へ・日本企業の新戦略―』有斐閣。

商工組合中央金庫（2015）『中小企業の海外進出に対する意識調査』。

高橋俊一（2009）『企業内国際知識移転の困難性に関する研究―「吸収能力」に関する議論の再検討―』立教大学大学院経済学研究科博士学位申請論文。

中小企業庁（2014）『2014年度　中小企業白書』。

中小企業庁（2015）『2015年度　中小企業白書』。

日本政策金融公庫総合研究所（編）（2014）『海外市場に挑戦する中小サービス産業』総合出版。

林倬史（2016）『新興国市場の特質と新たな BOP 戦略―開発経営学を目指して―』文眞堂。

（高橋 俊一）

第4章
中小企業のリバース・イノベーションとマネジメント・コントロール

Ⅰ はじめに

第１章および第２章で述べられているように、本書の問題意識は日本の中小企業が、第一に、海外展開を契機に海外進出先の産業集積のメリットを活用し、現地発のイノベーションの創出に結びつける要因を明らかにすること、第二に、それを本国に逆流（還流）させることで企業成長につなげる「リバース・イノベーション」戦略の有効性（成功のための条件）を明らかにすることにある。海外進出後、現地発のイノベーションを興す上で有効となるのが、進出国ならではの地域資源を自社に取り込み活用することで、中小企業に不足している経営資源の限界を克服しながら、情報交換、学習を活性化させることである。これらの行動を行うのは組織構成員である。つまり、現地発のイノベーションを実現させるためには、組織構成員の意識や行動、組織文化をイノベーション活動へと誘導するためのマネジメント・コントロールが重要となる。そして、とりわけ組織規模の小さい中小企業では海外展開と現地発のイノベーションが興すプロセスが全社に影響を及ぼし、製品や市場、マネジメント手法やプロセスそのものが本国へと逆流する可能性を高める。

組織目的の達成のためには、トップマネジメントが構築した戦略の達成へと組織構成員が望ましい行動をとらせるようにコントロールする必要がある。しかしながら、企業を取り巻く環境の変化が激しくなり、競争のさらなる激化、消費者の嗜好の多様化、またグローバル時代に対応した企業の海外展開、というように不確実性が高い時代へと変化し、組織目的や戦略自体が既定のものでなく、組織構成員が行動そのものを自ら考え、時には戦略の構築にも関係するような組織作りが必要とされている。すなわち、マネジメント・コントロールの役割が従来の会計数値をベースにした、計画を忠実にそして効率的に実行させる役割から、トップマネジメントレベルだけでなく、現場レベルの日々の活動から新しい発想や創意工夫（イノベーション[(1)]）を生み出し、企業全体の新しい戦略を構築する役割へと変化している。このため、マネジメント・コントロール研究においては、その概念の解釈が拡大され、戦略実行だけでなく戦略構築を視野にいれた研究へと発展している。

先行研究におけるマネジメント・コントロール研究の主たる対象は、企業組織が拡大するに伴い、組織目的の達成のためにどのように組織をコントロールすればよいかが出発点にあったことから、大企業が中心であったが、本研究で対象とするのは「中小企業」である。

グローバル化に伴い、以前に増して中小企業には経営の自立化が求められるようになった。それに相関する形で中小企業にとってのマネジメント・コントロール、広くは経営管理の重要性は増している。なぜならば、自ら販路開拓を行わなければ生き残れない時代になり、そのためには、どの市場にどのような強みを活用し、どのように生産性を高めていけばよいのかといった戦略の構築、実行に関わる管理、人材育成に至るまでもが中小企業の経営の範疇になっているからである。近年、長く続いた不況や人口減による日本市場の将来の見通しが厳しいなかで、これまでの特定の大企業との取引関係に依存する経営から脱却し、自らグローバルに販路開拓を行わなければ生き残れない時代となったのである[(2)]。企業規模問わず、イノベーション活動には常に、企業行動における「プロセス」や「価値基準」に変化を興していく作業が不可欠となる。それゆえ、戦略的な販路開拓には、このプロセスの価値基準への抜本的な見直しが繰り返し行われることになる。グローバルな販路開拓であればなおさらのことである。逆説的ではあるが、Christensen（1997）を援用すれば、大企業におけるイノベーションの阻害要因が実は中小企業にとっては最初からのその阻害要因が少なくイノベーションを興しやすい前提条件が整っているともいえるのである。同じマネジメント手法を用いても、大企業に比べ資源は限られるという問題を抱えつつも工夫により、規模が小さいがゆえに、迅速な意思決定と組織内部へのスムースな伝達を可能とする。そうだとすれば、海外販路開拓のような、とりわけ現地発のイノベーション創出といった抜本的なプロセスと価値基準の変化を求められる条件下においては、大企業に比べて中小企業においては有利にイノベーション活動に繋げることが可能であり、意図的なマネジメント・コントロールの工夫次第で、イノベーション活動の成功率を高めることができる、といえそうである。リバース・イノベーションを興すには大前提として現地発のイノベーションが興らなければないらい。

このような問題意識のもと、本章では、これまでのマネジメント・コントロールの概念を簡潔に整理し、マネジメント・コントロールとイノベーションの促進について、Simons（1995）の４つコントロール・レバーの枠組み（信条システム、事業倫理境界のシステム、診断型のシステム、インターラクティブなコントロール・システム）の観点から整理する。これをベースに大企業とは異なる中小企業の特徴や、文化や慣習、言語が異なる海外進出先という環境を踏まえて、どのようにマネジメント・コントロールを機能させれば中小企業の現地発イノベーションの創出、およびリバース・イノベーションに繋がるのかその仮説を提示していきたい。

Ⅱ　マネジメント・コントロールの概念の変化と役割の変化

Anthony（1965）はマネジメント・コントロールとは、トップマネジメントが策定した戦略を確実に実行するための公式的なシステムであると定義している。マネジャーが組織の目標を達成するために、効果的かつ効率的に資源を取得して使用することを確実にするためのプロセスである。ここでは、組織の階層別に、トップマネジメントが作成する戦略計画、ミドルマネジメントが実行するマネジメント・コントロール、現場レベルで行われるオペレーショナル・コントロールの３つに区分している。戦略計画とは、組織の目標、これらの目標の変更、これらの目標達成のために用いられる諸資源、およびこれらの資源の取得、使用・処分に際して準拠すべき方針を決定するプロセスである。マネジメント・コントロールとは、マネジャーが、組織の目的達成のために資源を効果的かつ能率的に取得し、使用することを確保するプロセスである。オペレーショナル・コントロールとは、特定の課業が効率的かつ能率的に遂行されることを確保するプロセスである(3)。

このように、マネジメント・コントロールの目的は、戦略計画レベルで定められた明確な目標を実現し、それを通じて組織を成功に導くことだとし、与えられた目標をいかに効率的に達成するかということを重視した。そのために、トップマネジメントは、現場のマネジャーに対し、会計情報を用いて間接的に管理するのである（Anthony, 1995, 1988)。すなわち、戦略を確実に実行するために、製造業であれば予算管理や標準原価計算に代表されるように当初の予定と実績とを測定し、その差異を最小化することでコントロールする。差異を最小化することで効率性を高めることができるのである。計画された組織目的の達成のため、会計情報を利用した公式的なコントロールの枠組みとして機能するのである。サイバネティック・モデルとしての性格を強くもっている(Davila, 2005)。この Anthony（1995）のマネジメント・コントロールの概念は長い間マネジメント・コントロール概念の中心的な位置づけにあったが、1990年前後から Anthony の概念を超えた枠組みが提示されはじめ、Anthony のマネジメント・コントロールは伝統的なマネジメント・コントロールとして位置づけられることになった。

伝統的なマネジメント・コントロールは、会計情報によるコントロールに限定されており、非財務情報は考慮されていない。また、オペレーショナル・コントロールと戦略的計画を考慮に入れておらず、多様なコントロールの実践を無視した結果になっている。そして、戦略はトップマネジメントによって設定された所与のものとして捉えており、戦略をコントロールする視点がないという限界が指摘されている（Otley, 1999、Langfield-Smith, 2007)。

これらの限界を超えて、近年では伝統的なマネジメント・コントロールの概念に対して、財務情報だけでなく非財務情報の利用を視野にいれたり、組織文化によるコントロールや経営理念によるコントロールなどの会計情報以外のコントロール手段を含めて、さらには公式的なプロセスに加え非公式的なプロセスも含めてマネジメント・コントロール[4]とするなど、その概念を広く捉える考え方が主流になっている。なぜなら、安定的で不確実性の低い時代において、伝統的なマネジメント・コントロールは効率性を高めるための仕組みとして組織の能力を高めてきたが、一方、不確実性の高い環境においてイノベーションの必要性を認識し、変化に対応する意思決定を阻む仕組みとなるのである。すなわち、冒頭でも述べたとおり、戦略を所与のものとして戦略実行の側面（効率性）だけに焦点をあてるのだけではなく、戦略の策定（変化へ対応）の側面にも焦点をあて、その範囲を含めたマネジメント・コントロールの役割が重要となっている。これらの背景には、企業間競争の激化をはじめとし、企業環境が変化し不確実性の高い状況では、これまでの従業員に求められる役割を、組織の目標を効率よく達成することに加えて、事業戦略の新しい機会や経路の探索が必要となった点がある。すわなち、組織目標の効率的な到達を重視していた時代では計画から逸脱しないよう会計数値でもって修正を行い、部分最適と全体最適を目指すことが求められるのに対し、近年では組織の目標や戦略が所与のものとしてではなく、組織の目標や戦略を策定するための、そして将来に向けたイノベーションを促進することが求められる。したがって、戦略を実行するためのマネジメント・コントロールから、戦略策定、イノベーション創出のためのマネジメント・コントロールへの変化が重要となる。

本章ではイノベーションを促進するためのマネジメント・コントロール、そしてリバース・イノベーションの有効性を検討するため、次項ではイノベーションとマネジメント・コントロールについてみてみる。

Ⅲ イノベーションとマネジメント・コントロール

1．イノベーションの捉え方とマネジメント・コントロール

どのようなマネジメント・コントロールが組織構成員にイノベーションを興すような行動へと導くのであろうか。従来の伝統的なマネジメント・コントロールを前提とした時代には、マネジメント・コントロールはイノベーションを阻害すると考えられてきた。なぜなら、サイバネティック・モデルである伝統的なマネジメント・コントロールは、戦略計画レベルで決定される目標を達成するように組織を導くために、期待業績からの乖離を最小化させるメカニズムにしたがって戦略が実行される仕組みであるからである(5)。マネジメント・コントロールは、階層的組織のもつ、外因的で、命令－統制的な契約的関係を強める。したがって、不確実性、実験、柔軟性、内発的動機づけ、自主性が重要性されるイノベーション戦略の策定と実行において、マネジメント・コントロールの利用は改善を監視することに限られる。このようにマネジメント・コントロールは各プロセスが意図された価値を着実に生み出すため、つまり効率性のためにイノベーションを抑制するように意図的に設計されたものである(Davila, 2005)(6)。このような会計情報を中心としたマネジメント・コントロール(7)は、イノベーションを抑制し変化を制限するものとして、これまで理解されてきた（Ouchi,1979；Tushman & O'Reilly, 1997)。つまり、伝統的なマネジメント・コントロールを前提とすると、イノベーションは内部の経営管理でコントロールするものではなく、外部で偶発的に起こるものだと捉えることができる。

これに対し、マネジメント・コントロールの解釈の範囲を広げ、活動のコントロール、人事のコントロール、文化のコントロール（Merchant and Van der Stede, 2007）を含め、行動の側面を強調したインターラクティブなマネジメント・コントロールとして捉えると、マネジメント・コントロールがイノベーションの促進を支援する役割をもつと理解する研究成果が蓄積されている。また、非公式的なプロセス、すなわち文化（Tushman and O'Reilly,

1997)、コミュニケーション・パターン（Allen, 1977)、チーム構成（Dougherty, 1992)、リーダーシップ（Clark and Fujimoto, 1991）などを使うこと[(8)]でイノベーションの促進へつながることが考えられ、多くの研究が蓄積されている[(9)]。これらの研究ではマネジメント・コントロールの利用方法、マネジメント・コントロールがイノベーションの創出に有効となる仕組みや状況が明らかにされつつある。

ここで、イノベーションについて整理する。イノベーションといっても、その種類や捉え方は様々である。ノベーションについては第1章で詳しく説明されているが、ここではイノベーションが興る場所や種類、連続性などイノベーションの捉え方を簡潔に補足し整理する。まず、イノベーションの種類については、製品イノベーション、マネジメントシステムのイノベーション、プロセスのイノベーションが考えられる。製品イノベーションは、これまでとは異なった他社が真似をできない差別化された革新的な新製品の開発を意味する。マネジメントシステムのイノベーションは、経営管理のツールなどに新しい仕組みが生み出されることである。プロセス・イノベーションとは、生産工程におけるイノベーションで効率化、コスト削減につながる。イノベーションの連続性については、急進的イノベーション（radical innovation）と漸進的イノベーション（incremental innovation）がある。急進的イノベーションとは、従来では存在しなかったような画期的な技術を生み出すタイプのイノベーションである。一方、漸進的イノベーションは、これまでの技術の延長線上で継続的に改善・改良していくタイプのイノベーションである。イノベーションの興る場所については、トップマネジメントレベルで興るイノベーションであるのか、現場レベルの日々の行動で興るイノベーションが考えられる。

イノベーション創出にマネジメント・コントロールが有効に機能しているという先行研究もイノベーションの捉え方はそれぞれであるため、注意が必要である。新しいアイデアが生まれることをイノベーションと捉えている研究もあれば、イノベーションが実行され結果が伴ってはじめてイノベーションと捉える研究もあり、さまざまである。

これらの違いによりマネジメント・コントロールの扱い方も異なることになる。例えば、Govindarajan and Trimble（2005）では、イノベーションのプロセスに注目し、イノベーションをアイデア創出の局面とそのアイデアを現実するイノベーション実現の局面ではマネジメント・コントロールに期待される役割が異なるとしている。アイデア創出の局面では、インタラクティブなコントロールが有用となり、イノベーションを実現する段階では診断型のコントロールが有用となる。すなわち、アイデア創出の局面における創造性から実現局面での効率性へのマネジメント・コントロールが求められる。

2．Simons（1995）のコントロール・レバー論

マネジメント・コントロールがイノベーション創出にとって有用なツールであるという近年の研究において重要な理論的なフレームワークを提供しているのが、Simons のマネジメント・コントロールの体系である。Simons（1994, 1995）では、効率性とイノベーションという一見相反するかにみえる状況をコントロールするため、信条システム、事業倫理境界システム、診断型コントロール・システム、インタラクティブ・コントロールシステムという相互に関連し合う４つのシステムを基本的なコントロール・レバーとして活用することを提示した。これら４つのレバーを組み合わせて活用することで相互に補完することが可能となり、マネジメント・コントロールは戦略の実行だけでなくイノベーションを創出し、新しい戦略の形成にも有効であるとする(10)。以下、これらの４つのコントロール・レバーについて概説する。

(1) 信条システム

信条システムは、「組織における一連の明示的な定義」であり、それをシステムとして強化することを通じて、組織の基盤となる価値、目的、方向性を与える。また、それらの定義は、上級マネジャーが部下に対して順応を望む価値と方向性を明示している（Simons, 1995）としている。そして、信条のシステムの目的は、組織ぐるみの機会探索・開拓を奨励し、正しい方向へ導くことで

ある。これらを可能にする構成要素は会社のクレドー、ミッション・ステートメント（使命に関する声明文）、存在目的のステートメントなどの文書である。Simons（1995）はジョンソン・エンド・ジョンソンを例に出し、組織はいかに価値を創造すべきか、期待される業績の水準、社員に期待される社内外での人間関係のあり方という中核的な価値に関わる情報を意図的に伝達することであると説明している。これにより、戦略上の問題が生じた時、社員がこの問題を解決するために、どのような問題に対処し、どのように解決すべきか自分で判断することを支援するシステムとして機能するのだという。また、信条のシステムを活用することで、価値創造のための新たな方法を開拓できるように社員を動機づけることが可能になる。すなわち、経営理念などにみられる象徴的な考え方を従業員に浸透させることにより、個々の従業員が行動するときの方向性が明確になり、共有することで、組織の新たな価値の創造＝イノベーションへと動機づけることに繋がるとしている。

(2) 事業倫理境界システム

Simons（1995）では、事業倫理境界システムを２番目のコントロール・レバーと位置づけて、組織に所属する社員は、問題の発生など新しい状況に直面したとき、価値創造や障害の克服のために試行錯誤する「機会探索者」であるとし、事業戦略を遂行する上で、「明確に認識された事業リスクに基づいて、機会探索に制限を与えるもの[11]」であるとしている。クリステンセン（1972）を引用しながら、これまでの意思決定理論では見落とされていた点を指摘している。すなわち、意思決定者はすでに存在している行動の選択肢の中からもっとも価値の高い行動を探索するのみならず、これまで選択肢になかった意思決定の選択肢を創造するとし、一人ひとりがいかに職責を果たすべきかについて事前に上から事細かな指示を与えようとすると、価値の創造につながりうる新たな機会の創造を妨げてしまのである（Simons, 1995）。ここでジレンマが生じるのは、焦点の定まらない機会探索行動を鼓舞すると、会社の資源の浪費につながる。上級マネジャーが機会探索行動について詳細な指示を与えることは適当ではないという場面では、部下が行ってはならないことを明確に指示する一方で、事業倫理境界の中で、一人ひとりの創造性に信頼を置き、部下が価値創造につながる方法の開拓を行えるようにすることに、事業倫理境界システムの重要性がある（Simons, 1995）とする。さらに、事業倫理境界システムは一つ目のコントロール・レバーである信条システムと組み合わせて使われることで機能する。信条のシステムにより組織の存在目的を提示し、無限の機会空間における社員の機会探索を動機づける。そして、事業倫理境界システムは無限の機会空間の内側にあって、容認される機会探索領域、すなわち越えてはいけない境界を明確にすることで機会探索領域を明確にできる。このシステムにより、組織のなかで、マネジャーからより下位への権限移譲が可能となることで、組織の柔軟性と創造性につながる。

(3) 診断型コントロール・システム

診断型コントロール・システムは、「組織の成果を監視し、事前に設定されたパフォーマンス基準からの乖離を修正するために、マネジャーたちが活用する公式的な情報システム[12]」である。この診断型のコントロールは、戦略を実現するための有用なツールであり、次の３つの特徴がある。①プロセスのアウトプットを測定する能力、②現実の成果と照らし合わせることのできる、事前に設定された基準の存在、③基準からの乖離を修正する能力、である[13]。アンソニーの伝統的なマネジメント・コントロールの概念を前提としており、当初に意図した戦略が確実に実行されているかチェックする手段となる。そして、診断型のコントロールの報告書は、すべてが「予定にそって正しく」進行していることを確認するために活用される。したがって、予定された計画の実行段階で不測事象があってはならないとし、万一、不測事象があれば、プロセスを本来の軌道上に戻さなければならない。具体的には伝統的なマネジメント・コントロール手法である標準原価計算や予算という会計ツールがその代表であり、これらは事前に設定された目標値からの差異があることを問題とし、あったとしてもその差異を最小にすることが重要となる。また、これらはサーモスタットの比喩を用いて説明される。サーモスタットは、実際の室温と事前に設定された基準温度を絶えず比較し、常に室温を一定に保つシステムである。こういった意味でイノベーションという観点から、現業レベルと戦略レベルの両方において標準化をおしつけてイノベーションを拒絶するようなシステムであるという理解である。多様性を縮減させ標準化を実行することになる（Davila, 2005）。

(4) インターラクティブなコントロール・システム

インターラクティブなコントロールとは、「マネジャーが部下の意思決定行動に規則的に個人的に介入するために活用する公式的な情報システム(14)」である。このシステムは探索活動を活性化させる。マネジャーの注意力に焦点を合わせ、組織ぐるみの対話を強制することで、ディベートのための枠組みを提供し、ルーティンの経路以外の情報収集を動機づける(15)。社内での議論を活性化させることで、イノベーションに必要な変化を創出する（Davila, 2005）。インターラクティブなコントロールは、ボトムアップ式の創発型戦略を導くために活用される。創発型戦略モデルでは、一人ひとりの社員が自らのイニシャティブで行動し、不測の機会を捕獲すると同時に問題点にも対応する。行動の中には、明確ではないが重要なものもあり、そうでないものもある。成功した実験は繰り返された上で拡大される。時間の経過とともに、企業は自社の戦略を適応させながら、こうした新しいアイデアをテストした結果として得られた組織学習を機会として取り込むようになる(16)。このように、インターラクティブなコントロールは組織学習を促すことで創発戦略に寄与するのである。

以上の４つのコントロール・レバーは、中小企業の現地発のイノベーションに向けて重要な要素となる。現地で漸進的なイノベーションを創出するためには、組織メンバーが自律的に行動できるような仕組み（Davila, 2005）が必要となる。そのためには、イノベーションを企業として受け入れるという姿勢を構成メンバーに示すことが求められる。このためには信条システムや事業倫理境界システムを利用する必要がある。信条システムは、経営理念に代表される企業の方向性を示すものであるが、多くは日本の文化の下で、日本語で書かれたものであるので、海外進出先において現地のスタッフへ正確にその内容を伝え、理解してもらうことが重要となろう。事業倫理境界のコントロールでは、利用可能な予算の限度を示すことなども重要となるが、海外展開においては、とくに現地の法律や制度、慣習、文化は日本とは異なるため、社員が意図せずトラブルに巻き込まれないために、境界を設定する必要がある。ここで注意すべきは情報探索や新たなアイデアの創出を促進させるには、部下の自律性を阻害せずに、彼らに権限を与え、対話を生み出すようなトップの関与でなければならない（Simons, 1995）。個別企業の文脈に合わせて信条システム、事業倫理境界のコントロール、診断型のコントロールや、インターラクティブなコントロールを組み合わせることで、組織全体に対話と学習を促し、組織学習を通して新しいアイデアが創出され、漸進的なイノベーション、急進的なイノベーションの創出へとつながるであろう。

Ⅳ 中小企業のリバース・イノベーションのためのマネジメント・コントロール

前節で、企業のイノベーションを促進するために、マネジメント・コントロールの利用方法を考慮することが有用であることを説明した。本節では、本書の中心テーマである中小企業が海外進出先の現地発のイノベーション創出、そしてそれを逆流させるためにはどのようなマネジメント・コントロールが貢献できるのかその可能性について検討したい。

1．日本の中小企業のマネジメント・コントロール研究

すでに触れたように、中小企業に焦点をあてたマネジメント・コントロール（管理会計）研究の蓄積は少ない。これにはいくつか理由が考えられるが、まず管理会計の特性ゆえの問題がある。管理会計は産業革命以降、大量生産が可

能となり、鉄道の発達による販売網が拡大するなかで、大規模化し階層的になった企業組織をいかに効率的かつ体系的にコントロールするかという問題に対処する形で発展してきた。このため、研究対象はコントロールを必要とする大規模な企業が中心であったため、中小企業の管理会計研究の蓄積が少ないのは当然である。次に、中小企業組織が多種多様である点が影響している。例えば、中小企業基本法によると製造業、建設業、運輸業における中小企業は資本金の総額又は出資の総額が3億円以内もしくは、従業員300人以下と定義されており、階層化された組織構造をもつ企業組織ばかりとは限らず、中小企業の管理会計という枠組みで一般化することが困難であることがみてとれる。また、上記の理由から体系だった管理会計を導入していないことが多く、研究者よる調査が困難であることが考えられる。さらに、中小企業はこれまで大企業との取引関係の中でマネジメントされていたこともあり、大企業からみた取引先のマネジメントとして扱われてきたことも理由として考えられる。

このような状況のなか、少ないながらも中小企業の管理会計について精力的に行っている研究として、飛田（2011, 2012a, 2012b, 2015）、澤邉・飛田（2009）の研究が有用である。飛田（2011, 2012）では、熊本県と福岡市の中小企業を対象とした管理会計実務について丹念に調査を行っている。この結果から、中小企業の8割はなんらかの形で原価計算や予算管理を利用している。また、従業員の規模と予算管理の理解についての分析では、従業員規模が大きい企業ほど予算目標は必達であり、従業員が予算目標達成について能動的に取組み、また、意欲的に取組んでいるという結果が得られている。すなわち、中小企業においてもその規模が大きくなれば予算管理など管理会計技法を導入しているのである。

澤邉・飛田（2009）では、中小企業のマネジメント・コントロールに焦点をあて、中小企業ではどのようなマネジメント・コントロールが用いられているのか、マネジメント・コントロールシスムテムの整備状況はどうなのか、大企業との比較においてどのような特徴があり有効なのかについて検討している。その結果、中小企業のマネジメント・コントロールは経営理念や社会関係が重要であると同時に内部統制についての重要性が明らかにされている。さらに、マネジメント・コントロール・システムが従業員満足度に及ぼす影響について、①マネジメント・コントロール・システムが従業員満足度に影響を及ぼすこと、②組織文化のタイプによって従業員満足度に影響を及ぼすマネジメント・コントロール・システムが異なることを明らかにしている。内部志向型の文化を持つ企業では経営理念を浸透させることの重要性が高く、外部志向型の組織文化を持つ企業では社会関係を蜜にすることが重要であるとしている(17)(澤邉・飛田, 2009)。飛田（2012）では、熊本県内、福岡市内の中小企業を対象にマネジメント・コントロール・システムが組織構成員への動機づけについて影響があるかどうかの実証研究を行い、予算や目標管理を使った診断的コントロールは中小企業の構成員に動機づけをもたらすという有意な結果は得られず、信条システムや事業倫理境界、インターラクティブによるシステムは組織構成員の動機づけに影響を与えたという結果を示している。

これらの先行研究は蓄積がすくないものの、日本の中小企業においてマネジメント・コントロールが機能している、有用であるということを示している。

2．中小企業のリバース・イノベーションに向けて

多くの中小企業が生き残りをかけて海外展開し、海外展開先で試行錯誤しがら事業戦略を遂行している。そして、現地発のイノベーションを興している（こうした実例はケーススタディ編で詳しく紹介する）。これらの企業が現地発のイノベーションを興し、さらには本国へ逆流させるためにはどのようなマネジメント・コントロールが有用となるのであろうか。当然のことであるが、本国へ逆流する前提は海外展開を行い現地でイノベーションが興ることである。そこで、近年の研究でマネジメント・コントロールを上手に機能させることでイノベーション創出に有用であることが、Simons（1995）の4つのコントロール・レバーの枠組みを用いて説明されている。既に述べてきたとおり、先行研究の多くは大企業を中心とした研究結果から得られたものである。しかし、現代の国際経営には、中小企業の現地発のイノベーション活動が重要であり、そ

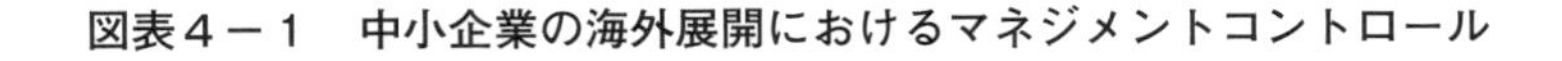

図表4－1　中小企業の海外展開におけるマネジメントコントロール

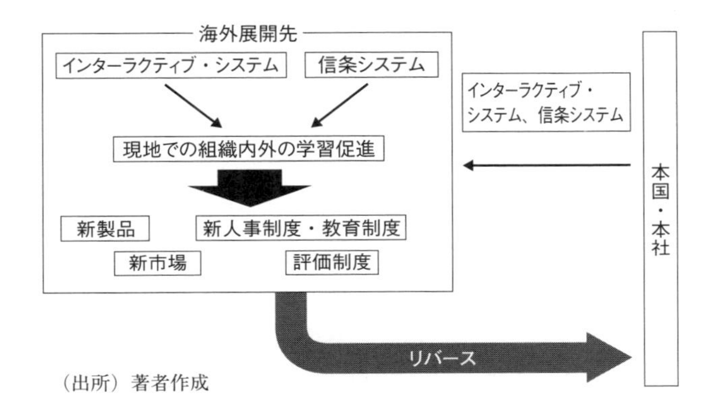

（出所）著者作成

の実現にはプロセスや価値基準における抜本的な変革が不可欠になること、同時に、変革におけるハードルは、中小企業の特性から考えて大企業に比べ有利と考えられること、何よりも、不確実性は大企業に限らず中小企業に戦略構築の重要度を高めていることから、中小企業の海外展開先でのイノベーション活動と、それを本国へ逆流させるリバース・イノベーションには、戦略構築からイノベーションに繋げるための自律的な活動を促す装置となりえるマネジメント・コントロールが有効となる（**図表4－1**参照）。

中小企業の現状からすると、企業の存続をかけて海外へ進出する中小企業が増加している。自ら新しい市場を求めて、限りある資源を使い、不確実な環境へ飛びこんでいくケースもあれば、きっかけは取引先や系列との関係で海外進出を果たしたが、取引が減少、極端なケースでは系列企業の業績によっては取引を失うという将来の不確実な環境に対応すべく、自社の強みをいかした自立した経営へと試行錯誤しているケースもある。そこでは、イノベーションを生み出すマネジメントが必要とされている。これらの中小企業は、日本からのスタッフ、現地のローカルスタッフを含めた人材の育成をはじめとした教育や人事システムの課題を抱える。イノベーションを生み出すのはシステムではなくヒトであるため、人材、教育、学習が重要な鍵をにぎることになる。また、イノベーションは経営トップが興すだけでなく、現場レベルの日々の活動を通しても創出される。信条システムにより組織構成員を動機づける場合にも、言語や文化が異なるため、企業理念を伝えるにも分かりやすくシンプルにする必要がある。また、インターラクティブなコントロールにより、社内、そして現地と本社のコミュニケーションを活性化させることで全社的な学習を創発し、知識や経験が生まれる。そのために人事システムや予算システムをインターラクティブに利用することも必要となる。そして、蓄積された暗黙知を有効に活用するためには、従来の階層的なコミュニケーションや調整ではなく、コミュニケーション・ネットワークやチームベースの組織構造を用いて、暗黙知を統合することが求められる。このような状況では、マネジメント・コントロールは柔軟で非公式的で有機的でなければならず、コミュニケーションを促し、知識を革新的な戦略へと変換するために、インターラクティブにマネジメント・コントロールを利用しなければならい（Chapman, 2008）。さらには、第1章でも現地の資源を利用するオープン・イノベーションについて触れられているが、インターラクティブなコミュニケーションの概念の範囲を広げ[18]、現地のコミュニティなど、海外進出先ならでは関係の構築も新たな取引先の開拓や市場の開拓、新製品へのヒントの一助となりイノベーションへの要素となるだろう。ここで重要なのは、大企業のように大きな組織形態ではなく、中小企業ならではのフラットな企業組織がこのインターラクディブなコミュニケーションを可能とし、そのプロセスで「信頼」構築を可能にすることである。月次の業績の検討会といった公式的な会議の場だけではなく、飲み会や社内旅行といった非公式なプロセス[19]が機能しやすいのも中小企業ならではである。また、アジア諸国への海外展開のケースでは、国の文化や国民性などもあり、社員旅行や食事会といった社員同士のつながりの場があることがモチベーションとなることも、インターラクティブなコミュニケーションを可能にし、イノベーション創出への土台を形成していると考えられる。すなわち、中小企業であるからこそ、階層的な組織構造が確立されておらず、トップマネジメントとの距離が近く、信条システムや事業倫理境界システム、インターラクティブなコントロールが機能することで、学習が活発化し、人材が育成され、現地発のイノベーションが興しやすいと考えられる。

中小企業は規模が小さいがゆえに現地で創出した製品や市場、マネジメント手法やプロセスを含むあらゆるイノベーションが、本国を含めた全社に何らかの影響を及ぼすと考えられる。海外展開自体、限られた資源のなかで捻出していくケースが多く、その全社へのインパンクトは大企業に比べ大きい。逆にいうと、海外展開し現地発のイノベーションを興すプロセス（そこに信条システムやインターラクティブなシステムが機能していることも含めて）そのものが、全社的な学習の土台や考え方に影響を及ぼすであろう。この逆流を可能にする具体的な工夫としては、現地で経験を積んだ人材が本社に戻り重要なポストにつくこと（人材戦略）、進出先のローカルスタッフの本国への派遣などの人事交流などの人材戦略が重要となる。そして、知識や経験がフィードバックされ、全社的にイノベーションを受け入れる組織文化がつくられる。これにより、現地発のイノベーションが本国へと逆流する文化（土台）が形成されると考えられる。ただし、同じ「中小企業」といっても数人の規模の零細企業と２～300人規模の組織構造が形成された中小企業では、個別の企業によって大きく前提や文脈が異なるため一般化することが困難となる側面もあるかもしれない。しかし、リバース・イノベーションに成功している中小企業の実践、とくに一見見落としてしまうようなささいな事情にも注意を払い[(20)]、４つのコントロール・レバーの使い方の詳細な既述を蓄積していくこと、すなわち、資源は限られているが、組織が小さいがゆえの変化を受け入れやすい強みを持つ中小企業において、信条システム、事業倫理境界、診断型、インターラクティブという４つのシステムがどのように組み合わされて利用されているかを観察することで、中小企業のイノベーション活動の促進に新たな理解をあたえ、そのことが、中小企業の経営にとって重要な示唆を与えるであろう。

V むすびにかえて

本章では、中小企業が海外進出先で現地発のイノベーションを興し、本国へ逆流させるリバース・イノベーションを実現するための、マネジメント・コントロールの有効性を示した。従来、マネジメント・コントロールはイノベーションを阻害すると理解されてきが、Simons（1995）やDavila（2005）にみるように「実践」に焦点をあてたマネジメント・コントロール研究では、マネジメント・コントロールがイノベーションを促進させ、またそれを可能にする組織学習において積極的な役割が明らかになっている。ここで重要となるのが信条システム、事業倫理境界、診断型システム、インターラクティブ・システムという、Simons（1995）の4つのコントロール・レバーである。中でも信条システムとインターラクティブなコントロールを活用することによってイノベーションの促進に繋がるのである。特に中小企業においては、規模が小さいがゆえに現地発のイノベーションを興す様々なプロセスが本国を含めた全社に影響を与えると考えられる。

次に、中小企業のマネジメント・コントロールについて、管理会計の発展過程や中小企業の有する特徴からその研究の蓄積は多くはないが、近年、実態調査や中小企業のマネジメント・コントロールの有用性について研究が取組まれていることを紹介し、日本の中小企業では、信条システム、事業倫理境界、インターラクティブなコントロール・システムが有用であることが明らかになっている。これらの先行研究を踏まえ、資源に限りがある中小企業、そして海外進出という特殊な環境で現地発のイノベーションを興し、それを逆流させるうえでマネジメント・コントロールの利用が有効となる可能性を示した。中小企業は大企業に比べて、企業規模が小さいゆえにトップマネジメントとの距離が近く、迅速な意思決定が可能である点などを考えると、双方向のコミュニケーションが活性化しやすく、イノベーションを興すためのマネジメント・コントロールが効果的に機能する、これが本章の結論である。

しかし、これは理論上の仮説にすぎない。このことを明らかにするためには、個別の企業の「実践」に焦点をあて、その「実践」の中でマネジメント・コントロールがどのようにイノベーションを促進させているかを詳細に検証する作業が必要となる。したがって、ケースステディ編では、本章で示した仮説を念頭に置きながら、イノベーションの創出に成功（または失敗）している個々の実態の企業活動をもとに、具体的に検証を行っていく。

（注）

(1) 本章では、イノベーションの範囲を第1章で定義しているシュンペーターによる新結合の分類、ビジネスイノベーションに加えてクリステンセンが定義するエンジニアリングと製造を越えて、マーケティング、投資、マネジメントなどのプロセスを包括する「組織が労働力、資本、原材料、情報を、価値の高い製品やサービスに変えるプロセス」としての技術（Christensen, 1997）を含めて広く捉える。
(2) たとえば、海外展開の実態をみても、取引先の要請だけでなく、自ら新しい市場を探して海外へと進出する中小企業が増加している。さらに、取引関係のなかで海外進出した中小企業も、中長期を見据えて現地で新しい取引先、市場を開拓するなど、自立した経営に取組む姿が見られるようになった。下請関係の変化による経営管理、管理会計の必要性については飛田（2011）を参照。
(3) Anthony（1965），pp.16-18 邦訳 pp.21-23参照。
(4) Malmi & Brown（2008）では、多くの組織はいくつものMCSが存在し、パッケージとしてのMCSを提唱している。パッケージには文化管理や企画、サイバネティック管理、報奨、経営管理が含まれている。
(5) Christensen（1997）では、「目標管理」、「例外管理」などの理念は、マネージャーの注意を一点に集中させるため、新しい市場の発見を妨げる場合があるとする。このようなシステムでは、業績が計画を下回ると、マネージャーは、計画と現実の差を埋めようとする。つまり、予想外の失敗に神経を集中するようになるとしている。
(6) Davila（2005），邦訳 pp.52-53参照。
(7) アンソニーは、コントロールを考える上で会計だけでなく組織文化や非公式なネットワークの重要性を意識していたが、伝統的なマネジメント・コントロール論では、非会計的な側面を捨象し組織の公式的な構造と会計情報を中心としたコントロールが中心となっている（Otley et al., 1995）。
(8) Davila（2005），訳書 p.55参照。
(9) Demartini（2014）では、1980年から2011年の文献359点をから68点を対象にマネジメント・コントロールとイノベーションの関係を扱った先行研究を詳細に整理している。
(10) Simons（1995），訳書 pp.39-40参照。
(11) 前掲書，訳書 p.89参照。
(12) 前掲書，訳書 p.125参照。
(13) 前掲書，訳書 pp.125-126参照。
(14) 前掲書，訳書 p.183参照。
(15) 前掲書，訳書 p.183参照。
(16) 前掲書，訳書 p.188参照。
(17) 澤邉・飛田（2009），pp.90-91参照。

(18) 資源ベース論（Barney, 2003）からダイナミク・ケイパビリティ論（Teece, 1997）への議論が拡張したことからも明らかなように、環境変化への対応、不確実性への対応のために、急激に変化する環境に対処するために組織内外の資源を統合、構築、そして再構成する能力が必要となった。このことからも、企業内外とのインタークティブなコミニュケーションが重要となる。

(19) Bisbe and Otley（2004）では、Simons（1995）をベースにしながら、さらに非公式的なプロセスにまでマネジメント・コントロール・システムを拡張して定義している。また、食事会などの社会的コントロールの役割については、Collier（2005）がフィールドスタディーで検討している。

(20) Christensen（1997）は、「破壊的イノベーションの法則」を引き出すうえで、各種業界のイノベーションの成功と失敗について注意深く調査、分析を行うことが重要であるとしている。

〔参考文献〕

Anthony, Robert（1965）. N., *Planning and Control Systems*：A Framework for Analysis, Harvard University（高橋吉之助訳『経営管理システムの基礎』ダイヤモンド社、1968年）.

Anthony, R. N.(1988). *The Management Control Function.* Boston. MA：Harvard Business School Press.

Barney, J. B .(2001). *Gaining and Sustaining Competi-tive Advantage 2nd* Edition, Prearson Education（岡田正大『企業戦略論［上］［中］［下］』、ダイヤモンド社、2003年）.

Bisbe, J. and D. T. Otlay.(2004). *The effects of an interactive use of control systems on product innovation. Accounting* Organizations and Society, 20：709-737.

Chenhall,R.H. and Moers, F.(2015). *The role of innovation in the evolution of management accounting and its integration into management control, Accounting*, Organizations and Society 47：1-13.

Collier, P.M.,（2005）. Entrepreneurial control and the construction of a relevant accounting. Management Accounting Research, 16, 321-339.

Davila, T.(2005). “The promise of management control systems for innovation and strategic change”, In Chapman, C. S.(Ed.), Controlling strategy：Management, accounting, and performance measurement. 37-61), Oxford University Press（澤邉紀生・堀井悟志監訳『戦略をコントロールする―管理会計の可能性』中央経済社、2008年）.

Demartini, C.(2014). Performance management systems：Design, diagnosis and use. Springer.

Ittner, C. D. and D. F. Larcker .(2001). “Assessing empirical research in managerial accounting : a value-based management perspective," Journal of Accounting and Economics, Vol.32, p.349-410.

Govindarajan, V. and Trimble, C.(2005). Ten rules for strategic innovators : From idea to execu- tion. Harvard Business School Press（酒井泰介訳『ストラテジック・イノベーション—戦略的イノベーターに捧げる10の提言—』翔泳社、2013年).

Johnson, H. T., and R. S. Kaplan.(1988). Relevance Lost : The Rise and Fall of Management Accounting, Harvard Business School Press（鳥居宏史訳『レレバンス・ロスト—管理会計の盛衰—』白桃書房、1992年).

Langfield-Smith, K.(1997). "Management Control Systems and Strategy : A Critical
Review," Accounting Organizations, and Society, Vol.22, No.2, pp.207-232.

Malmi, T. and Brown, D.A. (2008) "Management Control Systems as a Package Opportunities, Challenges and Research Directions," Management Accounting Research 19, pp.287-300.

Merchant, K. A. and W. A. Van der Stede.(2012). Management Control Systems : Performance Measurement, EvaluationandIncentives. 3rd., Harlow, UK : FT Prentice Hall.

Ouchi, W. G.(1979). A conceptual framework for the designs of organizational control mechanisms. Management Science, vol. 25(9), pp. 833-848.

Otley, D.(1999). "Performance Management : A Framework for Management Control Systems
Research," Management Accounting Research, 10, pp.363-382.

Simons, R.(1991). Strategic orientation and top management attention to control systems. Strategic. Management Journal, vol. 12(1), pp.49-62.

Simons, R.(1995). Levers of control : How managers use innovative control systems to drive strategic renewal. Harvard Business School Press（中村元一・黒田哲彦・浦島史恵訳『ハーバード流「21世紀経営」4つのコントロール・レバー』産能大学出版部、1998年).

Teece, David J., Pisano, Gray and Shuen, Amy.(1997). "Dynamic Capabilities and Strategic Management", Strategic Management Jounal, vol, issue7.

Tushman, M. L. & O'Reilly, III, C. A.(1997). Winning through Innovation : A Practical Guide to Leading Organizational Change and renewal. Harvard Business School Press（平野和子訳『競争優位のイノベーション：組織変革と再生への実践ガイド』ダイヤモンド社、1997年).

Vijay Govindarajan,(2012). Reverse Innovation：Create Far From Home, Win Everywhere, Harvard Business Review Press（渡部典子訳『リバースイノベーション』ダイヤモンド社、2012年).
澤邉紀生・飛田 努「中小企業における組織文化とマネジメントコ ントロールの関係についての実証研究」『日本政策金融公庫論集』2009年５月号。
中小企業庁「中小企業白書　平成18年度版」2006年。
飛田努「熊本県内中小企業の経営管理・管理会計実践に関する実 態調査」熊本学園大学付属産業経営研究所『産業経営研究』第30号、2011年。
飛田努「中小企業における経営管理・管理会計実践に関する実態 調査 ～福岡市内の中小企業を調査対象として～」熊本学園大学専 門職大学院会計専門職研究科『会計専門職紀要』第３号、2012年。
飛田努「中小企業のマネジメントコントロールシステムと組織 成因の動機付けに関する実証研究―熊本県・福岡市内の中小企業 を対象として―」熊本学園大学付属産業経営研究所『産業経営研究』第31号、2012年。
飛田努「中小企業におけるマネジメント・コントロール・システムの利用に関する実証分析―企業規模と利用状況の関係性を中心に―」『福岡大学商学論叢』第59巻４号、2015年。

（藤井 博義）

第5章
中小企業のリバース・イノベーション
― 海外経営戦略における新潮流の実態 ―

Ⅰ　はじめに

近年、大企業の海外事業活動が活発化しているが、中小企業においても積極的な海外進出がみられる。内閣府（2013）が2000年度と2010年度の大企業、中小企業の海外進出データを比較し、1）大企業の海外進出企業割合が増加し半数を超えた、2）中小企業は大企業を上回る勢いで増加しており、全体に占める割合は大企業に比べて低いものの約2割を占める、といった点を明らかにした。また、こうした海外進出の増加理由として、①国内市場の縮小と新興国市場の拡大、②新興国の技術水準の上昇、③リーマンショック以降の円高傾向、③FTAメリットの享受（FTA締結国への進出理由）、などを指摘している（内閣府，2013）。

このように、大企業だけでなく中小企業においても人口減少と需要減が進行する国内市場から今後の成長・発展が見込まれるアジア諸国をはじめとした海外市場へと目を向け、現地生産や現地販売活動に取り組もうとする企業が増え続けている。そこで重要となってくるのは、日本でイノベーション（革新的な製品・サービス・生産方法・マーケティングなど）を興し他の国に供給（移転）するというモデルではなく、現地の変化する市場ニーズをいち早く察知し現地発のイノベーションを興すとともに、それを日本を始めとする国々に供給（移転）することではないだろうか。ゴビンダラジャン（Govindarajan）らは、新興国市場で最初に開発・採用されたイノベーションが先進国市場へと移転・採用されること（従来とは逆の流れ）をリバース・イノベーションと定義し、今後の企業の国際化戦略として極めて重要になると強調している（Govindarajan & Ramamurti, 2011；Govindarajan & Trimble, 2012）。

この考え方は1998年にプラハラッドら（Prahalad & Hart 2002）が提唱したBOP（bottom/base of the pyramid）市場[(1)]への着目が源流ともいえる。彼らは1日2ドル未満で生活している経済ピラミッドの底辺を形成する人々のことをBOPと定義した。多くの企業は、長い間、そうした地域を「儲からない市場」と考え見向きもしなかった。しかしながら、世界人口の7割に相当する40億人の層であり、その層を「価値ある市場」として捉えると市場規模は5兆ドルにも上るため、企業はBOPのニーズに適合するものを供給することによって多くの利益を得られるばかりでなく、貧困層の減少にも寄与できることになると主張した。それ以降、先進国経済の停滞・縮小化と対峙するように途上国の経済発展と市場拡大が進展し、欧米の多国籍企業は途上国のボリュームゾーンとともにBOP市場も視野に入れたビジネスを展開し始めた。

一方、日本でのBOPビジネス（途上国における年間所得3,000USドル以下の低所得層を対象にしたビジネス）[(2)]は欧米先進国から10年遅れたと言われる。2009年、日本ではようやく「BOPビジネス元年」と呼ばれるようになり、経済産業省による「BOPビジネス支援センター」の開設（2010年）、JICAによるBOPビジネスF/S調査（フィージビリティ調査）のための公募事業の実施（2010年）が始まった。これら公的支援が追い風となったことも影響し、種々の阻害要因があるにも関わらず、海外事業展開を行う企業によるBOPビジネスの取り組みがその後増加してきている（三菱UFJリサーチ&コンサルティング，2013；国際貿易投資研究所，2015）。

BOPビジネスを実施するためには、現地の文化・習慣・生活スタイルを知った上で何が必要とされているかを調べ、そのニーズに合致した製品・サービスを新規に創り出すことが重要である。とりわけ、BOPというマーケットに対しては、これまでの常識を捨てたイノベーションを興す必要性をプラハラードは説いている（Prahalad, 2004）。また、ゴビンダラジャンと同時期に着目された、少ない資源やコストにもかかわらず高い価値を有する製品を設計・開発する倹約的イノベーション＝フルーガル・イノベーション（The Economist, 2010；Kumar and Puranam, 2011）やポーターとクラマー（Porter & Kramer, 2011）が主張している、CSRを転換し貧困等の社会問題を事業化するCSV（共有価値創造：Creating Shared Value）の考え方は、これまで主要なターゲットとされてこなかった途上国や貧困層に焦点を当てたイノベーションの必要性を喚起した。ゴビンダラジャンのリバース・イノベーションは、こうした「BOP市場の価値化」やCSVといった考え方が噴出する中で生まれたことを考慮すれば、それが突発的に出てきたものではないことが理解できるであろう。

ただ、企業は国際的に事業活動をおこなう中で現地の必要としているものを開発し提供する装置であるという視点に立てば、その対象範囲をBOP市場に限らず先進国にまで拡張することは可能である。そこで本稿では、リバース・イノベーションを「他の国で開発されたイノベーションが現地市場で受け入れられ、更に本国市場へも還流し受け入れられることを指し、その対象国は途上国に限定せず先進国も含めること」とする。

ここでは、大企業と中小企業におけるリバース・イノベーションがどのように実施されているのか、アンケート・データ（2016年1月に実施）[(3)]を使用し両者を比較することによって、企業規模による違いと中小企業の特質を明らかにする。

Ⅱ　分析の視点

1．分析の概要

中小企業のリバース・イノベーションの実態を明らかにするためアンケート調査を実施した。対象業種は最も海外進出割合の高い製造業とし、全ての種類のイノベーションを扱うと設問項目が多岐に渡るため、プロダクト・イノベーション（製品革新）に限定した。また、中小製造業の中でも海外直接投資を行っている企業であることが前提条件となるが、その割合はわずか1.04%（中小企業庁, 2012)、企業数にして4,299社[(4)]に過ぎず、しかも従業員数が少な

図表5－1 リバース・イノベーションの概念図

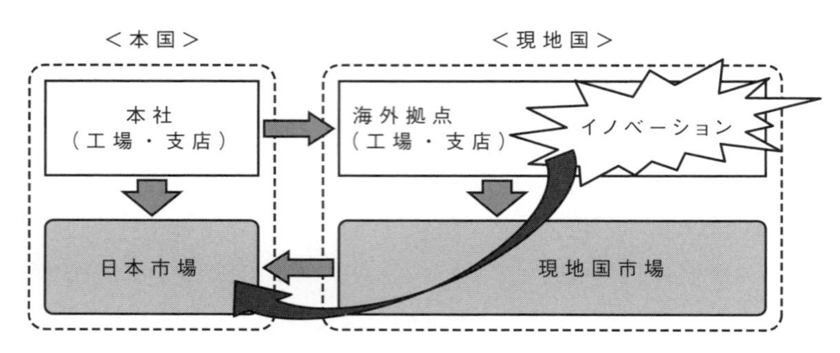

（出所）筆者作成

いほどそのパーセンテージは低くなる。そこで、小規模企業（従業員数20人以下）を除く中小製造業（従業員数21～299人）であり、なおかつ海外直接投資を実施している企業の製品企画・開発担当者を対象に、リバース・イノベーションの実施状況を調査し、同時に従業員数300人を超える大企業（製造業）へも同様の調査を行った（以下、筆者調査）。

リバース・イノベーションは、時間の流れを伴っている点が特徴（**図表5－1**参照）であるため、日本からの直接投資（時期・理由等）、現地でのプロダクト・イノベーション（時期・開発内容等）、現地での販売、日本での販売という順に質問項目を設定した。

2．プロダクト・イノベーションの範囲

プロダクト・イノベーションの定義範囲は研究者、研究機関により異なるが、OECDが策定したOslo Manual（OECD and Eurostat 2005）の定義に従うと、「その特性または用途に関して新規または大きく改良された製品」であり、これには「設計仕様、構成部品、原材料、組み込みソフトウェア、使い勝手（user friendliness)、またはその他の機能等を大幅に改良した製品」も含まれる。要するに、製品イノベーションは全く新しい製品だけでなく、既存品に改良を加えた製品も対象としていることを意味しており、他のイノベーション

研究者においても同様の定義がみられる（Christine Greenhalgh & Mark Rogers, 2010）。また、同定義は日本において文部科学省科学技術政策研究所が2003年から実施している「全国イノベーション調査」においても使用されている（文部科学省, 2004）ため、既存製品の改良も含めたOslo Manualによるプロダクト・イノベーションの定義を使用する。

Ⅲ 調査対象企業の概要

対象企業（中小企業：N ＝ 186、大企業：N ＝ 191）に関しては、大企業の４割（40.3％）が1985年のプラザ合意以前から既に海外進出を果たしており、90年代以降に残り半数近くが進出した（**図表５－２**）。それに対して中小企業の場合は、プラザ合意後、特に2000年代以降の進出が全体の６割を超えており、大企業とは進出時期に違いがみられる。

海外進出国については、中小企業の72%、大企業の８割以上（83.8%）が中国に拠点を有している（**図表５－３**）。次いで、NIEs4ヶ国（アジア新興工業経済地域：韓国、台湾、香港、シンガポール）へは中小企業の３分の１、大企業では過半数（58.1%）が進出している。ASEAN4ヶ国とベトナムについては、大企業が３割程度またはそれ以上の進出を果たしているが、中小企業では１割を超えるのがタイ（26.3%）とインドネシア（13.4%）の２カ国だけであり、マレーシア、フィリピン、ベトナムは１割以下と少ない。先進国（本調査の対象国は米国と欧州先進国のみ）への進出は、中小企業で米国23.1%、欧州先進国が14%であるが、大企業では米国が４分の３弱（72.8%）、欧州先進国は６割（58.1%）であり、両者の間に大きな違いがみられる。また、進出国（地域）の合計数を企業数で除した値は中小企業1.1に対して大企業では2.7と高い。つまり、中小企業は概ね1.1ヶ国（地域）に進出しているのに対して大企業は2.7ヶ国（地域）と多国籍に渡る事業展開をしている点は企業規模による大きな違いといえる。

海外進出先の中で最も重視する「主力拠点」（１ヶ国・地域を選択）に関し

図表5－2　調査対象企業の海外進出年別割合

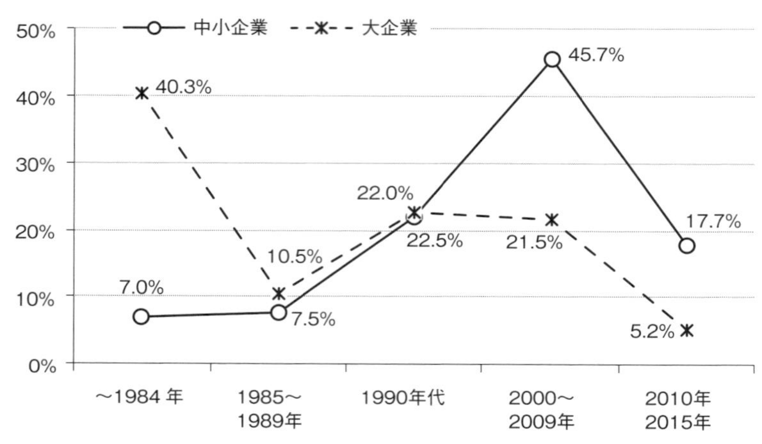

（出所）筆者調査

ては、中小企業の約半数、大企業の3割が「中国」と回答している。中小企業の海外事業において中国が大企業以上に重視されていることがわかる。次いで、中小企業はNIEs4ヶ国とタイを重要拠点と位置付けている。大企業の場合、中国を重視しつつも米国を主力拠点とみなす割合が高く、4割近く(37.2%)に達している。中小企業は中国、NIEs4ヶ国、タイを重視し、米国、欧州先進国への主力拠点の設置が少ない反面、大企業は中国とともに欧米先進国を重視した主力拠点の設置が特徴といえる。

図表5－3　海外進出先国（全拠点(M.A.)と主力拠点(S.A.)）

	中国	NIEs4	タイ	マレーシア	フィリピン	インドネシア	ベトナム	米国	欧州先進国	N
（進出国全て） 中小企業	72.0%	34.4%	26.3%	5.9%	3.8%	13.4%	7.0%	23.1%	14.0%	186
大企業	83.8%	58.1%	57.1%	35.6%	29.8%	38.7%	35.1%	72.8%	58.1%	191
（主力拠点） 中小企業	48.4%	18.8%	11.8%	2.2%	1.6%	3.2%	0.0%	9.7%	4.3%	186
大企業	30.9%	5.8%	8.9%	2.6%	1.6%	2.1%	0.0%	37.2%	11.0%	191

（出所）筆者調査

図表５－４　海外進出の目的（対象：海外主力拠点）　M.A.

	現地国市場への販路拡大	主力取引先の要請に応えるため	安い人件費を活用したコストダウンのため	安価な原材料・部品が現地調達できるため	日本への輸出のため	今後国内市場が縮小化するため	高い技術力・先端知識を吸収するため	その他	N
中小企業	57.5%	36.6%	42.5%	19.4%	14.0%	10.8%	4.8%	1.1%	186
大企業	77.5%	25.7%	34.0%	14.1%	7.3%	16.2%	6.8%	1.0%	191
Chi-Square	17.152***	5.235*	2.845	1.844	4.392	2.417	.664		

*** <.001　* <.05
（出所）筆者調査

海外主力拠点を対象とした現地への進出目的（M.A.）に関しては、「現地国市場への販路拡大」（57.5%）が中小企業で過半数を超えている（**図表５－４**参照）。また、大企業では約８割と更に高い割合となっている。次いで多い進出目的としては、「安い人件費を活用したコストダウンのため」（中小企業42.5%、大企業34.0%）、「主力取引先の要請に応えるため」（中小企業36.6%、大企業25.7%）といった目的があげられている。中小企業にとって、1990年代に中国・ASEAN諸国への旺盛な海外進出を後押ししたのは現地の労働賃金の安さや親企業からの要請であったが、近年ではむしろ現地国の経済発展にともなう旺盛な需要や販売先としての魅力が主目的（中小企業庁, 2014）となってきており、それが下表の結果にも表れている。

Ⅳ 大企業と中小企業のリバース・イノベーション実態－分析結果

１．海外進出時と進出後のイノベーション

海外へ進出し現地市場で販売するために、新製品を開発あるいは既存製品の改良を実施したか否かという設問（**図表５－５**）に関しては、中小企業（49.0%）と比べて大企業の実施率は60.0%と高く統計的にも有意差が認められる（Chi-square = 4.009, p = .045）。経営資源が中小企業より豊富な大企業の方が高い実施割合であるのはむしろ当然の結果であろうが、中小企業においても半数近くは海外進出時に現地販売を目的とした新製品開発あるいは既存製品

図表５－５　海外進出時に．現地市場向け新製品を開発又は自社の既存製品の改良を実施したか

	実施した	実施しなかった	N
中小企業	49.0%	51.0%	151
大企業	60.0%	40.0%	180
Chi-square	4.009		
p-value	.045		

（出所）筆者調査

図表５－６　海外進出後、現地市場向けに新製品を開発又は自社の既存製品の改良を実施しましたか

	実施した	実施しなかった	N
中小企業	64.9%	35.1%	151
大企業	72.8%	27.2%	180
Chi-square	2.390		
p-value	.122		

（出所）筆者調査

の改良に取り組んでいる状況が判明した。

海外進出後に現地市場向けの新製品を開発又は既存製品を改良したか否か、という設問（**図表５－６**）に関しては、中小企業の64.9%、大企業の72.8%が実施した経験を有している。統計的には５％水準で中小企業と大企業の実施率に有意差は認められない（Chi-square ＝ 2.390, p ＝ .122）。中小企業の３分の２程度が海外進出後に現地市場を対象とした新製品開発や既存製品の改良に取り組んでいる実態が伺える。

２．主力拠点進出時の製品イノベーション

海外主力拠点へ進出した時に実施した製品イノベーションに関しては、前述したイノベーションの定義の通り、全くのゼロから新製品を開発するケースと既存製品に改良を加えたものを販売するケースがある。そして後者は、既存製品の機能等を落として低価格製品として販売する場合と、既存製品に付加価値を付け高価格製品として販売する場合が想定される。これら３つの開発・改良製品に関する回答結果を以下において考察する（**図表５－７**参照）。

図表５－７　主力拠点進出時の製品イノベーション

	中小企業［N＝74］			大企業［N＝108］			t-test	
	Mean	SD	(%)	Mean	SD	(%)	t	p-value
現地販売用新製品をゼロから企画・開発	2.47	1.010	(58.1)	2.68	1.031	(48.2)	1.321	.189
既存製品の機能を落とし現地人が買えるよう低価格品に改良	2.57	1.008	(54.0)	2.49	.859	(60.2)	.536	.593
既存製品に付加価値を付けて高価格品を開発し現地で販売	2.74	.966	(43.3)	2.37	.963	(63.9)	2.563	.011

（注）１．Likert scale（「1.　その通り」～「4.　違う」）によるｔ検定結果。
　　　２．カッコ内は「１．その通り」「２．まあその通り」と回答した比率の合計。

（出所）筆者調査

まず、中小企業が現地販売用の新製品をゼロから企画・開発した割合（「その通り」「まあその通り」と回答した比率の合計）は58.1%であり大企業（48.2%）との間に有意差はみられない。一方、既存製品を改良するケースでは、コスト・リーダーシップ(5)を志向し低価格製品を開発・販売した割合が中小企業で54.0%、大企業では60.2%といずれも半数を超えているが、両者の間に有意差はない。また、既存製品に付加価値を付けて高価格品を開発・販売した割合は中小企業で43.3%、大企業では63.9%となっており、中小企業より大企業で高い割合となっている（５％水準で有意差あり）。大企業と同様に、半数程度～６割の中小企業が海外主力拠点においてアイデア段階からまたは既存製品の機能を落とした製品イノベーションを実施しているが、既存製品の高付加価値化を志向するイノベーションは中小企業より大企業の方が積極的であるといえる。

３．海外進出以降、現在までの製品イノベーションの実施状況

海外に進出して以降、現在に至るまでの間の製品イノベーションの実施状況については、現地販売用の新製品開発をゼロから企画・販売した中小企業が15.3%、大企業で10.7%存在している。海外進出時と比べて大きな違いはない（**図表５－８**参照）。

図表５－８　海外進出後～現在までの製品イノベーション

	中小企業［N＝98］			大企業［N＝131］			t-test	
	Mean	SD	(%)	Mean	SD	(%)	t	p-value
現地販売用新製品をゼロから企画・開発	2.53	1.007	(15.3)	2.67	.980	(10.7)	1.061	.290
既存製品の機能を落とし現地人が買えるよう低価格品に改良	2.57	1.035	(15.3)	2.42	.960	(15.3)	1.143	.254
既存製品に付加価値を付けて高価格品を開発し現地で販売	2.65	1.036	(13.3)	2.31	.858	(14.5)	2.700	.008

（注）図表５－７に同じ。
（出所）筆者調査

既存製品の改良については、機能を落とした低価格製品を開発・販売した割合が、中小企業、大企業ともに15.3％であった。一方、既存製品に付加価値を付けて高価格品を開発・販売した割合は中小企業で13.3％、大企業で14.5％である。検定結果からみると、ゼロから企画・開発することや既存製品の低価格化については企業規模間で有意差が認められないが、既存製品の高付加価値化については大企業の実施率が有意に高いことがわかる。

大企業は海外拠点設置時、設置後ともに既存製品に付加価値を付けた高価格品を開発する傾向が強い。中小企業と比べて大企業は先進国へも積極的に拠点を設置していることから、先進国市場への販売において高価格を志向している

図表５－９　既存製品に付加価値を付けて高価格品を開発

	進出時	進出後～現在
途上国・中小企業	11.3%	11.1%
途上国・大企業	13.7%	6.3%
先進国・中小企業	0.0%	23.5%
先進国・大企業	19.3%	22.1%

（注）「その通り」と回答した割合。
（出所）筆者調査

図表５－10　既存品の機能を落とし現地人が買えるよう低価格品に改良

	進出時	進出後～現在
途上国・中小企業	12.9%	14.8%
途上国・大企業	5.9%	15.9%
先進国・中小企業	16.7%	17.6%
先進国・大企業	8.8%	14.7%

（注）「その通り」と回答した割合。
（出所）筆者調査

と考えられる。ブレークダウンした**図表５－９**によると、企業規模の差ではなく国による差、つまり途上国と比べて先進国において高付加価値品を開発・販売する傾向が高いことがわかる。

既存製品の機能を落として低価格品に改良し販売することに関しては、中小企業は途上国、先進国ともに進出時に大企業よりも高い割合で実施しており、進出後も同様である（**図表５－10**参照）。また、大企業は進出後に低価格品の開発を志向する割合が先進国、途上国ともに高くなる。

４．現地市場向け開発・改良製品の販売状況

海外拠点を有する大企業、中小企業が現地向けに開発した製品は、対象国の市場において受け入れられているのであろうか。開発時点別に販売状況をクロス集計により分析してみることにする（**図表５－11**参照）。

まず、現地国市場においては進出時に開発した製品、進出後に開発した製品のいずれにおいても中小企業の約８割が「売れた」と回答しており、現地での販売状況は良好であることがわかる。また、大企業では同割合が９割を超えている。

ここで、現地での売上状況は対象となる市場が途上国か先進国かによって違いがあるのではないかとの疑問が生じる。この点に関しては、途上国で「売れ

図表５－11　現地国市場での販売状況

		企業規模	N	売れた	売れなかった	Chi-Square	ρ-value
現地国市場	進出時開発	中小企業	74	77.0%	23.0%	6.536	.011
		大企業	108	90.8%	9.2%		
	進出後開発	中小企業	98	84.7%	15.3%	2.017	.156
		大企業	131	91.7%	8.4%		

（出所）筆者調査

た」とする企業割合は84.1%、先進国市場で「売れた」とする企業割合は85.9%であった。この結果を勘案すれば、対象市場が途上国か先進国かによる違いというより、むしろ企業規模（中小企業と大企業）の差が売上に影響しているといえよう。

５．現地進出時に開発した製品の日本での販売状況

プロダクト・イノベーション活動の評価という視点からは、たとえ新たな製品が開発されても、それが売れなければ成功したとは言えないだろう。その意味では、リバース・イノベーションの成功とは新製品（または改良製品）が現地で売れ、更に日本に逆流して国内でも売れることが必要となる。

中小企業の場合、現地進出時に開発し現地で売れた製品の日本での販売状況は、「日本で売れている」とする割合が24.6％であるが、残り７割は「日本で売っているが売れていない」（17.5％）、「まだ日本で売っていないが、今後の販売を検討中」（31.6％）、あるいは「日本で売ることは考えていない」（26.3％）という内容である（**図表５－12参照**）。現地で売れた製品の中で、日本に還流し国内でも売れたのは４社に１社程度であることが分かる。

さらに大企業においても中小企業とほぼ同様の傾向がみられる。「日本でも売れている」（30.6％）とする割合は、中小企業よりも大企業が６％ほど高い数値となっているが、５％水準では有意差がみられない（Chi-square ＝.649,p ＝.420）。

現地進出時に開発・改良した製品が現地で売れたとしてもその６割程度は日

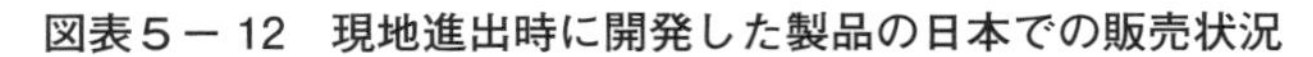

図表５－12　現地進出時に開発した製品の日本での販売状況

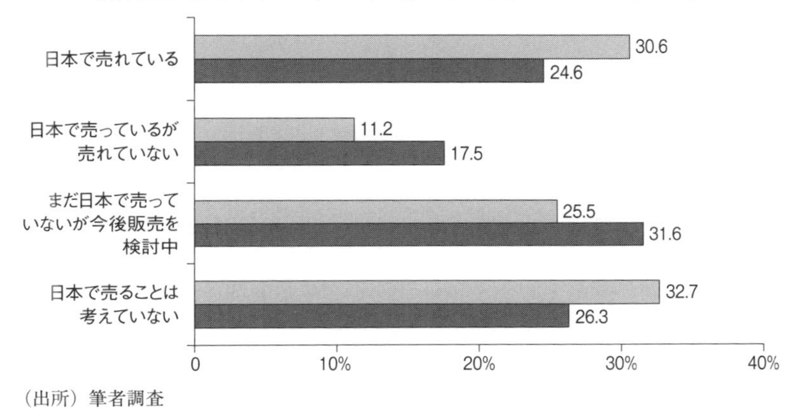

（出所）筆者調査

本で販売していないものの、中小企業では約４分の１、大企業でも３割程度は日本での販売がうまくいっていることが伺える。

また、現地進出後に開発した製品について、中小企業、大企業ともに現地進出時に開発した製品と同様の販売傾向をみることができる（**図表５－13**）。中小企業の場合、現地国で売れ、なおかつ日本でも売れているとする回答は４社に１社（26.7%）の割で存在する。一方、大企業での同割合は約３割（29.6%）とやや高い数値であるが、両者の間に統計的有意差は認められない（Chi-square =.156, p =.692）。

大企業で70%、中小企業においても73.3%はリバース・イノベーションに成功しているとは言えず、日本での販売状況が良くなかったり、現状ではまだ販売していない（「日本で売っているが売れていない」、「まだ日本で売っていないが、今後販売を検討中」、「日本で売ることは考えていない」）のが実態である。

図表5－13　現地進出後に開発した製品の日本での販売状況

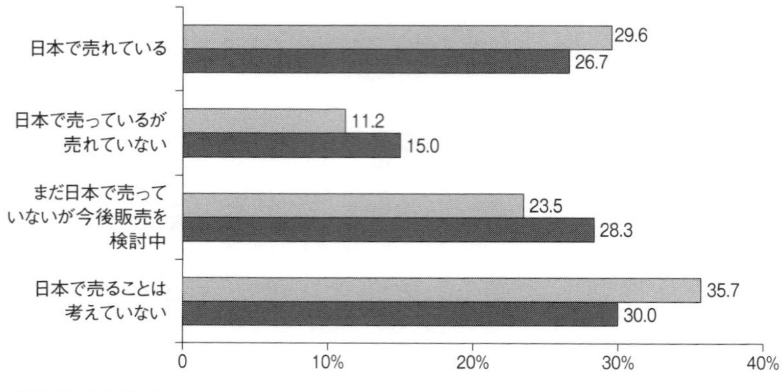

（出所）筆者調査

V 分析結果のまとめ

これまでの調査結果に基づいて、中小企業と大企業のリバース・イノベーションがどのような状況にあるのか、海外進出から現地でのイノベーションの実現と販売、そして当該製品の日本への還流の状況を以下にまとめてみたい（**図表5－14**および**5－15**参照）。

まず、中小企業に関しては国内に41万社存在する中小規模の製造業（中小企業庁，2016）において海外拠点を有する割合はわずか1.04％と低いものの、海外進出企業数は着実に増加している。調査対象となった海外進出中小製造業151社は途上国125社、先進国26社であり、大企業よりも進出時期は新しく（6割は2000年以降）、途上国への進出割合が高いのが特徴である。現地でのプロダクト・イノベーションは進出時（49.0％）よりも進出後（64.9％）の実施率が高く、現地市場での販売状況は前者（77.0％）よりも後者（84.7％）がやや良い。進出時よりも現地経験と知識が経年変化により豊かになるなど、いわば経験効果が働くことでイノベーションや販売力が高まるのではないかと想定される。

現地での販売が好調な中小企業が、日本での販売を行っているわけだが、その中でも日本で販売しているのは半数以下に留まる。現地発のイノベーションに成功し、その製品が日本に還流されて売上に寄与した（「売れた」or「売れている」と回答した）中小企業は18社である。

一方、大企業（製造業）は国内に1,957社（中小企業庁 2016）存在し、その76.2％（1,491社）（経済産業省 2012）が海外子会社を保有している。中小企業

図表5－14　中小企業のリバース・イノベーション

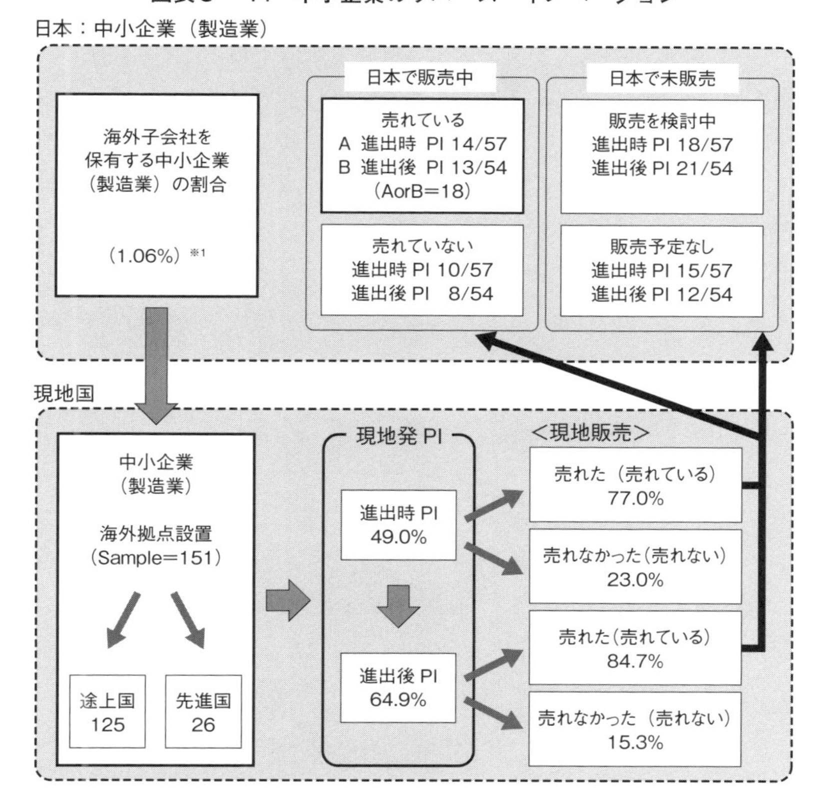

（注）図中 PI は、Product Innovation の略。
※1　総務省（2016）のデータ（資本金3億円未満の製造業）を使用し、（「子会社が国内及び海外にある企業数」＋「子会社が海外のみにある企業数」）／企業数により算出した値。
（出所）筆者作成

よりも遥かに高い割合で海外生産・販売活動を行っているため、それだけ海外経験や知識も豊富に蓄積している。本調査結果（180社）によると、中小企業より海外進出時期が全般に古く、途上国（88社）に比べ先進国（92）への主力拠点の設置が多いことが分かる。

進出先においては、現地でのプロダクト・イノベーションの実施割合が中小企業よりも高い点が指摘される。進出時のイノベーション（60.0％）と比べ進出後の同割合（72.8％）が高い点、そして進出後の方が販売が好調である点も中小企業と同様の傾向であり、これらは企業規模に限らない特徴といえよう。

現地発イノベーション製品の現地市場での販売に関しても、９割が「売れた（売れている）」と回答しており、売上の好調さが伺える。しかしながら、これら現地販売がうまくいっている企業の約６割は日本での販売はしていない。

進出時あるいは進出後のイノベーションのいずれか（あるいは両方）を実施した大企業が、現地で売れて、なおかつ日本でも販売も好調なのは34社であることが判明した。これらはリバース・イノベーションに成功した企業といえるが、中小企業の倍近い企業数である点からは大企業における海外経験年数、海外知識、人的資源の豊富さ、資金力の高さなど、経営資源の差が大きく影響しているといえるのではないだろうか。

図表５－15　大企業のリバース・イノベーション

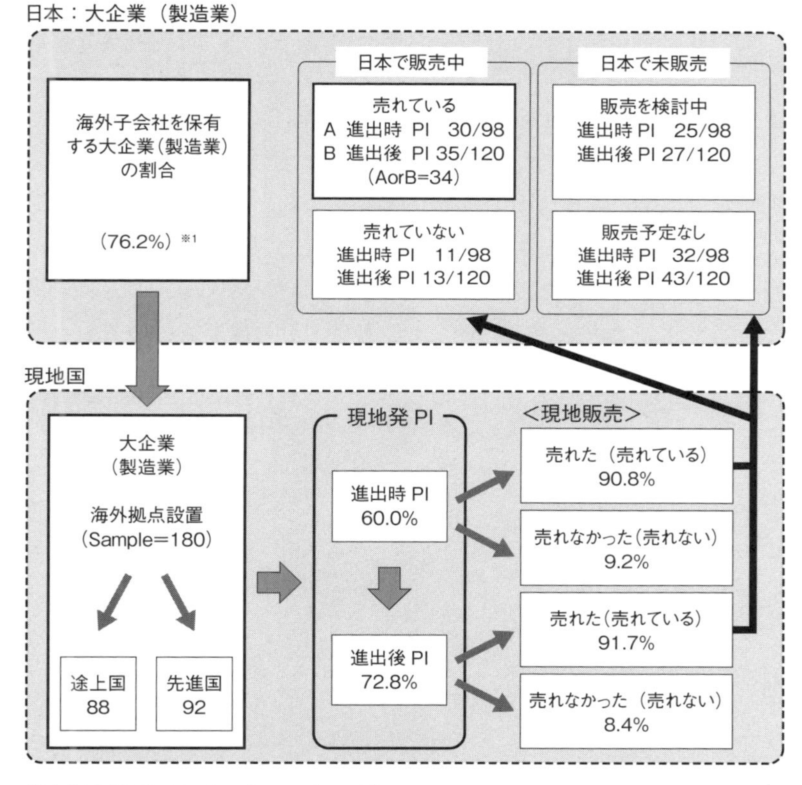

（注）図中 PI は、Product Innovation の略。
※１　経済産業省（2012）および中小企業庁（2016）により算出。
（出所）筆者作成

Ⅵ むすびにかえて

リバース・イノベーションが新しい概念として提起されたものであるため、事例分析に関して特に大企業をケースとして取り扱った研究はあるものの、中小企業を対象にアンケート調査を実施し大企業と比較した先行研究は、国内に限らず海外文献においても見当たらない。今回は、そうした意味から試行錯誤を重ねた末、製造業のプロダクト・イノベーションに焦点を当て中小企業と大企業のリバース・イノベーションの実態と両者の特質を明らかにしようとした。大企業の方が現地発のリバース・イノベーション活動は盛んであり、日本での販売に成功している企業は多いが、中小企業においても現地発のイノベーションが半数以上において実施されている点は注目すべきことであろう。これは、1980年代後半から90年代にかけて多く見られた下請追随的な海外進出ではなく、自立性と主体性を持った中小企業が途上国（BOP）を主たる市場として現地市場と現地文化に積極的にコミットしようとする戦略的志向を有するようになってきたことを表している。さらに、海外展開している中小製造業151社中の18社は、日本市場でも販売に漕ぎ着け、売れる製品として市場に提供している。リバース・イノベーションの成功を果たしたこれら企業は海外進出した中の12%と未だ少ないものの、現地市場だけでなく、さらにその先にある日本市場までも視野に入れたイノベーションを実施することの重要性とそれが中小企業においても達成可能であることを示してくれた点は、本調査の貴重な収穫といえるだろう。

付記：本章は、中山（2018）を加筆・修正したものである（横浜市立大学学術研究会承認済み）。

（注）

(1) プラハラードはBOP市場の対象国としてインド、中国、東南アジア諸国、中南米諸国、ロシア、アフリカ諸国等を挙げている。なかでも中国、インド、ブラジル、メキシコ、ロシア、インドネシア、トルコ、南アフリカ、タイの9カ国で30億人の人口と12.5兆ドルのGDP（合計）となり、これは日本、ドイツ、フランス、イギリス、イタリアのGDPを合計したものより大きいことを指摘している（Prahalad, 2004）。

(2) BOPの定義は経済産業省（2010）および、その元となったInternational Finance Corporation & World Resources Institute（2007）に拠る。

(3) アンケート調査の実施時期は、2016年1月20〜22日（Web調査会社に委託）。調査名は「大企業と中小企業の海外市場向け製品（商品）開発に関するアンケート調査」であり、調査対象は海外市場向け完成品（商品・製品）を製造する日本企業（従業員20人以下の小規模企業を除く）の企画・開発担当者である。重複回答が無いとは言えない点はネット調査における課題として指摘しておきたい。なお、本論文では便宜的に回答者を回答企業と見做して表現している。

(4) 2014年7月時点における中小製造業の企業数413,339社（中小企業白書 2016）に1.04%を乗じた数値である。

(5) コスト面で他社より優位に立とうという戦略であり、同業他社より低いコストで製品を製造・販売することを目的とする。この戦略は、効率性の高い生産設備の導入、開発力を高めて低コスト製品を開発、営業コストの低減等に力を注ぐことによって実現する（Porter, 1980）。

〔参考文献〕

Christine Greenhalgh & Mark Rogers(2010). *Innovation, Intellectual Property, and Economic Growth*, Princeton University Press, Princeton, NJ.

中小企業庁（2012）『中小企業白書2012年版』日経印刷。

中小企業庁（2014）『中小企業白書2014年版』日経印刷。

中小企業庁（2015）『中小企業白書2015年版』日経印刷。

中小企業庁（2016）『中小企業白書2016年版』日経印刷。

Govindarajan, V., & Ramamurti, R.(2011). Reverse innovation, emerging markets, and global strategy, *Global Strategy Journal*, 1(3/4), 191-205.

Govindarajan, V., & Trimble, C.(2012). *Reverse Innovation：Create far from home, win everywhere*, Harvard Business Review Press.

International Finance Corporation & World Resources Institute（2007). *The Next 4 Billion：Market Size and Business Strategy at the Base of the Pyramid*, World Resources Institute, Washington DC.

経済産業省（2010）『通商白書2010』日経印刷。

経済産業省（2012）『通商白書2012』勝美印刷。

国際貿易投資研究所（2015）『中小企業の参入を促すBOPビジネスモデル調査』。

三菱UFJリサーチ＆コンサルティング（2013）『政策研究レポート・日本企業とBOPビジネス—私たちが取り組むべき3つのコト—』。

文部科学省科学技術政策研究所（2004）『全国イノベーション調査』。

内閣府（2013）『経済財政白書（平成25年版）— 経済の好循環の確立に向けて』日経印刷。

中山健（2018）「大企業と中小企業のリバース・イノベーション」『横浜市立大学論叢社会科学系列』第69巻第1号、pp.41-61.

OECD and Eurostat（2005). *Oslo Manual：Guidelines for Collecting and Interpreting Innovation Data*, 3rd edition, OECD Paris.

Porter, M.E.（1980). Competitive Strategy, The Free Press, NY.（土岐坤他訳（1982）『競争の戦略』ダイヤモンド社).

Porter, M.E. & Kramer, M.R.(2011). "Creating Shared Value," *Harvard Business*

Review, *89*(1/2), pp.62-77.（ダイヤモンド社編集部訳「共通価値の戦略」『DIAMOND ハーバード・ビジネス・レビュー 2011年6月号』ダイヤモンド社，2011年）.
Prahalad,C.K. & Hart, S. L.(2002). "The Fortune at the Bottom of the Pyramid", *Strategy + Business*, 26, pp. 54-67.
Prahalad, C. K.(2004). *The Fortune at the Bottom of the Pyramid：Eradicating Poverty Through Profits*, Wharton School Publishing, Upper Saddle River, NJ.（スカイライトコンサルティング訳『ネクスト・マーケット―「貧困層」を「顧客」に変える次世代ビジネス戦略』英治出版，2005年）.
総務省（2016）「経済センサス―基礎調査」.http://www.e-stat.go.jp
The Economist（2010）*First break all the rules：The charms of frugal innovation*, 15 April.http://www.economist.com/node/15879359

（中山 健）

ケーススタディ編

第6章 伝統地場産業「陶磁器」の事例 —イタリア—

I はじめに

理論編では、近年の国際経営戦略にかかわる研究とりわけ中小企業の国際化の観点から、成長戦略として「日本中小企業のリバース・イノベーション戦略」を仮説として示した。

本章では、イタリアに海外販路開拓（拠点開設）したことにより起死回生に成功した中小企業を対象とした聞き取り調査を実施し、理論編で示した以下の3つの仮説を検証するとともに、リバース・イノベーション戦略の有効性を検討することを目的とする[(1)]。

事例企業は、文化・芸術意識が高く世界のインテリアやファッション産業の集積地となっているイタリア・ミラノにスタジオ[(2)]を開設し、現地拠点での地道な情報収集と市場浸透の取り組みによってプロダクト・イノベーションと新たな販路開拓に成功した伝統地場産業における中小企業を取り上げる。

【仮説1】中小企業は経営資源が乏しい一方で、機動性が高く不確実性の高い海外進出先での臨機応変な対応や資源の結合における意思決定などの迅速力などの強みを持つため、海外進出にともなう現地資源および集積による外部経済を活用したイノベーション活動は中小企業にとって有効な成長戦略となりえる。

【仮説2】リバース・イノベーション戦略には、「暗黙知」と「形式知」を絶えずスパイラルアップさせる知の「創造プロセス」（野中 ,1996）を拡張解釈し、進出国と本国との間にある国境を越えた知のスパイラルアップによる知識移転が有効になる。

【仮説３】中小製造業では、海外進出にともない創出した新製品開発や既存商品の改良を実施した製品（現地発イノベーション）は、本国本社の成長をもたらす。

上記３つの仮説検証から、「日本中小企業のリバース・イノベーション戦略」の有効性を検討し、実現のための仕組みを示唆する。

なお、本章における研究方法は、質的調査法であるケーススタディを用いて検証を行う。その理由は、海外販路開拓に成功した数少ない企業から、成功へ導いた新たな試みに挑戦したプロセスと要因を明らかにしたいと考えたからである（Yin, 2013）。したがって、長時間にわたるインタビュー調査と参与観察から得られた深く豊富な情報・エピソードから、特徴的かつ再現可能性を持つファクトを抽出し、本仮説の検証を試みる。

Ⅱ ケーススタディ(3)

１．事例企業・深川製磁株式会社の発展の歴史と強み

(1) 創業：海外展開によるブランド構築と発展

深川製磁 は、1650年に深川栄左衛門によって佐賀県有田に創業された窯元・香蘭社に創業の系譜を辿ることができる。会社組織「深川製磁株式会社」は、栄左衛門の次男である忠次が香蘭社から独立し、東京高等商業学校（現・一橋大学）で、語学と貿易を学んだのちに自ら起業したことによって1894年に設立された。忠次が設立した会社組織・深川製磁には、他ではまねできない唯一無二の製法で、宝石のような陶磁器を創り上げたいという強い思いが込められていた。この「工藝思想」で「世界を獲る」ことを掲げ、すぐさま「有田様

図表６－１　深川製磁株式会社の企業概要

深川製磁

会社組織設立	1894年1月23日（窯元としては1650年に創業）
代表者	代表取締役社長　深川一太（４代目）
ビジョン	「新たな美感を創造し、匠な技を世界へ」
企業理念	精神的に豊かになれる文化水準の高い社会作りに貢献するために、私たちは、匠の技を有した新たな美感を創造し、お客様の感性を刺激する商品／新たな自己実現を可能とする商品を革新的な事業活動をもって提供していきます。
資本金	２億３百50万円
従業員	133名（内・約100名が職人、内・伝統工芸士７名）
本社	〒849-4176　佐賀県西松浦郡有田町原明乙111番地
営業所等	札幌出張所、仙台・東京・大阪・福岡営業所
取引先	イタリア・ミラノスタジオ、The House 六本木
事業内容	全国主要百貨店・専門店、病院・介護施設、海外販売代理店 飲食用陶磁器、装飾用陶磁器の企画・製造・販売

（出所）同社HP「企業概要」及びインタビュー調査等をもとに筆者作成。

式」を世界に発信したことに企業・深川製磁としての原点がある（**図表６－１**参照）。

1900年のパリ万博では、最高名誉メダーユドール（金賞）を受賞した[(4)]。これを契機に、輸出による販路開拓を積極的に推し進め、バーミンガム、パリ、ミラノ、ハンブルグなどのヨーロッパ各地に販売代理店を設け、格式の高いヨーロッパの愛好家たちに、有田様式を広めることに成功した。愛好家の心を捉えた作風は、「深川スタイル」と呼ばれ、ブランド[(5)]を確かなものとした。文化・芸術意識の高いヨーロッパで高い評判を得たことが、国内の格式ある陶磁器ファンや富裕層の獲得を成功させた。そして、そのブランドを武器として、ヨーロッパ向けの輸出用陶磁器および国内の富裕層向けの陶磁器を製造する企業として発展していったのである[(6)]。

(2) 深川製磁の強み：確かな伝統技術とオリジナリティ

深川製磁は、創業以来陶磁器の「自主技術の開発」を基本理念としている。創業者の忠次は「精巧さのない磁器は、決して工芸と呼ばない」と言い、完全分業で成り立ってきた有田焼の伝統から一歩踏み出し、成形・絵付・施釉・焼成などの工程ごとに熟練した職人を自社に集めた。すなわち、産地でありながら分業のない「インハウス（社内一貫生産体制）」を確立した（**写真①**参照）。その結果、原料から製造、販売まで一貫して見渡し、高いクオリティを創出するだけではなく、宝石のように美しく個性溢れる唯一無二のオリジナル作品を創り上げることを可能とした。

写真①　本社外観および工場内の伝統工芸士の作業風景

筆者撮影：2015年 12月　有田本社にて

技術革新（イノベーション）開発にかかわる組織体制は、伝統工芸品の開発を目的とした「芸術室」、ユーザーニーズの入手およびデザインの開発を目的とした「デザイン開発部」、および新しい製造技術の開発や歩留りの向上を目指す「有田工場技術部門」がある。イノベーションにかかわる研究開発費に毎年、数千万円を投じている[7]。

深川の作品に彩られる、透き通るような青色の染付 は「フカガワブルー」と呼ばれ、他社が決して創りだすことができない、深川スタイルの特徴となっている。この工法は、高品質の天草陶石を原材料に、一般的な工法よりもはるか高温で焼成するため、歪が生じやすいとされている。その歪みまで計算したうえで、寸分の狂いなく美しい形に焼き上げる技術力を深川製磁[8]は持つ。深川が世界と勝負できる技術基盤はここにある。この技術によって、透き通るような「透白磁」の風合いや、「フカガワブルー」の染付などが可能となる[9]。固有の伝統技術があるからこそ、新たな美感が成立するのである。

(3) 転換期：不確実性時代の到来と決断

かつては、確かな技術に裏付けされた近代磁器の元祖として、ヨーロッパ各地で珍重された同社の製品だが、80年代以降、国内需要拡大とは対照的に輸出事業は低迷した。一方では、独自の作風と海外の陶磁器ファンからの高い評価によって、深川製磁は国内市場の開拓に確かな手応えを得てきたが、やがてそれもグローバル化や少子高齢化にともなうライフスタイルの変化が、行く手を阻む強い向かい風となる。

他の地場産業の衰退の要因と同様、国内市場の縮小、消費志向の変化、安価な輸入品の大量流入などによって深川製磁の製品も、それまでと同じやり方では売れなくなった。陶磁器産業は、紙コップやプラスチック素材の器の普及による「食器離れ」に加え、旅館や割烹などの低迷による業務用和食器需要の減退が衰退に拍車をかけた（**図表６－２**参照）。

分業による限られた資源の「選択と集中」、技能職人の流動性による人材確

図表６－２　伝統地場産業の生産額・従業員数・企業数の推移

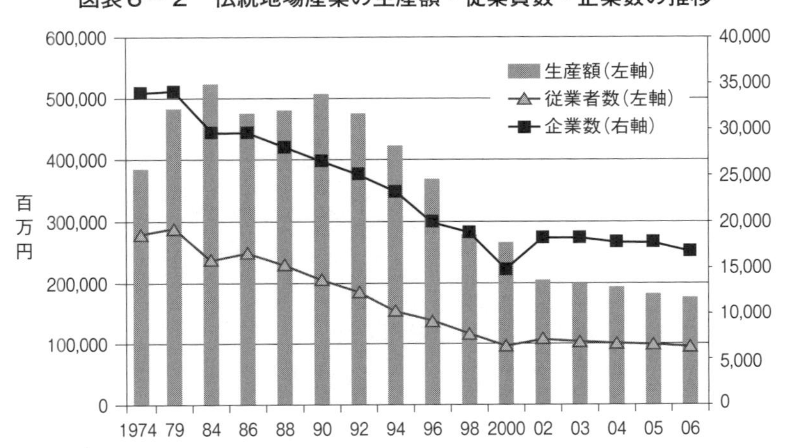

（出所）経済産業省「伝統的工芸品産業をめぐる現状と今後の施策について」2008年参照。

保や、産地問屋から入ってくるマーケット情報などの「外部経済」、さらに、分業ゆえの量産体制から得ていた「規模の経済」に後押しされ、発展してきた小規模の窯元は、外部環境の変化に加え、こうした経営上のメリットを失うことで、次々と時代の波に淘汰されていった。有田焼主要3組合の2011年の共販売上高は、ピーク時の約13%の20億9600万円まで減少し、依然として厳しい業況が続いている。

相対的な陶磁器産地（産業集積）の衰退は、産地の製造工程における分業に頼らない深川製磁であっても、影響がないわけではない。たとえば、産地における職人の高齢化、陶磁器に対するイメージの低下、若者の職人離れ、マーケット情報不足などの影響は、同社の逆風に追い打ちをかけた。深川一太社長は、「産地というものは我々窯元にとってインフラそのものである。産地衰退は、インフラの衰退を意味する。それは、産地の生活と経済活動にかかわるあらゆる企業・住民たちに打撃を与えている。」と述べる。

陶磁器産業における国内市場の衰退は、海外販売戦略のさらなる弱体化と認知度・ブランド力の低下にもつながる悪循環となっていく。国内の高級百貨店や専門店からの扱われ方にも陰りが見え始めた。ついには、海外高級ブランドと同じコーナーの陳列から、格を下げた百貨店もあった。

他の製造業が価格過当競争の消耗戦に凌ぎを削る荒波の中で、深川製磁は、「原点回帰」の経営戦略を打ち出す。すなわち、価格競争ではなくモノや機能性を売るのでもなく唯一無二の「価値」と「スタイル」を売る、そして、その価値やスタイルは文化の成熟するヨーロッパからのグローバルでラグジュアリーな評価を武器に築く、いわば「原点回帰」による攻めの戦略に舵をとったのである。折しも、有田焼創業400年のタイミングであった。

2．新たな戦略とイノベーションの要因分析

(1) 戦略：原点回帰からイノベーションを起こす

2005年、服飾・繊維ファッション・インテリアなどの産地イタリア・ミラノに「深川製磁ミラノスタジオ」を設立した。ミラノスタジオは、日本よりも文

化・芸術面において成熟するヨーロッパで深川スタイルを発信・啓蒙し、それがヨーロッパでどのように評価されるのか知り、そこから得られる情報をもとに深川のドメインを更に深化・発展させることを目的に設立したものである。

写真②　ブレア地区のミラノスタジオ周辺の風景

筆者撮影：2015年６月 伊ミラノにて

そのため、ミラノスタジオは、「販売店」というより「ライフスタイルを提案する」「深川スタイルを浸透させる」といった意味合いが強い。入居したテナントは、地元の有名画家が、アトリエとして利用していたスペースであった。周辺には、ブレラ美術館やブレラ大学を中心として、有名家具メーカーやアンティークショップ、ファッションブティックなどが立ち並らび、デザイナーやスタイリッシュな若者で賑わう伝統と革新が息づく界隈として知られる世界最高峰の文化・芸術にかかわるクリエイティブ産業の集積地である(10)（**写真②**参照）。

スタジオの総合プロデュースは、現・４代目社長の深川一太の夫人（取締役）でありブランディング・マネジメント（BM）部長兼デザイナーを務める深川恵以子が担当し、現地スタジオの管理・運営は、ミラノの大学院・美術専攻を修了されたミラノ在住の栗田和美が行っている。

(2) 海外展開によって起こるイノベーション

①ミラノスタジオが生んだ人材学習と新製品開発

スタジオでは、「アトリエ」という創作空間のなかで陶磁器を通じて、400年の伝統に裏付けされた有田焼の確かな技術と文化を表現すべく試行錯誤が行われている。ヨーロッパの古きよき、芸術の面影を残すアトリエのスペースを改装した店内では、主に、インスタレーションなどの各種イベントの企画・開催を行っている（**写真③**参照）。イベントでは、イタリアの陶磁器ファンへの商品コンセプトや新商品にかかわる情報発信に加え、現地で収集した情報を本社へフィードバック(11)している。また、直接日本本社のデザイナーや職人がミラノスタジオで、陶磁器ファンと交流する場として活用されている。この交流から、思わぬイノベーションが生み出されている。

写真③　ミラノスタジオの入り口とアトリエ内の風景

筆者撮影：2015年６月 伊ミラノにて

たとえば、現地で開催した立食パーティ形式で実際に深川の陶磁器を使い料理を楽しんでもらうイベントでは、参加者の食べ方や陶磁器の使い方、要望などから食器の用途・機能の可能性を広げた。日常のディスプレイからは、多色を用いた複雑な柄よりもシンプルで一色のデザインを好むなどの陶磁器デザインに対する嗜好性のヒントを得られた。このような日常の交流を通じた体験からは、インテリアとしての陶磁器の確かな可能性を感じ取ることができた。日本から招いた職人と、現地参加者が陶磁器に挿絵をする体験工房の催しでは、陶磁器ファンの感性を学びとることができた。

こうした海外の現場から吸い上げられる情報や知識を深川スタイルに落とし込み、プロダクトイノベーション（新製品）が生まれた。具体的には、料理に合わせ様々なシチュエーションで活躍する使い勝手のよさが特徴の新製品「ARTE」シリーズ、黒・赤・白のシンプルなフラワーシェイプのデザインが特徴の「NERO」シリーズ、透白磁のベースに墨でデザインするモノトーンを特徴とした、インテリア用品の「SUMIランプ」などが、ヨーロッパ市場向けに開発されたその成果である。さらに、これらを日本の色彩と職人の「手技」を取り入れ、日本国内市場向けに再開発されたものが「TEWAZA」シリーズと呼ばれるダウンサイジングされた新製品である。このTEWAZAシリーズは国内市場の復活を象徴する製品となった（**写真④⑤**参照）。

このように、「情報発信の場」として、戦略的にミラノに設置したコンセプトショップではあったが、むしろ、彼らの新たなデザインやアイデアを生み出すための「情報収集の場」となり「学習の場」にもなっている。すなわち、Face to Faceの交流から得られる現地情報、文化や風習の知識、感性は、デザイナーや職人の肌感覚のなかに蓄積されている。現地で一度「暗黙知」として蓄積されたこの「体験知」は、最終的に日本本社の工房のなかで、これまでの発想とはまったく異なる新製品（形式知）という形で表出化されている。特筆すべきは、産地が従来恩恵を受けてきた「集積のメリット」で失った資源の一つである「市場情報」「顧客ニーズ」を、海外の産業集積から補完・吸収し、自らの経営革新に取り込んでいることである。

写真④　フラワーシェイプの「NERO」シリーズ、「SUMIランプ」展示風景

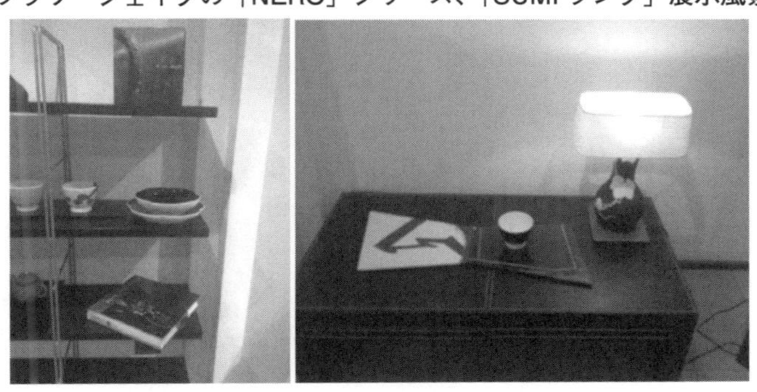

筆者撮影：2015年6月　伊ミラノスタジオにて

写真⑤　日本市場の国内回帰に繫がった「TEWAZA」のポットとピッコロ

写真提供：深川製磁公式ホームページ

②ブランド・イノベーションが生んだ国内販路開拓

ミラノスタジオでは、設立年以降、毎年出展しているインテリアデザインにおける世界最大規模の海外展示会である「ミラノサローネ」への出展サポートを行っている。

2006年の初挑戦は、既述のARTEシリーズの「器」である「ARTE-WAN」の「ワークショップ」による深川製磁の品質を世界に啓蒙し、翌年2007年以降本格的にミラノサローネに参加した。2007年、2008年のミラノサローネでは、フィエラ見本市本会場とフオリサローネ同時に出展した。

フィエラ会場では、モルテーニとのコラボレーションがマスメディアの大きな関心を呼んだ。フオリサローネでは、深川惠以子デザインの既述した「墨」を用いたモノトーンでシンプルなデザインが特徴の「Sumiランプ」を中心としたインスタレーションが、イタリア大物デザイナーやインテリアアーティストから大きな反響を呼び、ヨーロッパにおけるポテンシャルを内外に示した[12]。2015年のミラノサローネでは、フランス・パリの超有名店のCafé de Floreが、このSumiシリーズの作品を購入し、店舗のインテリアとした。ファッションデザイナーの巨匠Paul Smithは、ギャラリーのインテリアとして高額の花瓶を購入した。Comme ca du modeからは、インテリア関連のコラボ商品の開発の打診があった。

このように、ミラノサローネでは深川製磁の存在を世界に知らしめること評価が功を奏し、日本国内の高級百貨店のバイヤーの目に再び留まった。大阪市北区の阪急うめだ本店内にある「特選食器コーナー」に出店が決まり、関西圏の新たな客層開拓に繋がった。特選食器のコーナーには、英ウエッジウッドや独マイセンのほか、仏バカラなど有名ブランドが並び、深川製磁は「日本代表」として名を連ねる格式の復活を果たしたのである[13]。

現在、スタジオは初代忠次が事業を始めたときの社訓ともいえる「工藝思想」を強みとして、「世界を獲る」ための情報発信や情報収集するために重要な役割を果たすとともに、「ブランド」を構築しそのブランド価値を日本にフィードバック（いわば逆輸入）する機能を果たしている。このブランド価値が、日本国内の販路開拓に繋がっているのである。

特筆すべきは、ミラノサローネ出展の準備から開催、評価、そして次年度への準備にフィードバックしていくサイクルのなかで、グローバルに通用する「普遍的な価値」を、深川製磁自ら再確認する機会となっていることである。すなわち、グローバルに通用する「技術」の価値の確信があってこそ、デザインという付加価値を斬新に革新していく挑戦ができるのである。

３．リバース・イノベーション、そしてオープン・イノベーションへ

(1) ミラノから六本木：ブランドの逆輸入と高付加価値化

2011年には、六本木の閑静な住宅街の一角に、「家」と「店」を融合させた深川製磁のコンセプトショップ「The House」をオープンした。The House はミラノに次ぐいわば「旗艦第２号店」、ミラノと同じく「ライフスタイルを売る」ためのコンセプトショップとして創設された。「家」という生活空間のなかで、陶磁器を通してヨーロッパ仕込みの洗練されたお洒落な「ライフスタイル」の提案を行っている。マンションの１階の居住スペースを改装した店内は、自分のライフスタイルに合わせて器の選び方や使い方をシュミレーションする事が出来る空間となっている。

このように近年の深川は、多様化する現代の食生活に対応した優れたデザインの食器を多数生産し、文化集積地の富裕層をターゲットとして、洗練された

多彩なテーブルコーディネイトという具体的な提案型のスタイルで発信を行う独特の戦略が展開されている。

特筆すべきは、ミラノで構築した新たな「ビジネスモデル」をそのまま国内に環流させたことである。すなわち、モノではなく価値（ライフスタイル）を売る。情報を発信し収集もする、その「ライフスタイルの提案」という形の情報発信とそれに対する市場の反応を収集することの繰り返しによって、洗練された製品開発のヒントとなって新製品を生み出していく。さらに、その新製品は顧客やマーケットからのダイレクトなニーズに基づき高付加価値化された「共創」型のブランドとして、グローバルに新たな顧客層を開拓していく、そんなビジネスモデルの本国へのフィードバックである。

現在は、新興国アジアの富裕層を新たなターゲットとして、ミラノ仕込み・六本木仕込みの深川スタイルの発信・啓蒙を広め、アジア富裕層のニーズを吸い上げていく戦略を展開するための準備を進めている。2014年に新たに設立された海外需要開拓支援機構（クールジャパン機構）[14]とコラボし、食品、レストラン、ファッション衣料・雑貨、リビング用品などにおいて、単に日本のモノを並べるにとどまらない「日本の魅力（クールジャパン）」を発信することで、現地での新たな需要の創出と、日本国内への波及効果を目指す戦略を展開させた。

(2) 挑戦、そして社会貢献：既存領域を超えた新ブランドの構築

2012年には、病院や介護施設向けに「抗菌効果」を謳った新商品「スーペリア・グレイズ」シリーズの販売をスタートさせた（**写真⑥**参照）。抵抗力の弱ったお年寄りや子どもが、安心して使える抗菌食器の新市場の開拓である。

深川製磁の製品は、美しいだけではない。強く割れにくいという機能的価値もある。そういう機能的な面を両立させてきたことに深川製磁の特徴があり、その延長線上に抗菌事業が位置づけられる[15]。

遡ること2005年に、都内の病院に試験的に食器を提供したことから本事業の構想は始まった。病院食でも見た目が楽しめ、高齢患者の食欲が増して回復

写真⑥　抗菌食器「スーペリア・グレイズ」シリーズの展示風景

筆者撮影：2015年12月　チャイナ・オン・ザ・パークにて

や退院が早まるという裏付けのもと、本格的な開発が始まった。実験段階では、従来のプラスチック製のメラミン食器に比べ、抗菌効果の難点が浮き彫りになるが、光触媒関連開発の地元ベンチャー企業と連携し試行錯誤の末、光を当てると殺菌効果を発揮する光触媒の酸化チタンを、釉薬に混ぜて製造する製法の開発に成功した(16)。抗菌効果は、専門機関による試験で実証済みで、特許庁の実用新案登録も取得した(17)。また、施設で大量に食洗機で洗浄する際のサイズや耐久性などの課題が利用施設側からは指摘されたが、佐賀大学の研究室とコラボし、その解決策にあたり難なくクリアした。その後、高齢者施設や佐賀県内の病院などで好評を博している(18)。

続く翌年には、病院・介護施設などのＢ to Ｂビジネス市場に加え一般向けのＢ to Ｃ市場への展開を始めた。一般向け商品として、新たに子ども用の抗菌食器を加え、歯ブラシ立てや石けん入れなどの小物もカバーし、全15種類の新商品を販売している(19)。価格帯は、比較的安価に抑え、ライフスタイルにはこだわりがあるが日常のシーンで求めやすいことを狙った。とくに、食が進むようデザインや色合い器の形状にも工夫が凝らされているのが特徴である。

こうした従来の事業領域を超えた新ブランドの構築には、一太社長にきっかけとなる出来事と、そこから湧き上る強い思いがあった。東日本大震災後に何かできることはないか、と思い立って被災地を訪問した。そのときの光景が脳裏に焼き付いて離れなかった。災害が起きたとき、お年寄り、幼い子供、病人など「弱者」が、少しでも笑顔になれる方法はないのか、自分ができる「社会貢献」はないのか、自問自答する日々が続いた。少子高齢化を先進国で最初に経験する日本のライフスタイルに貢献できる企業の先駆者でありたい、という社会貢献に対する強い思いが湧き上ったのである。

この思いを形にするうえで、ミラノスタジオのインスタレーションや六本木The Houseのライフスタイル提案などの直接顧客からニーズを聞き出す経験が活きた。ヨーロッパや六本木の目利きができるエンドユーザーの声にヒントが隠されていた。現地の陶磁器ファンや文化人からの、2005年にミラノ進出して最初の反応は、実際のところ製品価格に対する厳しい意見が多かった。深川の製品は高いものだと数百万円、数千万円になる。平均的なものでも、食器で数万円はする。インテリアや装飾品となると、数十万円となり高級ジュエリーと同等の価格帯である。陶磁器食器のデザインに興味を示し、手を伸ばすものの価格で躊躇する。そこで、実際にターゲットとする人に試してもらうと、機能性・実用性の高さが十分に認知されていないことが分かった。

この課題を克服するために、ターゲット顧客にとって手ごろなエントリー価格と便益、そして機能性に関する明確なメッセ―ジが必要と考えた。こうした情報を咀嚼し、市場ニーズと社会性の観点から一太社長の思いを込めて棚卸を行った結果生まれたのが、美しく機能性も高い新ブランドの抗菌食器である。量産できる体制にも工夫を凝らし、エントリー価格は2500円と安価になった。

単なる社会貢献ではなく、歓びを与えなくては意味がない。いくら美しく技術力が高くても実用的でなくてはならない、そして、手の届くエントリー価格がなくてはならない、という具体的な改善の道筋を得ることができた。

このように深川製磁は東日本大震災の経験から、社会志向を追求するようになった。特筆すべきは、海外展開や六本木コンセプトショップの展開を契機に確立した市場志向とともに、社会志向を実現する具体的な改善の道筋を描き出し、それを実行できる組織へと進化していることであろう。

(3) 有田創業400年事業との関わりから生まれたオープン・イノベーション

2016年は、産地有田にとって創業400年という記念すべき年である（**図表６－３**参照）。これを機に「有田焼創業400年事業」が構想された。企画された事業プランは、欧州向けの新商品を開発し、欧州の見本市への出品や高級レストランとの連携などである。江戸期に欧州で人気を博したかつての有田焼の「復権」を目指した。プランは、2012年４月から2016年３月までの４年間、市場開拓、産業基盤整備、情報発信の３本柱の事業に取り組んだ。

市場開拓では、世界的デザイナーと窯元が組んで欧州向けの新商品開発を行った。欧州三大見本市の一つで、バイヤーの注目度がとくに高い「メゾン・エ・オブジェ」に有田焼ブースを出展して新商品を並べた。欧州の高級レストランに一定期間トライアルで有田焼を使ってもらうなど、話題性を高めるＰＲ事業も展開して欧州市場を開拓に取り組んだ[20]。同事業には、地元の窯元26社が参加し、深川製磁は幹事企業となり、一太社長は、400年有田の魅力展・実行委員会の委員長としての大役も務めた。一太社長が、会をまとめるために

図表６－３　有田焼創業400年事業の位置づけ：国内外販路開拓の戦略

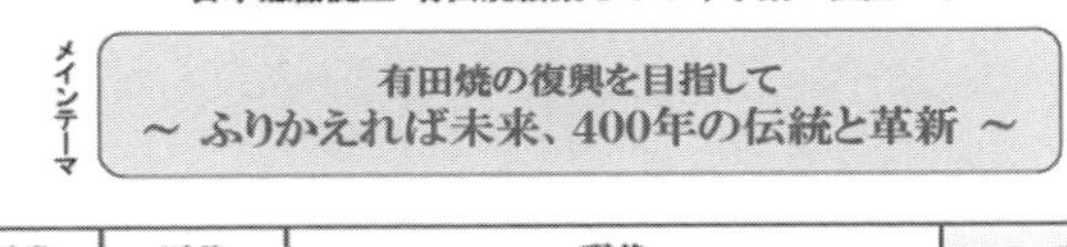

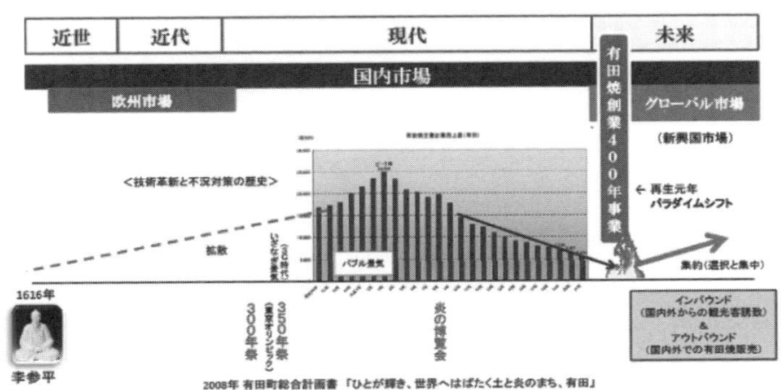

（出所）日本磁器誕生・有田焼創業400年事業基本構想「日本磁器誕生・有田焼創業400年事業実行委員会」

創ったキャッチフレーズは「伝統と未来の継承」であった。

一太社長は「この事業にかかわるまで、インハウスを積極的に展開してきた深川製磁が、地元の窯元と深くかかわる機会はほとんどなかった」と語る。本事業によって、これまで関わりの薄かった地元関係者と、「産地の問題意識」と「ビジョン（方向性）」にかかわる共有を行うことができた、という。

興味深い点は、深川製磁は本事業をきっかけとして、それまでまったく実施してこなかった他社とのコラボレーション（連携）を積極的に取り入れるようになったことである。たとえば、既述の抗菌食器開発に際しての地元ベンチャー企業とのコラボ、地元佐賀大学とのコラボ、現時点では商品化されていないため詳細は記述してないが、国内ブランドのみならず、海外ブランドとの新商品開発のコラボも始まっている。

「400年事業があったおかげで、まったく異なる考え方や戦略を持つ、一歩引いて距離を置いてきた窯元同士が、互いを知りつながるよい機会になった。産地に対する見方も考え方も明確に変わった。今となっては、この残されたインフラに感謝する」と一太社長は続けて述べた。

特筆すべきは、産地の窯元とのコラボに取り組み始めたことである(21)。深川の強みである、マーケットインの高付加価値の商品開発に、地元の窯元の強みとなるシーズ型の技術や発想（デザイン）力を補完し、まったく新しい商品開発企画に取り組み始めたのである。

深川は海外展開を契機として、産地で足りなくなった資源を補完することで唯一無二の製品開発とブランド化に成功する。しかし、それに留まることなく、グローバルな視野を持つことで、あらためて世界に通用する地域資源の価値に気づき目を向けるようになったことは、産地の重要性を再認識させられる事実であろう。

インハウス、すなわち、「クローズド・イノベーション」によって革新をし続けてきた深川は海外展開を契機に、埋もれた地域資源に目を向け、さらなる革新と成長のために本国産地資源とのコラボ、すなわち、「オープン・イノベーション」による革新の道を模索し始めている。この点については、先に述べたARTEシリーズやTEWAZAシリーズのプロダクト・イノベーション創出に関するメカニズムにおいて同様のことがいえる。自社の強みである技術と、進出先の集積のなかに存在する外部資源（情報・知識）と掛け合わせ、本社にフィードバックさせること（学習すること）で新しい価値を創造している。

（小括）

以上みてきたように、同社は、産地有田の恩恵を受け培ってきた独自の強みである伝統技術とデザイン力を活用しながら、海外展開を契機に様々なイノベーションを起こしてきた。どのようなイノベーションが具体的に創出されたのかは、次のとおり整理できる。

●ビジネスモデルのイノベーション（ミラノスタジオ、The House）
●新製品のイノベーション（ARTE・NERO・TEWAZAシリーズ）
●新市場のイノベーション（国内外の富裕層、健康志向のファミリー層）
●新製法のイノベーション（抗菌・機能性陶磁器）
●新組織のイノベーション（人材学習、市場志向と社会志向）

これらのイノベーションは、海外展開を行ったことで得られた「資源」と自社の持つ強みとが結合を起こした結果、生み出されたものである。ここでいう資源とは、市場やニーズにかかわる情報であったり、目利きをできる人材資源だったり、そうした人たちとの交流から生まれる文化知識や感性にかかわる暗黙知だったり、をさす。したがって、こうした資源は、距離の近接性がもたらす輸送コストの削減など、古典経済学派が示す外部経済のメリットとは質を異にするメリットといえよう。

このように、グローバルな活動による外部資源の獲得と結合が、深川製磁の製品のみならず企業ブランド価値の構築に結びついている。

Ⅲ 仮説検証

以上、海外展開を再開させたことで起死回生を果たした深川製磁のケースを取り上げ、イタリアへの海外進出を契機に起こったイノベーションを切り口に整理し、その成功要因とプロセスを詳細に見てきた。本節では、上述の実態をもとに冒頭で掲げた仮説検証を行う。

【仮説１】グローバルに分散するそのロケーションから適切な資源を獲得し自らの内部資源と結合させることで新たなイノベーションを生み出すことになる。とりわけ、中小企業は経営資源が乏しい一方で、機動性が高く不確実性の高い海外進出先での臨機応変な対応や資源の結合における意思決定などの迅速力などの強みを持つため、海外進出にともなう現地資源および現地の集積による外部経済を活用したイノベーション活動は中小企業にとって有効な成長戦略となりえる。

●深川製磁は、ARTE・NERO・TEWAZA シリーズにみられるプロダクト・イノベーションのように、長年受け継がれてきた職人に蓄積された伝統技術に基づく確かなものづくりの製法を強みとして、世界の「伝統」や「格式」の情報基地となっているロケーションに進出したことを契機に新商品を生み出していた。

●すなわち、時代の変化にともなう産地衰退によって脆弱となっていった情報収集と情報発信の機能をヨーロッパの洗練された感性やトレンドの集積地から、社長やデザイナー・職人自らが体験知として知識を吸収・学習することで抜本的な変化をもたらす商品開発を実現していた。

●この抜本的な変化をもたらした新商品開発の実現には、(1)進出拠点を販売拠点としてではなくマーケティング拠点としてのコンセプトショップと位置づけ、(2)現地採用人材が現地で収集してくるニーズ情報や現地ならではの感覚から発案される提案を本社が積極的に取り入れていったこと、

(3)重要な局面においては社長や海外営業部長が進出先に自ら足を運び、現地でしか得られない情報収集と現地でしか行えない情報発信の方法をとったこと、(4)現地で発見した気づきを柔軟に受け入れ、迅速かつ粘り強く職人にフィードバックさせたこと、が要因となっている。

このことから、この仮説は概ね支持されるものと思われる。

【仮説２】リバース・イノベーション戦略では、海外拠点で起こったイノベーションを本国へ知識移転する仕組みとして、「暗黙知」と「形式知」を絶えずグローバルに国境を越えてスパイラルアップさせる「知の創造プロセス」が有効になる。

●紺野・野中の知識創造プロセスに本事例でみられた展開を当てはめて、整理してみると次のようになる（**図表６－４**参照）。まず、海外展開することとは、グローバルに通用する普遍的な価値や強みを知る契機となっていた

図表６－４　深川製磁の知識創造プロセスの展開

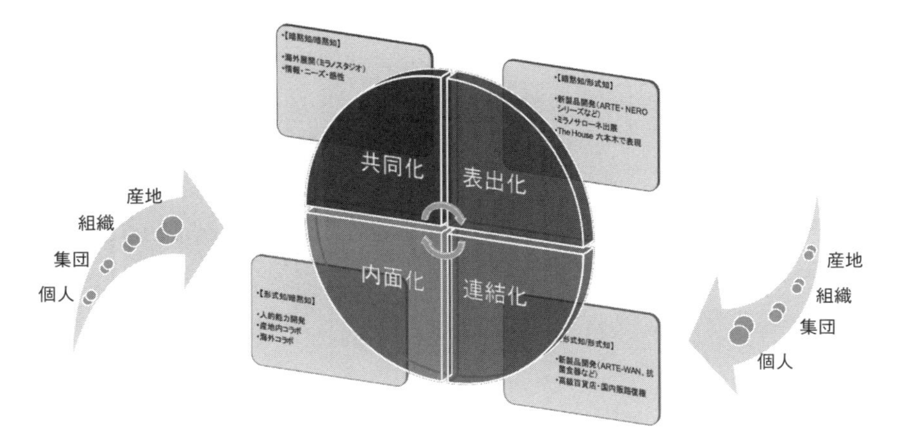

（出所）紺野・野中（1995）を参考に筆者作成

(暗黙知・共同化)。続いて、基盤となる技術の強みがあって、デザインという価値を加えることが可能となっていた(形式知・表出化)。そして、技術を使って、デザインを製品に落とし込んでいく作業段階に、人材の能力開発(暗黙知・内面化)が行われていた。

- この人材の能力開発は、本ケースにおいては必ずしも戦略的に獲得していったものではなく、海外の産業集積から得られる外部経済による偶発的なものであった。そんな偶発的なものではあるが、集積内から補完された外部資源は、マーケットイン(需要条件)という意味において、国内産地のそれよりも外部経済の効果は高質なものといえる。そうした効率的かつ高質な外部資源の獲得と競争優位である技術が結合し、差別化されたデザインや製品コンセプト、そして新製品として連結化されていた(形式知・連結化)[(22)]。
- 意思決定を行う権限を持つ社長やデザイン面・商品コンセプト面の決定権を持つデザイナー・職人が海外拠点からの情報や提案に耳を傾け迅速に本社で取り入れたり、海外拠点に自ら出向き、海外の現場(外部)から直接気づきを得て、社内内部の資源と結合を図る。そして、すぐさま外の資源(市場の反応)との結合を図る。こうしたプロセスによって、社長が単なる社長ではなく、デザイナーが単なるデザイナーではなく、各々が職務(担当業務)をこえた個々のアントレプレナー(経営と専門を両立できる人材)となり、アントレプレナーがもたらす提案力によって新商品開発と販路開拓に結実していた。このプロセスから、日本型の組織的知識創造と西洋型知識創造、組織と個人といったダイコトミーの対立項を乗り越え(Nonaka& Takeuchi, 1995)、日本的経営システムと知識創造経営の両立(長山, 2012)を実現する柔軟に外部資源を内部化する中小企業の実態の姿を確認できる。非階層的組織構造を特徴とする中小企業ゆえの事象ともいえる。
- この背景にある一連の知識移転には、国境を越えても常に人の学習(能力開発)が基盤となって、人から人へのコミュニケーション・チャネルが重要な役割を果たしていた。すなわち、本社が現地拠点の情報を重視しある程度の権限移譲を図り、現地拠点の責任者がその権限のもとで情報を集め分析し提案する。本社がその情報を吸収し提案を検討するための情報交換チャネルを設けることである。深川製磁は、社長や部長や職人が頻繁に現地人材と直接電話やメールを通じてやりとりを行っていたり、出張で意見交換をしたりしていた。同時に、暗黙知（体験知）を形式知（マニュアル）に落とし込んでいくプロセスが、製品コンセプトのみならず生産効率をも高める抜本的な変化に繋がっていた。こうした国境を乗り越えた知識のスパイラルアップがグローバルに通用するイノベーションを創出させている、といえる。

このことから、この仮説は支持できるものと思われる。

【仮説３】中小企業の製造業では、海外進出にともない創出した新製品開発や既存商品の改良を実施した製品（現地発イノベーション）は、本国の成長をもたらす。

- ミラノスタジオから生まれたARTE・NERO・TEWAZAシリーズは、ミラノサローネなどの海外展示会において有名デザイナーや評論家の注目を集めた。海外での高い評価は国内市場で再び評価され、一時見放されていた国内の高級百貨店の売り場復活を果たした。
- 海外で情報を収集し、本国で培った強みと掛け合わせたコンセプトの再構築と商品開発を行い、それらをグローバルに発信し海外市場で評価を得たものが、国内の再評価に繋がっていた。
- ミラノスタジオが生み出したこのビジネスモデルは、その後、国内で展開するThe Houseにおいても同様に機能していた。抗菌食器「スーペリア・グレイズ」シリーズの開発は、この海外と東京において実践した「集積の外部経済」の活用を、あらためてこれまで関わりを持たなかった地元産地である佐賀で再現を試みることを契機に生まれていた。産地との新たなコラボによる新商品開発の取り組みは、現在進行形である。

このことから、仮説は概ね支持されるものと思われる。

Ⅳ むすびにかえて

国内の産地や集積の衰退はやまない。産地衰退によって欠落する外部経済や経営資源をグローバルに獲得していく視点は、中小企業にとって今まで以上に重要なものとなる。経営資源が決して豊富とはいえない地場産業を支える地域中小企業は、集積の経済、すなわち外部経済を効率的に企業戦略に取り込んでいくことで成長を遂げてきた。

これからもこの基本原理に変わりはないが、すべて国内の産地内から資源を補完することには限界がきている。そのため、本章でみてきたように、海外の産地や集積から国内で不足する外部資源を補い、国内産地で得られた（模倣しにくい）強みと海外産地・集積から得られる外部経済を掛け合わせることで、差別化されたイノベーションを起こしていく＝産地型の「日本中小企業のリバース・イノベーション」モデル（**図表６－５参照**）が、グローバル経営時代の新たな地場中小企業の戦略の一つとなっていくだろう。その際、より模倣しにくい強みを生み出すためには、国内外の産地におけるオープン・イノベーションによって得られる地域資源（地場企業や大学、地域行政など）の活用、すなわち、産地内コラボレーションが効果的となるものと思われる。このコラボは、一般的な共同研究型の技術開発のコラボ（産学連携）に限らず、共同企画型の商品開発や学習開発コラボ（文系産学連携）も効果的である[(23)]。

何より、こうした視点と戦略をもって取り組める地域人材の育成が必要となる。産地は、そうした人材能力開発の場となっていることも、グローバル時代における産業集積の意義において見逃してはならない重要な示唆といえよう。

以上、深川製磁のケーススタディにおける検証作業を通じて、グローバル時代の産地型中小企業のリバース・イノベーション戦略の一つの可能性を示唆することを試みたが、ひとつのケーススタディからいえることには限界はある。多様な中小企業における海外展開の実態への理解を深め、規模的特性と日本的経営特性の双方を踏まえた法則を導き出するためには、複数のケースによる精緻な検証作業が不可欠となる。また、海外集積のエリアや集積の特徴、業種、さらには、海外進出の方法によっても事情は異なるかもしれない。次章以降、他地域、他業種の事例による検証の試みを紹介していく。

謝辞

本ケースは、深川製磁株式会社・代表取締役社長・深川一太氏をはじめ同社関係者に対する長時間にわたるインタビュー調査に基づくものである。ここに記して感謝の意を申し上げたい。なお、本章における一切の誤りは筆者の責任に帰すものである。

図表６－５　産地型の日本中小企業のリバース・イノベーション・モデル概念図

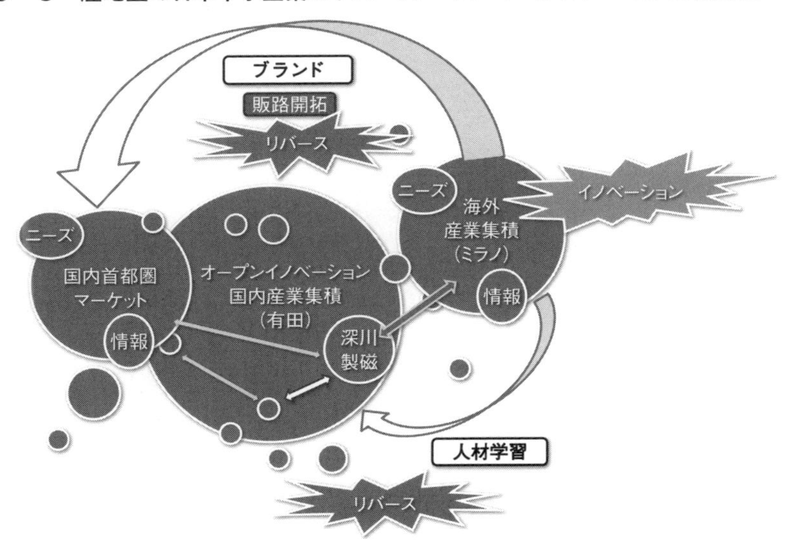

（出所）筆者作成

（注）

(1) 本章は、拙稿「中小企業の海外展開と「逆流」経営戦略　―伝統地場産業の日本的リバースイノベーションを事例として―」立正経営論集、第48巻1号、立正経営学会、2016年を大幅に加筆・修正したものである。
(2) 情報発信による認知度向上と市場浸透を目的として主にショールームの機能として開設した。展示会や体験イベント、販売を行う。現在では、現地のニーズやシーズを吸い上げるマーケティング情報収集の場にも担っている。
(3) 2015年3月、12月、2016年7月に佐賀有田の本社を訪問し、深川一太社長、深川順三朗東京営業所長、橋山豊貿易部マネージャー、瀬戸口太一貿易部海外貿易担当に行ったインタビュー調査（約7時間）に基づき記述している。また、2015年6月にイタリア・ミラノスタジオを訪問し、栗原和美・現地駐在員（約2時間）、ジェトロミラノ事務所員（約1時間）に行ったインタビュー調査に基づき記述している。この他、2015年7月にジェトロ佐賀清水幹彦所長（約1時間）に行ったインタビューに基づき記述している。
(4) 有田焼のパリ万博の初出展は1889年。そのときは受賞ならず。しかし、忠次はそのときのパリ万博で得たヨーロピアンニーズをヒントに、日本様式、中国様式、エジプト様式の色彩を融合し、1900年のパリ万博で受賞に至った。伝統技術に裏付けされた洗練されたデザイン性を持つ「深川スタイル」の真骨頂はこのころから確立されていく。1910年には「宮内庁御用達」拝命し現在に至る。
(5) 作品には「富士流水」が裏印され、確かなブランドとして世界中の陶芸ファンの間で認知されている。
(6) 1949年に福岡証券取引所に株式を公開し上場する。ただし、2007年に上場廃止となる。
(7) 平成27年 深川製磁株式会社（E01132）「有価証券報告書」，p.10参照。
(8) 深川製磁は、高品質の天草陶石を原材料に1350度の高温で焼成するのが特徴である。磁器の焼成は、一般的に1250度程度。温度を100度上げると、固体から液体に変化する限界に達し、歪みやひずみ、キレが生じやすくなり、製品として出荷できなくなるものが増えてしまうようである。
(9) さらに高温で焼切ることで、生地はより強くなり、軽く、ガラス状の釉薬も溶け切り汚れが落ちやすい高品質な磁器を精製する。住友商事CLASSY HOUSE STYLE. Vol.10 参照。アクセス日2015年12月1日（http://www.classy-club.com/classyclub/style/vol10/03.html）。
(10) スタジオで開催するインスタレーションや特別企画展は、いつもSold Outになるほど人気である。深川製磁公式ＨＰ参照。アクセス日2015年11月29日 http://www.fukagawa-seiji.co.jp/milano/index.php。
(11) 現地の常連顧客やサローネ訪問者などから得られた情報は、ミラノスタジオで一元管理し、ブランディングマネジメント部に報告するために、フォーマットを作成し本社へ報告を行っている。
(12) 深川製磁公式ＨＰ参照。アクセス日2015年12月11日 http://www.fukagawa-seiji.co.jp/milano/。
(13) 2012年12月に開催した催しでは、伊ミラノで発表した作品を日本向けにアレンジした商品もあり、30代から40代の客層に好評だった。売り場を担当する深川製磁大阪店の永尾誠副店長は「世界のなかの日本というコンセプトで出店できたことが何よりうれしい。今後もセンスの良い商品をたくさん提供したい」と語る。2012年12月26日付『佐賀新聞』「深川製磁、阪急本店に関西の客層開拓狙う」参照。
(14) クールジャパン機構と直接または間接的に共同出資して設立する新会社を主体として、マレーシア・クアラルンプールにおける（三越伊勢丹の連結子会社が所有する店舗を再構築し、「日本の優れたモノ・サービス」を発信・提供する新たな店舗モデルとするプロジェクトを、クールジャパン機構と共同でスタートするもの。2014年9月25日付『流通ニュース』「三越伊勢丹HD／クールジャパン機構とマレーシアで新企画」参照。

(15) 博報堂コンサルティング（2014），p.133参照。

(16) 見た目に問題が生じ、繰り返し使ううちに剥がれ落ちる欠点を試験的に導入した病院の調理室から指摘を受けた。地元のベンチャー企業「ティオテクノ」が製品化した酸化チタンを、深川製磁の釉薬と融合させる方法で研究を重ね、国内初の抗菌釉薬（ＡＢ釉＝アンチバクテリア釉）の開発に成功した。従来の表面に塗り付ける方法ではなく、釉薬のなかに溶け込ませ、1350度の高温で焼成することで、深川本来の色合いや丈夫さも再現可能となった。2012年12月14日付『佐賀新聞』掲載記事「深川製磁が抗菌食器 光触媒と釉薬を融合」参照。

(17) 2013年4月19日付『佐賀新聞』「抗菌食器を陶芸市で販売 深川製磁」参照。

(18) 佐賀県では、平成2003年から全国初となる「トライアル発注事業」を実施している。トライアル発注とは、県内の中小企業等が開発した製品等について、県の機関が試験的に発注し、また使用後は当該製品等の有用性を評価し、官公庁での受注実績をつくることにより、販路の開拓を支援するなど、県内企業の育成を図るための制度のこと。2013年に同制度のもとで導入した県立病院好生館は「普通の食器と変わらないため、食べる側としても気持ちよく摂取できたのではないかと思われ患者にも好評であった。さらに、思ったより軽量だが、強化磁器と比較しても特段割れやすいわけでもないので、抗菌の効果を期待するだけでなく、通常の給食用食器としても十分使用できると思われる。」と述べている。佐賀県庁HP参照。

(19) 抗菌食器は同社の直営店や催事のほか本店やチャイナ・オン・ザ・パークなどで販売。価格帯は2,500円から15,000円。

(20) 2013年9月3日付『佐賀新聞』「有田焼400年　佐賀県が事業プラン発表」参照。

(21) 深川一太社長に実施したインタビュー（2015年12月14日）によれば、この企画は、現在進行中のものである。そのため、社長の要望により連携の内容に関する細かい紹介は差し控えたい。

(22) 紺野・野中（1995）によれば、「知の創造プロセス」には4段階ある。(1) 身体五感の直接経験によって暗黙知を獲得する「共同化（Socialization）」。(2) 本質を普遍化・言語化・概念化する「表出化（Externalization）」。(3) 形式知を徹底的に組み合わせて情報と概念の体系化（システム化）を行うプロセス「連結化（Combination）」。(4) こうして体系化された形式知を、行動を通じて技術、商品、ソフト、サービス、経験などに具現化・価値化し、新たな暗黙知の理解や実践につなげていくプロセス「内面化（Internalization）」である。このように、絶えずアクションを通じて知を血肉化すると同時に、組織や環境の新しい知を触発し、再び「共同化」につなげていく。このプロセスを通じて経験という個人知が対話を通じて集団知に膨らみ、さらに分析および時空間やITを通じて組織知になり、そのうえでもう一度個人に還る。

(23) 吉田（2014）参照。

〔参考文献〕

〈著書・論文〉

Doz, Y., Santos, J., Williamson (2001). *From global to metanational.* Harvard Business School Press, Boston.

Henry William Chesbrough (2003). *Open Innovation : The New Imperative for Creating and Profiting from Technology*, Harvard Business Press.

Henry William Chesbrough (2006). *Open Business Models : How to Thrive in the New Innovation Landscape*, Harvard Business Press.

Nonaka I. and H. Takeuchi, (1995). *The Knowledge－Creating Company*, Oxford University Press（梅本勝博訳『知識創造企業』東洋経済新報社、1996年）.

Vijay Govindarajan (2012). *Reverse Innovation : Create Far From Home, Win Everywhere*, Harvard Business Review Press（渡部典子訳『リバース・イノベーション』ダイヤモンド社、2012年）.

Yin, Robert (2013). *Case Study Research : Design and methods*, Sage.

紺野登・野中郁次郎（1995）『知力経営 ダイナミックな競争力を創る』日本経済新聞社。

野中郁次郎（1996）『知識創造企業』東洋経済新報社。

博報堂コンサルティング（2014）『経営はデザインそのものである』ダイヤモンド社。

吉田健太郎（2016）「中小企業の海外展開と「逆流」経営戦略　―伝統地場産業の日本的リバース・イノベーションを事例として―」『立正経営論集』第48巻１号、立正経営学会。

吉田健太郎編（2014）『地域再生と文系産学連携』同友館。

〈新聞記事・報告書等〉

2012年12月14日付『佐賀新聞』「深川製磁が抗菌食器 光触媒と釉薬を融合」

2012年12月26日付『佐賀新聞』「深川製磁　阪急本店に関西の客層開拓狙う」

2013年９月３日付『佐賀新聞』「有田焼400年　佐賀県が事業プラン発表」

2013年４月19日付『佐賀新聞』「抗菌食器を陶芸市で販売 深川製磁」

2014年９月25日付『流通ニュース』「三越伊勢丹HD／クールジャパン機構とマレーシアで新企画」

日本磁器誕生・有田焼創業400年事業基本構想「日本磁器誕生・有田焼創業400年事業実行委員会」佐賀県、2013年。

平成27年 深川製磁株式会社（E01132）「有価証券報告書」2015年５月

（吉田 健太郎）

第7章
製造業「機械加工・自動車部品」の事例
—タイ—

I はじめに

本章では、直接投資によってタイ王国（以下、タイという）に進出する中小企業のケースを紹介する。具体的には、さまざまな挑戦と実践から現地発のイノベーション創出、そして本国へのリバース・イノベーションを実現することで、海外進出が企業成長につながった日本中小企業の事例を取り上げ、これら事例企業の成功要因をマネジメント・コントロールと産業集積の活用の視点から分析する。

理論編では、次の2つの分析視角を示した。第一に、経営資源に限りがある中小企業が海外拠点でイノベーションを創出するためには、進出先の産業集積地やそこでの社会関係性を戦略的に活用し自社の強みを補完・強化することが重要となる。第二に、現地発のイノベーション創出とリバース・イノベーション実現のためには新たな機会の探索やその方向付け、そして、学習や創発戦略を促すための「マネジメント・コントロール」が重要となる。

本章では、上掲のこれら2つの分析視角から理論編でも示された以下の4つの仮説をタイに進出するケースから検証することで、新興国に海外進出する中小企業のマネジメント・コントロールと産業集積の能動的活用のあり方を明らかにする。とりわけ、海外進出によって創出されたさまざまなイノベーションを本国へのリバース・イノベーションへと実現させる背景にはどのような仕掛けや仕組みづくりが有効となるのかといった点に着目し定性的手法を用いて検証を試みる[(1)]。

【仮説1】海外進出にともなう現地資源および現地の集積による外部経済を活用したイノベーション活動は中小企業にとって有効な成長戦略となりえる。

【仮説2】イノベーションの創出には、従業員の自律的な行動が肝となるため、自律的な活動を促すためには組織のモチベーションをあげることが重要であり、そのためには理念によるコントロール（Simons, 1995）が有効となる。

【仮説3】モチベーションの向上した組織において、イノベーションを創出するためには、組織構成員の学習機会や探索範囲を増大させることが必要であり、インターラクティブ・コントロールにより、トップマネジメントと部下との対話が行われ、組織学習が活発化する。

【仮説4】海外進出にともないプロダクト・イノベーションを創出できた中小企業は、日本国内の市場開拓にフィードバックされる「リバース・イノベーション」を起こすことで成長する。

Ⅱ タイの経済概況と直接投資

1．タイの経済概況

タイは、バンコクを首都にもつ人口6,884万人、面積約61万平方キロメートル（日本の約1.4倍）、人口の約95%が仏教徒の国である（**図表7－1、図表7－2、図表7－3**参照）。ASEAN(2)の中心に位置し、設備の整った工業団地が多く、空港や港湾が充実しているなどインフラが整備されており、日本をはじめ多くの外資系企業が進出している。とくに、自動車産業は一大産業になっており、1980年代以降多くの日系メーカー、サプライヤー企業が進出して、サプライチェーンが構築されている。

タイの経済概況としては、軍事クーデターによる政治不安や大洪水による自然災害などで多少の波があるものの、政府の外資系企業の誘致政策[3]、通商政策などによる経済政策の結果、名目 GDP および実質経済成長率は中長期的スパンから見て増加基調にある。人口ピミッドをみると 20代～ 40代の働き盛りの層が男女ともに多く、経済成長にともなう中間層が増加している。こういった環境から、サービス分野における消費市場としても、魅力あるものとなっている（**図表７－４、図表７－５、図表７－６**）。

また、タイは地理的に ASEAN の中心に位置しており、多くの諸外国からの直接投資を呼込こむ戦略で世界でも有数の自動車や電化製品の生産拠点となっており、今後は ASEAN 市場を見据えた生産・販売拠点として企業のタイ進出への魅力を高めているといえる。

図表７－１　タイ王国の概要

国　名	タイ王国　Kingdom of Thailand
面　積	51 万 3,115 平方キロメール
人　口	6,684 万人
首　都	バンコク（タイ語名：クルンテープ・マハナコーン）人口 852 万人
言　語	タイ語
宗　教	人口の約 95％が上座部仏教、その他イスラム教（４％）、キリスト教（0.6％）など

（出所）ジェトロバンコク資料より作成

図表７－２　タイ王国の地図

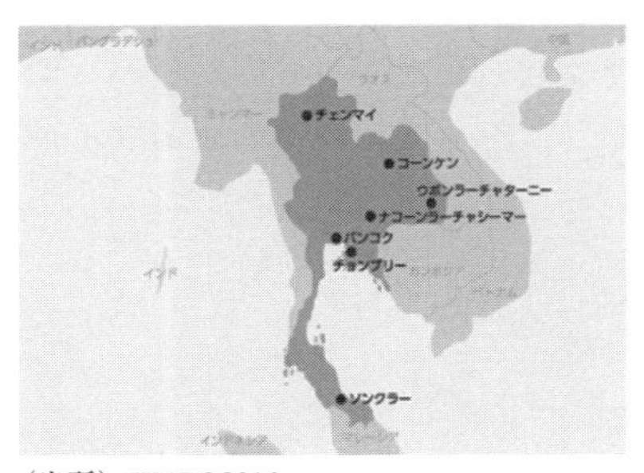

（出所）JINTO2016

図表７－３　タイの人口の推移

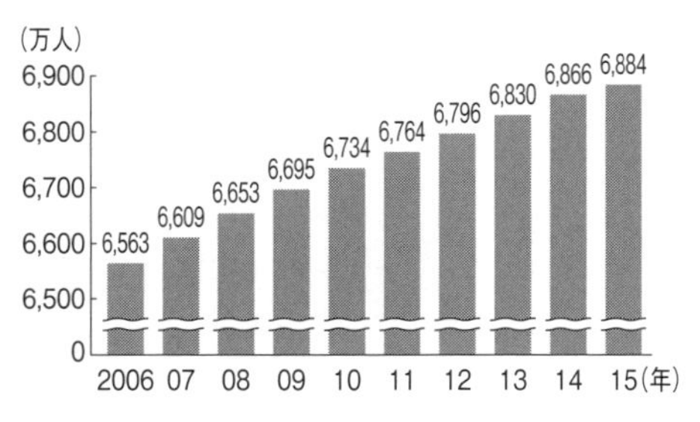

（出所）INTO 2016, IMF2016

図表７－４　タイの実質経済成長率の推移

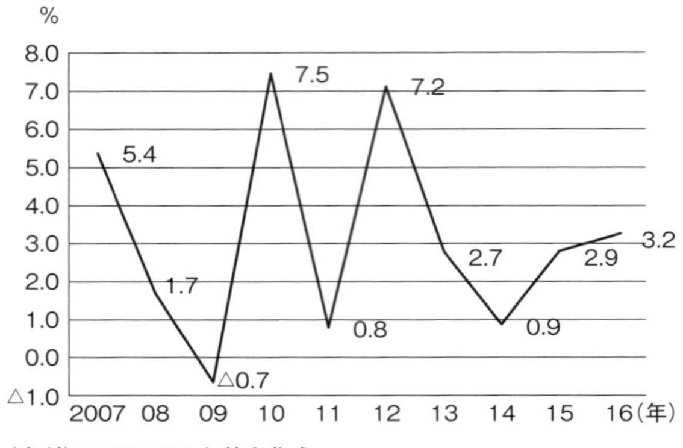

（出所）IMF2016より筆者作成

図表７－５　一人あたりの名目 GDP

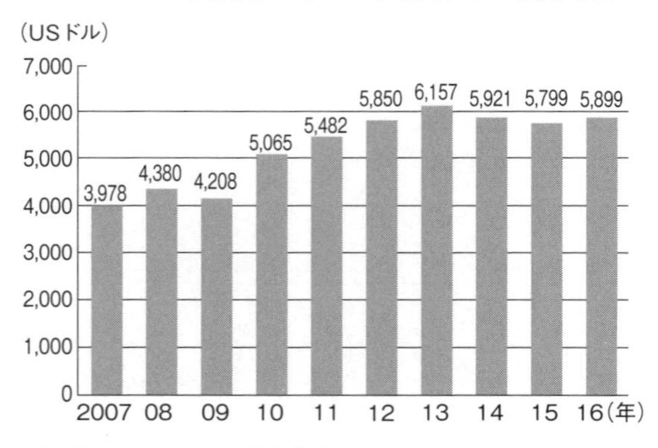

（出所）IMF2016より筆者作成

図表７－６　タイの人口ピラミッド

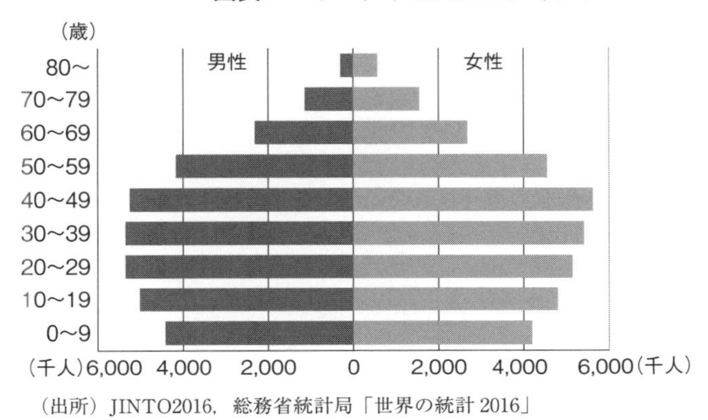

（出所）JINTO2016，総務省統計局「世界の統計 2016」

２．タイへの直接投資の状況

タイへの外国からの直接投資は2014年時点全体で483,511百万バーツであり、このうち日本は181,932百万バーツ、約37％と諸外国のなかでも大きな割合となっている（**図表７－７**）。2007年以降の日本企業のタイへの直接投資の推移をみると、平均して約448件、約507,417百万円の直接投資が行われている（**図表７－８**）。2014年の進出企業を規模別にみると、大企業が約50％、中小企業が約40％、個人企業が約10％となっている（**図表７－９**）。近年は中小企業の増加率が高くなっている。

JETROが行った今後海外進出の拡大を考えている企業への調査の結果、拡大を図る国としてタイは中国に次いで２番目であった。また、どのような機能の拡大を図りたいと考えているのかという項目でも、タイは販売機能、生産機能、研究開発機能、物流機能が中国についで２番目とタイへの進出拡大への注目度が高い（**図表７－10**）。

図表7－7　海外からタイへの直接投資額

	対内直接投資			
	2013年	2014年		
	金　額	金　額	構成比	伸び率
日　本	29,491	181,932	37.6	△ 37.4
中　国	4,991	38,247	7.9	666.3
香　港	38,610	18,879	3.9	△ 51.1
台　湾	7,484	3,230	0.7	△ 56.8
韓　国	3,631	14,860	3.1	309.3
ASEAN	43,071	18,594	3.8	△ 56.8
シンガポール	20,039	16,345	3.4	△ 18.4
マレーシア	21,407	1,351	0.3	△ 93.7
インド	1,621	2,016	0.4	24.4
オーストラリア	1,249	7,907	1.6	533.1
米　国	9,400	50,158	10.4	433.6
EU27	40,634	74,575	15.4	83.5
英　国	1,333	5,536	1.1	315.3
ドイツ	2,894	2,169	0.4	△ 25.1
フランス	1,641	10,723	2.2	533.4
イタリア	40	9,144	1.9	22.760.0
オランダ	33,147	4,069	0.8	△ 87.7
ルクセンブルク	624	41,004	8.5	6,475.4
ケイマン諸島	5,680	42,263	8.7	644.1
合計（その他含む）	478,927	483,511	100.0	1.0

（出所）世界貿易投資報告 2015年版

図表7－8　日本からタイへの直接投資額の推移

年	2007年	2008年	2009年	2010年	2011年	2012年	2013年	2014年
件数（件）	330	324	243	342	484	761	686	417
額（バーツ）	164,323	106,155	58,905	100,305	158,961	348,430	290,491	181,932
額（円）	616,539	342,562	165,287	285,568	429,194	921,597	947,999	658,593
構成比（%）	32.5	30.2	41.5	35.9	57.1	63.5	60.7	37.6

※ 構成比はすべての国の中の日本の割合を示している。
※日本円の換算については各年の年間平均 TTS から算出している。（出所）BOI 直接投資一覧、世界貿易投資報告（2008年版から 2015年版）から筆者作成。

図表７－９　業種・規模別にみた日系企業進出状況の構成比

業種	大企業		中小企業		個人	
	社数	構成比	社数	構成比	社数	構成比
農業、林業、漁業、鉱業	7	0.4%	2	0.1%	0	0.0%
建設業	69	3.7%	20	1.4%	21	5.0%
製造業	949	50.4%	878	61.5%	90	21.4%
サービス業	857	45.5%	524	36.7%	309	73.6%
分類不能の産業	2	0.1%	3	0.2%	0	0.00%
合計	1,884	100%	1,427	100%	420	100%
全体に占める割合	50.5%		38.2%		11.3%	

（注）2014年 11月時点で活動が確認された日系企業の内、出資者が判明した3,731社の集計

図表７－10　海外で拡大を図る機能　機能別国・地域ランキング

（複数回答、%）

販売			生産						研究開発						物流		
			汎用品			高付加価値品			新製品開発			現地市場向け仕様変更					
順位	国・地域名	%	順位	国・地域名	%	順位	国・地域名	%	順位	国・地域名	%	順位	国・地域名	%	順位	国・地域名	%
1	中国	44.0	1	中国	15.8	1	中国	13.5	1	中国	5.9	1	中国	8.8	1	中国	5.8
2	タイ	33.1	2	タイ	10.6	2	タイ	9.1	2	米国	4.4	2	米国	4.4	2	タイ	4.6
3	米国	29.6	3	ベトナム	9.1	3	米国	6.0	3	ベトナム	2.3	3	タイ	3.8	3	米国	3.7
4	インドネシア	25.9	4	インドネシア	6.7	4	ベトナム	5.4	4	西欧	2.2	4	インドネシア	2.7	4	ベトナム	3.4
5	ベトナム	22.2	5	インド	3.9	5	インドネシア	4.6	5	タイ	1.8	5	インド	2.5	5	シンガポール	2.8
6	台湾	18.7	6	米国	3.1	6	インド	3.8	6	インドネシア	1.3	6	ベトナム	2.2	6	西欧	2.3
7	西欧	17.8	7	メキシコ	2.8	7	西欧	3.2	6	台湾	1.3	6	西欧	2.2	7	香港	2.2
8	インド	17.3	8	台湾	2.7	8	メキシコ	3.0	8	インド	1.1	8	台湾	1.9	8	台湾	2.0
9	韓国	14.5	9	ミャンマー	2.2	8	台湾	3.0	9	シンガポール	1.0	9	シンガポール	1.8	9	インドネシア	1.7
10	マレーシア	12.7	10	フィリピン	2.1	10	韓国	1.8	9	香港	1.0	9	マレーシア	1.8	9	インド	1.7
11	シンガポール	12.2	11	マレーシア	1.9	10	シンガポール	1.8	11	韓国	0.8	11	香港	1.3	11	マレーシア	1.1
12	香港	11.8	12	カンボジア	1.7	12	マレーシア	1.5	11	マレーシア	0.8	12	韓国	1.2	11	韓国	1.1
13	フィリピン	8.8	13	西欧	1.6	13	香港	1.3	13	ミャンマー	0.7	13	ミャンマー	0.6	11	カンボジア	1.1
14	メキシコ	8.3	14	韓国	1.3	14	ミャンマー	1.2	14	カンボジア	0.6	13	フィリピン	0.6	14	フィリピン	1.0
15	ミャンマー	7.8	15	中・東欧	0.9	14	フィリピン	1.2	15	メキシコ	0.4	15	ブラジル	0.4	15	ミャンマー	0.9
16	中・東欧	5.5	15	バングラデシュ	0.9	14	ブラジル	1.2	15	フィリピン	0.4	16	メキシコ	0.3	15	メキシコ	0.9
17	オーストラリア	3.9	17	ブラジル	0.7	17	中・東欧	1.1	15	ブラジル	0.4	16	中・東欧	0.3	17	中・東欧	0.8
18	ブラジル	3.8	18	香港	0.4	18	カンボジア	0.8	18	中・東欧、ロシア・CIS、カナダ、バングラデシュ	0.3	18	カンボジア、ロシア・CIS、カナダ、オーストラリア	0.2	18	ブラジル、ロシア・CIS、トルコ	0.4
19	カンボジア	3.6	19	オーストラリア、トルコ、ラオス	0.3	19	オーストラリア	0.6									
20	ロシア・CIS	3.5				19	ロシア・CIS	0.6									
	ASEAN6	57.4		ASEAN6	21.5		ASEAN6	16.8		ASEAN6	5.3		ASEAN6	8.0		ASEAN6	9.7
先進国		54.0	先進国		7.2	先進国		10.7	先進国		6.9	先進国		7.7	先進国		9.2
新興国		76.0	新興国		30.5	新興国		25.3	新興国		8.8	新興国		13.1	新興国		12.3
販売　計		83.9	汎用品　計		33.7	高付加価値品　計		29.2	新製品開発　計		12.5	現地市場向け仕様変更　計		16.3	物流　計		16.9

（注）①母数は「今後3年程度で海外事業の拡大を図る」企業のうち、拡大する機能について無回答の企業を除いた数（895社）。
②西欧、ロシア・CIS、中・東欧の内訳は選択肢の設定が無い。
③ASEAN6は、シンガポール、タイ、マレーシア、インドネシア、フィリピン、ベトナムの6カ国の合計（重複する企業は除く）。④網掛けは回答率が10%以上の項目。

（出所）2015年度日本企業の海外事業展開に関するアンケート調査

Ⅲ ケーススタディ

1．株式会社茂呂製作所のケース

（1）企業概要

株式会社茂呂製作所は、山梨県韮崎市に本社を構える昭和41年創業、昭和53年７月設立の製造業である。現在、資本金は1,000万円、代表取締役は二代目の茂呂哲也が務める。創業当初は量産部品の加工中心であったが次第に製品の幅を広げ、自社内に治具部門を設け特殊形状加工を手がけるようなる[(4)]。腕利きの職人を要し、確かな技術力を強みに事業展開し、松下電気産業（現パナソニック）など有名企業との取引を経て、現在では世界的な大手電機機器メーカーである株式会社ファナックをはじめ幅広い取引先をもっている。高い技術力と実績で信用を築き、現在は製品製作、メンテナンスサービス、治工具・装置製作の３つを主要事業として展開している（**図表７－11**）。

製品製作では、単品・少量加工に積極的に対応し、最短１日で納品することをモットーにしている。メンテナンスサービスでは、顧客の機械修理だけでなく、メンテナンスをきっかけに故障率低減や生産効率向上などの改善提案することで顧客の信頼を獲得している。治工具・装置製作では、「要望＋提案」を基本方針に、各種生産ライン、検査工程専用設備の新規設計から製作・組付け・設置までを一貫して請負っている。メンテナンスから改善提案を行う顧客に寄り添った経営を行うことで、現在、海外を含めたビジネスは拡大し、売上

図表７－11　株式会社茂呂製作所の企業概要

企業名	茂呂製作所
代表者	茂呂哲也
所在地	山梨県韮崎市
設立	1978年
資本金	10,000,000円
売上高	4億円（グループ全体）
従業員数	35人
主要取引先	ファナック（株）、パソニック（株）、サントリーホールディングス（株）、三井金属鉱業他
関連会社	Manufacture Overhaul Rapid and Optimal Co., Ltd.、 MORISHMA TECH CO., LTD.
事業内容	部品製作、メンテナンスサービス、治工具・装置製作

（出所）茂呂製作所ホームページとヒアリングより筆者作成

高、利益の向上へとつなげている。

(2) 設立から海外展開まで

茂呂製作所の経営は、すべてが順風満帆というわけではなかった。創業者の時代は、高度成長の時代を背景に、職人集団中心の自由な社風なもと、優秀な技術力を強みに順調にビジネスを行ってきたが、競争環境の激化やグローバル化などの影響から成長が鈍り、従来の取引先と技術力だけでは業績を維持できず、成長も鈍化したため、長男である茂呂哲也氏（現代表取締役社長）が1997年に茂呂製作所に入社したのである。

茂呂は、松下電器での生産技術の経験と学びを実績に2001年からは営業技術者として、従来の顧客への提案型営業や新規顧客開拓を開始した。この時、茂呂製作所は、過去の成長期の安定した受注のもと、技術者集団に特化していたため、営業やマネジメントといった機能がないに等しく、業績の向上や企業の成長に対する対応は遅れていた。また、営業やマネジメントの重要性を指摘する茂呂に対する理解が簡単にえられる社風ではなかった。その後茂呂は2010年に専務、2012年10月に代表取締役に就任し、茂呂製作所の業績改善に向けて、本格的に改革を進めることになる。2014年11月にはタイのバンコクに関連会社としてManufacture Overhaul Rapid and Optimal Co. Ltd（以下、茂呂製作所タイ法人とする）を設立する。

一般的に日本の中小企業の海外展開の背景として、長引く不景気による国内市場の低迷による売上減少や職人の高齢化と技術の継承など、日本の中小製造業が抱える問題があげられる。職人の高い技術力が世界的に評価される日本の中小製造業であるが、その技術力を活かす市場を模索したり（新市場開拓）、技術力を新しい製品に展開する（新製品開発）などのイノベーションを起こすことができず、また職人の高齢化や若者の職人離れ等の問題から事業継承ができぬまま廃業に追いやられてしまう中小企業が増加している。

茂呂は、こういった状況を悲観的に捉えずチャンスとして捉えた。すなわち、海外進出による市場の拡大、新たな取引先の構築、そしてグローバルな若手技術者の育成がイノベーションにつながり、中長期的な会社の成長の機会であると捉えた。2013年10月にJETRO山梨と山梨県が主催したタイ企業視察ツアーへ参加することで本格的な海外展開への第一歩を踏み出したのである。

既に述べたように、タイは自動車産業を中心に古くから多くの日系企業が進出していたため、茂呂製作所のJIG（治具）技術やメンテナンス技術が活かせる日系企業の集積が進出時点で存在していた。また、茂呂は茂呂製作所タイ法人の立ち上げ以前に、自費を用いてベトナムに４名で共同出資の会社を設立していた。このベトナムでの経験との比較からタイの活気や国民性、販路拡大の可能性、日系企業の集積メリットと取引の可能性を肌で感じ、茂呂製作所タイ法人を立ち上げる決意となった。

しかしながら、親会社や取引先の進出にともなう進出とは異なり、取引先の開拓や従業員の確保などすべて１からのスタートとなる。この挑戦が茂呂製作所の多品種少量生産による高付加価値化と脱下請けによる新たな経営スタイルへの変換の契機となった。すなわち、海外進出にともなう主力製品やサービスにおける変化が社内のマネジメントにも変化をもたらす契機となり、企業成長に結び付くことになるのである。

まず、社長である茂呂自身が単身バンコク入りし、３ヶ月間事務所探し、タイ人スタッフの募集など、初期のスタートアップ段階からトップ自らが先頭となって行った。これを機に社長不在の日本本社の運営を部下に任せる仕組みをつくることで、それまでの技術者集団から、会社の問題を自らの問題として運営する社風へと変化していくことになった。つぎに、茂呂製作所タイ法人では大規模な生産設備をもたない、営業とコンサル型ビジネスに特化し、実際のモノづくりは現地サプライヤーと連携して生産することにした。すなわち、固定費を最小限におさえ、顧客に付加価値の高い茂呂製作所の技術を提供するための新たなビジネスモデルを構築したのである。

茂呂製作所は、この頃から海外進出を自社における経営の柱として考えるように変化していくようになる。以下、進出準備にとりかかった時期から海外展開と捉え、海外展開によって生じたプロダクト・イノベーション、組織イノベーションの２つのイノベーション（変化）とその要因を述べる。

(3) 創出されたプロダクト・イノベーション

茂呂製作所タイ法人の従業員は日本人２名、タイ人８名（2016年現在）である。タイへの進出は茂呂にとってゼロベースからの進出であったため、ここでどのような需要があるのか、自社の強みとどのようにマッチングさせることがビジネスチャンスに結び付くのか、綿密なリサーチを必要とした。単身ジェトロのBSC（ビジネスサポートセンター）に飛び込み、そこで行ったフィールドワークによるパイロット調査から自らの足で稼ぐことにより次のようなことが見えてきた。

茂呂製作所は高い技術力を要しており、部品の製造や工作機械のメンテナンスに強みを持っている。長年進出している企業からのメンテナンスや部品製造の需要は見込めるが、経営として利益に結び付くかが大きな課題となる。たとえば、部品製造を受注してもそれを日本本社や日本人スタッフが製作するとなると、コストが大きく採算が取れない。日本から製造機械をタイに輸入し維持するのも相当のコストとなる。

そこで、茂呂は茂呂製作所タイ法人を営業と指導（コンサル）に特化し、製造はローカルの企業と連携し協働で行うことで、高品質と低コストを達成するモデルを生み出すと考えた（**図表７－12**）。こうすることで、日本から大きな機材や製造機器を持ち込む必要も、高い輸送費と人件費をかけて日本に発注する必要もなくなる。実際にこのやり方が功を奏し、茂呂製作所はプロダクト・イノベーションを起こした。ここでいうプロダクト・イノベーションは、有形（製品）によるものではなく無形（顧客に提供するサービス自体）によるイノベーションの創出である。

具体的には、顧客からの受注に対し、茂呂や日本本社は適宜アドバイスをおこない、現地のタイ人スタッフが図面をかき、ローカルの工場がその図面を使って製造する。製造にあたっては、茂呂自身が直接指導を行うのだという。こうすることで製造はローカル企業が行うが、日本水準（茂呂製作所）の品質

図7－12　タイ進出後のビジネスモデルの仕組み

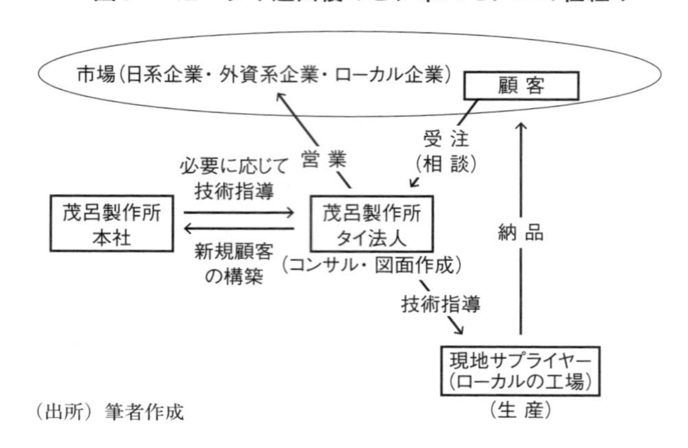

(出所) 筆者作成

管理による納品を可能とした。新たな販路開拓を求め現場を歩いてまわるなかで、タイのモノづくり産業の裾野を支える地場のサプライヤーは、川下のニーズまでを十分に俯瞰することができていないことに気づいた。タイにあるモノづくり産業における現状のニーズでは、それほど高度な技術や製造機器を用いなくても、既存の技術の組み合わせ方や使い方を改善するだけで十分対応できることが多く、ここに茂呂は商機を見出したのである。実例としては、自動車製造のオートメーション化と製造ラインの改善を行うタイの地場サプライヤーT社に対し、毎週2回程度工場を訪問し指導にあたった。タイの地場資本のサプライヤーの勉強意欲は高いものの、技術そのものはやはり日本の中小製造業の方がまだまだ相対的に高い。とくに、モノづくり産業全体を俯瞰し、自社の既存の技術を改良したり改善したりするアイデア（提案力）に弱く、この点について繰り返し一挙手一投足指導を行ったという。そうすることで、茂呂自身の現地ニーズを汲み取る機会につながったり、現地での販路開拓の有力なパートナーを紹介してもらえたり、委託生産工場になってもらえたりしているとのことである。

高度な技術を現地のニーズに合わせて製造方法を「簡素化」あるいは「改良」することで、川下（茂呂製作所の発注元）の顧客満足も得ている。

自ら製造するのではなく、現地のニーズを製品化するための媒介となることで、顧客のニーズにあった製品を適正な価格で提供することが可能となる。このモデルは、多額の設備投資を必要とせず、製造業にもかかわらず工場などの固定資産をもたないことで、リスクを最小限に留めることができる。日本の技術力は高いが、現地のニーズは必ずしも日本のニーズと同じとは限らない。タイのローカルスタッフによる営業活動（ニーズの探求）と日本本社の技術の組み合わせに目をつけたことで、新しい市場（とくに日本では入り込めない市場）に参入することが可能となった。

これらを実現するために必要となったのが、現地人材の育成だった。工場は持たなくても職人はモノづくりには不可欠である。そこで、茂呂は、自社の従業員はもちろん、上掲のとおり、地場のサプライヤーに対して惜しみなく指導を行った。自社の従業員は技術営業として育ち、ニーズの掘り起こしに貢献している。地場のサプライヤーは、技術者として育ち、委託工場として貢献している。そして、現在は「技術学校（Monotsukuri Mirai Development Co.,Ltd.）」を設立するに至っている。技術学校では、機械修理の技術のみならずモノづくりの生産性を向上させるための日本的経営が強みとしてきたQCD（Quality Cost Derivery）管理について実践できる人材育成を目指したカリキュラムを組んでいる。この学校の卒業生に就職支援を斡旋することで、茂呂製作所の将来的な取引先となる人材を育てる仕組みになることを狙っている。

このような上述してきた「ビジネスモデル」の変革という無形のプロダクト・イノベーションを実現できた要因として、(1) 根底には茂呂の「技術者を育成したい」という経営者としての夢（熱意）が大きく影響していたこと、(2) 海外展開を契機に顧客（ターゲット）を抜本的に変える脱下請け戦略に位置付けていたこと、(3) 経営者自身にターゲットのニーズを吸い上げ吸収する能力があったこと、(4) 現地人材を教育・啓蒙する能力があったこと、(5) こうしたニーズの対応や人材育成に見合った組織に変革させていく能力があったこと、(6) タイに形成されている産業集積の外部経済効果となる恩恵を積極的に活用したこと、が挙げられる。

「技術力の高い個々の職人の集団」から「組織としての技術者集団」へ転換することで、それまでの受注請負による製造メインのビジネスモデルから、営業、企画開発、製造、販売、メンテナンスといったバリューチェーンを組み合わせた高付加価値なサービスで稼ぐ提案型のビジネスモデルへと変化させている。この結果、茂呂製作所タイ法人において、進出後3年間の売上高伸び率は2年目に前年比500%増、3年目は前年比400%増と大きな成果を出している。また売上高経常利益率も日本本社より高く、今後の大きな成長が見込まれており、茂呂製作所の業績に大きく貢献するモデルとなることが期待されている。つぎに、これらを可能にしたビジネスモデルの変化の要因について詳しくみていく。

(4) プロダクト・イノベーションのための組織イノベーション

【ワンマン経営から全員参加型経営へ】

上述したように、高度な技術者集団を強みとしていた茂呂製作所であったが、海外進出前は「経営管理」「マネジメント」といった点では決して進んでいる企業とはいえない状況であった。トップである社長自身が海外進出に主体的に関わり海外駐在することを念頭においていた茂呂は、「社長がいなくても経営できる組織」を目指した。すわなち、社員への権限移譲と各部署への分権化をすすめることで、中小企業のワンマン経営（トップダウン）からの脱却を図ることとした。このタイミングにおいてワンマン経営からの脱却を図ることは、同時に下請け受注体質からの脱却を意味し、開発・提案型体質への変革が自ずと求められた。そのため、海外進出を契機に本社を起点とする会社全体の成長につなげるために不可欠となる体制の改革に取り掛かったのである。

トップダウンからボトムアップ体質への変革に際して、まず、これから茂呂製作所がどこに向かい、何を目指していくのか、出発点にある理念（ビジョン）と最終的な到達目標（ゴール）を明確にし、それを従業員が理解して一丸となって取組む、「考える集団」に変えていく必要があった。そこで、茂呂が力を注いだことは、(1)組織化、(2)年度方針書の作成と社員への伝達、(3)数字を意識した経営、の3つに関する新たな取り組みであった。

【組織化】

茂呂製作所の組織は、大きく4つの部門から構成されている。技術・開発部門、加工部門、営業部門、海外部門の4つである（**図表7－13**）。各部門にリーダーをつけ、その下に若手を配置している。茂呂製作所タイ法人ではタイ人をマネジャーにおいている。詳細は後述するが、マネジャーには権限移譲により責任を与え、予算の進捗管理など、各々が企業業績を意識する仕組みとなっている。本社および海外拠点の各部門のマネジャーはタイに常駐する茂呂に、毎月、予算管理や業務等の進捗状況を報告する。当初はメールでの報告と茂呂からのコメントのフィードバックであったが、社員からのFace to Faceで茂呂に報告したいとの要望から、インターネットのチャットシステム（Skype）を使った月次の報告を行うことになったという。

業務上の組織の他に、人材育成の観点から社内に「委員会制度」を設けている。PR委員会、社内勉強委員会、職場環境委員会の3つの委員会[(5)]を設け、それぞれ若手をリーダーにし、ベテランを補佐につけ、予算措置もして企画運営させている。この委員会のメンバーは業務組織を超えて横断的に組み合わされるため、委員会活動を通じて、地域貢献への意識や技術レベルの向上だけでなく、コミュニケーションが活性化されることにより、リーダーの育成や全員参加型経営の土台を構築している。

茂呂製作所タイ法人では、毎朝のミーティング、昼食を社員が持ち回りで作り一緒にとる、そして月に一度の食事会の実施といった、タイ文化を考慮した

図表7－13　茂呂製作所の組織図

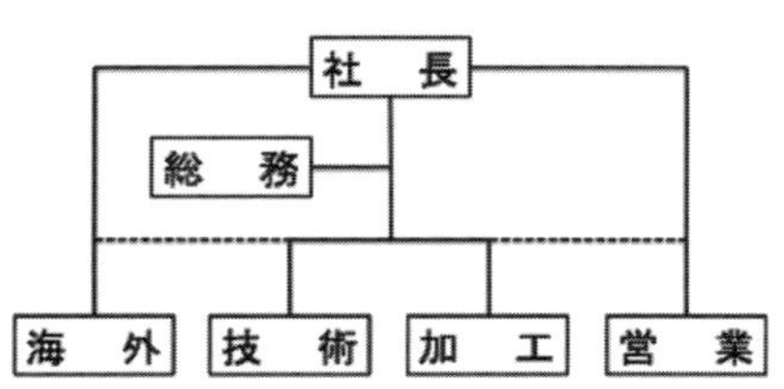

（出所）ヒアリングを基に筆者作成

現地法人ならではの取り組みを行っている。この取り組みから得られる社員間の円滑なコミュニケーションが仕事へ効果的な影響をもたらすことを実感したことから、日本本社においてもコミュニケーションを活性化させる仕組みとして委員会制度を取り入れる着想を得たという。

【ビジョナリー経営にむけた年度方針作成】

年度方針書は、経営目標や事業計画、人事に関する方針、内部体制に対する方針など、トップマネジメントの方針や全員で取組む方針等10の活動方針を記したものである。中小企業としては珍しい18もの項目から構成され、社員の具体的な行動指針など多岐に渡った分厚い内容となっている。また、経営理念など抽象的な部分などは新入社員や外国人従業員にも伝わるように具体的に分かりやすい言葉遣いで書かれている。

年度方針を作成したばかりの頃は、各部門に目標数値を検討させて、それをベースに茂呂が計画を作成して下位部門に指示を下ろすというトップダウン型の形をとっていた。しかし、試行錯誤を経て能動性を促す観点から徐々にボトムアップ型にシフトしていき、２年後には数値目標とともにそれを達成する詳細な行動計画の作成は各部門で行うようになった。さらに現在では、全社の方針を茂呂社長と会長が決定し、その方針をもとに全社目標の達成に向けて、各部門の予算計画、行動計画が作成されている。

ここで重要となっていることは、このプランニングを通して、企業理念の共有を図り、茂呂と部門、部門のマネジャーと下位のスタッフ、また部門間のコミュニケーションがおこなわれる仕組みになっていることである。これにより従来の一匹狼の高度な職人集団から、「組織としての職人集団」へと変化しつつある。これこそが茂呂が実現しようとしていた「組織化」である。

茂呂製作所タイ法人においては、言葉の壁の問題や商慣習の違い等があるため、年度方針を茂呂が全社員に分かりやすく説明することで、企業理念の浸透、中長期の目標、そしてその達成のための１年の行動計画を伝えている。

【経営数値を意識した経営】

すでに述べたように、茂呂製作所は優秀な技術者集団に特化しすぎたことと安定した取引先に支えられた時代背景のもと、従業員が売上高や利益といった経営数値を意識することは皆無であった。茂呂は「組織は社員を幸せにするためにある」（内部資料 2016）とし、「会社の目的は人が育ち、利益をだすこと。利益が唯一公平な評価である」（内部資料 2016）と、社員に徹底している。そこで、目標利益達成のために公式化した組織に従い、各部門のマネジャーと茂呂の間で毎月、経営数値の進捗状況の報告を義務化している。ここでは売上や利益といった会計数値をチェックする。そこで進捗状況や方針との整合性、仕入れの状況などをみながら、社長の考えを各部門にフィードバックしている。これに対して、各部門のマネジャーが部門の状況を踏まえた改善案や考えを社長に提言する。月次の予算と実績のチェックを通じて、社長と各部門のマネジャーがコミュニケーションをとることで、課題の析出や新しいアイデアの創出へとつながっている。すなわち、予算管理を目標達成への進捗状況のチェックという診断型のコントロールの手段として機能させるだけでなく、むしろ予算管理を報告と議論の「場」にすることにより、インターラクティブなコントロールとして機能させている。

【人材育成と新人事評価システムの導入】

海外進出を機に自立した経営を目指す経営改革のひとつとして、人事評価システムを構築した。とくに茂呂は年度方針のなかで社員に「人間性をたかめること」の重要性を繰り返し述べている。人事評価は期中と期末の年に２回、トップマネジメントとの間で面接の形で行われる。年度方針の経営目標にしたがって期首に立てられた個人目標をベースに、期中は進捗状況、期末は結果を中心に評価し、相互評価の形で行われている。茂呂製作所タイ法人では、タイ人の文化を勘案して、相互評価を行ううえで自ら改善点や問題点をあげることをとくに重視している。これがタイ人従業員のやる気とモチベーションを向上させる仕組みになっているのだという。

茂呂製作所タイ法人は、2014年に設立したばかりであり、将来を踏まえた人材の育成が急務である。現有のタイ人スタッフ９名は簡単な設計図をかけるなど基礎的能力は修得している。そこで日本本社での１年間の研修（インターン）プログラムを実施している。日本本社の製造技術、修理技術を学ぶことで技術力が向上するだけでなく、研修後、タイ人目線によるタイ市場で必要とされる新しいビジネスチャンスを探索し、生み出すことができる。

また、この研修プログラムで、タイ人スタッフの成長より大きな成果となったものが、日本本社スタッフの意識の変化である。上述したとおり、茂呂はすでに形成された技術者集団のなかに、二代目として入社した経緯があり、茂呂の目指す企業経営に理解を得るのに時間を要していた。一方、茂呂製作所タイ法人では、日本本社から機能を移管したのではなく、一からスタートしたため雇用されたスタッフの関係も一からのスタートである。会議での経営理念の唱和や、年度方針、日々の業務、面談、懇親会などを通して浸透させていくプロセスで、茂呂とタイ人スタッフとの信頼関係は強いものになっている。このタイ人スタッフが日本での研修を通じた本社スタッフとの交流のなかで、タイでの茂呂とタイ人スタッフの詳細な関係性が伝わることになる。たとえば、タイ人スタッフと茂呂の間で、自主的な提案や意見またはアイデアの交換が頻繁に行われ、モチベーション高く積極的に楽しみながら仕事に関与していく姿勢から、茂呂とスタッフとの信頼関係を感じるのである。日本本社で研修しているタイ人スタッフを通じて、茂呂への見方に変化がおき、茂呂の経営理念や考え方を積極的に受容し、自ら積極的に経営理念の実践に関与したいと考えるようになるなど実際に変化をもたらしている。このタイ人スタッフの日本での研修を通して、茂呂の経営への理解や考え方が伝わることになり、意図せざる結果として本社スタッフの意識の変革へとつながっている。茂呂製作所タイ法人で行われている、経営理念を重視したビジョナリー経営、日々の活動での情報共有など全員経営の土台が社内人材による暗黙知の移動を通じて本社に還流（逆流）されつつある。

【産業集積の活用】

茂呂がタイ進出によって、ビジネスモデルを大きく変化させ利益率を高めることができた要因の一つに、現地での産業集積の能動的活用がある。

茂呂製作所の海外進出によって実現された新たなビジネスモデルの肝となっているのは、同社が強みとして持つものづくりを行う製造加工の「技術」と作られたモノの品質管理をメンテナンスする「ノウハウ（技能）」である。これを活かすためには、当然のことながら職人と工場が必要となる。一般に製造中小業が海外進出するときには、まず生産拠点を移転させる。しかし、茂呂は敢えてこの生産拠点は日本に置いたまま営業機能と技能のみをタイに移転させた。

茂呂は既に形成されている産業集積（メーカー）をターゲットとして、彼らが抱える課題を丁寧に聞き取り、自身や自社に蓄積された技術・メンテナンス知識を基盤にコンサル形式で「課題解決の方法を提案」するサービスを強みとしてネットワークを築いていった。すなわち、「技能」をウリにすることで日系製造業を足掛かりとして、外資系製造業、地場製造業に対しても同様の手法でアプローチしていったのである。

そこで気づいたことが、タイの実態におけるニーズは、日本の工場や熟練技能職人を活用しなくてはならないほど高度な技術やインフラを要せずに解決できる課題がほとんどであったことだ。ここに目を付けた茂呂は、コンサルだけではなく、実際にものづくりやメンテナスをケアする体制を作るために、上述したＴ社に行ったように地場のサプライヤーを自ら技術指導し育てることを始めた。なお、ニーズの吸い上げは、地場のサプライヤーとの連携によって可能となった。提案力を磨く指導や技術指導を通じて地場企業からの信頼関係を築くことで、新たな販路（取引先）の紹介やニーズ情報を教えてもらえり、シーズのヒントを得たりしたという。自らタイで開催される国際展示会に足を運んだり、タイ人スタッフとともに「どぶ板営業」を行ったり、タイの大学や日系コミュニティの人脈とのコミュニケーションを積極的に行っていったことも効果的だった。小さな取引先ではあるが着実にその数は増加基調にあり、ニーズを着実に掴んでいったのである。

新たな販路は、既に進出している日系・外資から始め、地場のメーカー、そして今ではこれからタイに進出を検討している日本のメーカーに至るまで幅広く対応している。他の国の事情と例を漏れず、タイにおいても日系コミュニティの関係は公私隔てず重要な存在となっている。大手メーカーとの敷居は日本と比べ格段に低く、ここからも新たな販路開拓につながっている。また、コンサル業務を行うなかで、自社だけでは難しい案件については、勉強会と称し、日系コミュニティのなかで知り合った異業種や同業種のメーカーとそれぞれに抱える課題解決の方法を協働で模索した。コラボすることで解決可能な道筋が見えてきたらビジネスとして共同受注するのだという。具体的には、産業機械の設計に強いA社、電気制御の設備とその技術を持つB社、そして工場は持たないが総合力・提案力を持つ茂呂製作所は、それぞれの現地拠点の抱える課題と強みを話し合う勉強会を立ち上げた。そこから、3社が連携することで現地で自動車製造工場のオートメーション化の受注を請け負うことを実現するに至ったという。

こうした勉強会は、茂呂やタイ人スタッフにとっての学習の機会となり仕事の幅を実際に広げている。このように産業集積は、単に販路開拓または不足資源の補完、人脈を広げる場に留まらず、人的能力開発、アイデアの創出、そしてプロダクト・イノベーション創出の場（コミュニティ）となっている。

2．金山化成株式会社(6)のケース

(1) 企業概要

金山化成株式会社は1960年設立の愛知県西尾市にある発泡樹脂の研究開発、設計、加工を扱う製造業である。もともとフォームポリスチレン（発泡スチロール）成形加工による断熱材の製造の企画、調査、研究をおこなっており、1958年6月に金山化成工業所を設立し、断熱材の製造および販売を開始した。1960年に現在の金山化成株式会社を設立し、従来の製法に研究改良を加え、本格的に生産を開始した。現在は研究開発拠点や工場、営業拠点など海外を含め11の拠点を構えビジネスを展開している。主要な事業内容は、発泡樹脂を使っ

た製品で、建物の壁・床・屋根の断熱材、バンパーなど自動車部品、冷蔵庫やエアコンなどの家電製品の断熱部品や緩衝材、浮力を生かした養殖漁業用フローと農業資材、部品を安全に運ぶ為の物流通い箱などを扱っており、トヨタ自動車や三菱電機、三菱樹脂株式会社などを主要な取引先としている（**図表７－14、図表７－15**）。設計から金型製作、成形・仕上加工までを手がけてい

図表７－14　金山化成の企業概要

称号	金山化成株式会社 KANAYAMA KASEI CO.,LTD.
本社	愛知県西尾市
設立	1960年
資本金	95,112,500円
売上高	74.1億円
従業員	249人
役員構成	代表取締役会長；金山功、代表取締役社長；一柳典行、常務取締役；金山亮、取締役；柴田朗取締役；倉地俊哉取締役；坂井田優、監査役；狭間義文
主要取引先	アイシン精機株式会社、ソニー株式会社、株式会社クボタ、トヨタ自動車株式会社、トヨタ紡績株式会社 三菱重工株式会社、三菱樹脂株式会社、三菱電気株式会社他
生産・販売拠点	西尾工場（本社）、開発センター、犬山事業所、シズオカ工場、つくば工場、春日井営業所、東京営業所、三興技研 アマタ工場（タイ）、ロジャナ工場（タイ）、CKT（タイ）
事業内容	自動車部品、建築資材、物流資材、ロボトレー、家電部材、緑化・土木資材、外断熱
自社開発製品	SK含浸発泡体、病原菌から守る栽培パネル、シロアリから守る住宅用断熱材
その他	ISO9001、ISO14001認証取得、発砲プラスチック保温材JISA9511取得

（出所）金山化成ホームページより作成

図表７－15　金山化成の組織図

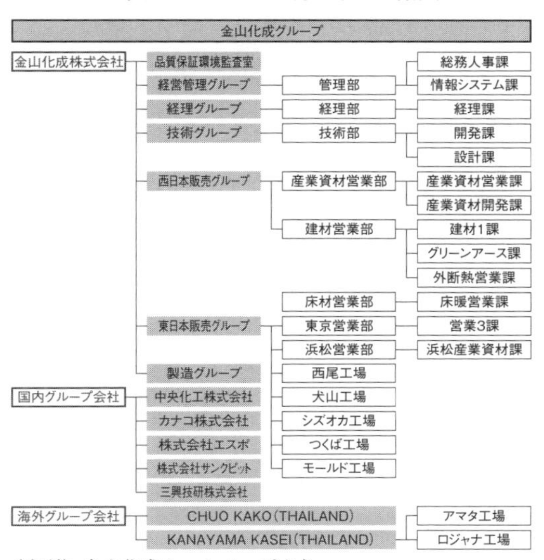

（出所）金山化成ホームページより

る。業界の特徴として、発泡スチロールの需要の７割は魚箱であったが、同社は早い段階から形状が複雑で高度な技術が必要とされる３割の市場に特化し、家電や自動車、建築資材の分野に参入し、高い技術力で高付加価値製品を製造することで高いシェアを得ている。

(2) 海外進出の経緯

金山化成の海外展開は、1988年にタイのバンコクに現地の協力企業との合弁会社ポリフォーム・カナヤマ・アプライアンセズLTD.(7)を設立したのが最初である。当時の現地の法律により、合弁会社として進出している。その後、1998年に中央化工タイランドをタイのサムットプラカーン県に設立し、翌1999年にタイのチョンブリ県に工場を設立、2005年にロジャナ工場をタイのアユタヤ県に設立し、現在２つの工場と１つのグループ会社の３つの拠点をもつ。

KANAYAMA KASEI THAILAND CO., LTD.（以下、金山タイランドとする）は、取引先であるメーカーのタイへの海外進出にともなう要請で進出しており、取引先の工場に近い立地に工場をもつ。タイ工場で扱っている主な商材はエアコンなど家電製品の部品と、自動車のシートやバンパーなど自動車関連の部品である。タイでは唯一の日系の発泡樹脂生産工場としての強みをもち、金型生産も含めてローカル企業では対応できない高品質の発泡樹脂製品を提供している。

2015年４月より本社取締役でもある倉地俊哉が社長に就任している。倉地のもと、従業員はアマタナコン工場約320名、ロジャナ工場約220名の約540名が働いている。日本本社は約270名であるので、約２倍近い従業員を抱えた大所帯である。この大規模な組織をマネジメントするのは、倉地と各部門の日本人GM ４名のもと、タイ人マネジャー15名である。組織体系は大きく３つの部門、すなわち、生産部門、管理部門、営業部門から構成されている（**図表７－16**）。生産部門はさらに製品種類別に枝分かれする。

図表７－16　金山タイランドの組織図（確認すること）

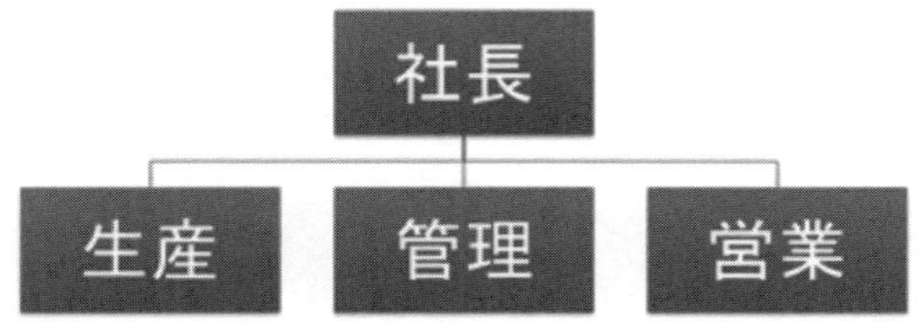

（出所）ヒアリングを基に筆者作成

【技術移転の時代から黒字展開へ】

1999年に大手取引先の要請でタイに独資で進出して以降、売上は堅調に推移したが、金山タイランド単独では進出以来毎年赤字が続き累積していた。海外展開の経緯から取引先は確保されていたため、売上は堅調であるものの、日本からの駐在技術者の人数が多く、固定費が大きくなり赤字体質が長年続いた。累積する赤字の穴埋めは本社からの借入れで補うため、金山タイランドの借入金残高が毎年膨らむ形となった。これは進出直後タイ人技術者の技術力が高くはなかったため、約10名の日本人技術者が駐在し指導にあたっていたためである。しかしながら、後述するように後の黒字転換の土台を形成したのが、この期間であり、着実に技術移転を進めたのである。

金山タイランドでは、エアコン部品と自動車部品の生産を主に扱っているため、業績は自動車業界やエアコンの生産状況に大きな影響をうける。2009年以降、エアコンメーカーの増産が続き、同社への発注が急増した。自動車部品はタイ政府の自動車減税など需要喚起の政策がある一方、洪水などの自然災害の影響もあり、売上は必ずしも右肩あがりとはいかないが、2015年のピックアップトラック（写真）に使われる金山タイランド独自開発のシートコア材の受注が大きな売上増加をもたらした。この結果、売上は順調に伸び、2015年時点では2009年と比較して大きく伸びている。同時に10年以上かけた現地への技術移転が進み、ローカルスタッフの技術力と提案力が向上したことで、日本からの常駐技術者を減らし、特別に高度な技術を必要とする場面など必要に応じて本社から一定期間技術派遣を行う(8)ことで、固定費を大きく削減させたこと、そして後述する自立した経営体制の確立により、増収増益の黒字体質へと転換した。また、これまで累積された赤字分の借入金返済も順調に進み自己資本比率も大きく改善している。

(3) 創出されたプロダクト・イノベーション

金山タイランドではメーカーからの設計図をもとに、金型を製造、試作、そして発泡樹脂部品製造が行われる。基本設計段階からかかわるケースもあるが、多くはメーカーで確定された設計図を基本に部品を製造することになる。自動車関連部品ではシートやバンパー、サンバイザー、ヘッドレスト、アームレスト、レッグレストの中身を発泡樹脂素材で製造している。改善の余地が少ない製品特性であるが、タイ拠点発のプロダクト・イノベーションを生み出している。スチールが使用されていた部分（主にシートやバンパー）を金山化成の強みである新素材（発泡樹脂素材）を取り入れることで、強度を変えず従来型の製品より50%の軽量化に成功している。軽量化は自動車にとって燃費改善など重要な要素であり、最終消費者まで含めたライフサイクルコストの低減につなげている。

また、顧客の求めるスペックを満たしながら新しい形状の開発を開発部門が試行錯誤し、現地発の新商品を生み出した。これにより、作業工程の減少、不良品率の低下によるコストダウンを達成させ、顧客満足を高めると同時に収益力の向上に結びつく製品開発へとイノベーションが生まれている。後述するよ

写真　ピックアップトラックイメージ

（出所）http://newsroom.toyota.co.jp/

うに、これは営業部門と製造部門、開発部門のコミュニケーションが活発に行われた結果達成されたものである。

【利益体質の経営へ】

金山タイランドは、日本からの技術スタッフの常駐が続き、固定費負担が重くのしかかり、売上高が堅調にも関わらず赤字が膨らむ構造にあった。すなわち、多くの企業が抱える問題であるが、本社からの日本人スタッフは人件費が高いため、固定費が利益を圧迫する状況にあった。この赤字を日本本社が補うことで維持していた。しかし、日本の国内市場の縮小や長く続いた不景気により、日本本社の経営をとりまく環境も厳しく、金山タイランドに自立した経営が強くもとめられた。組織マネジメントの改革や技術移転の成果が表れはじめ、金山タイランドは2009年以降、毎年５％から10％増と右肩あがりの成長を続けている。2010年３月期の売上高はグループ全体で76億3,000万円、単体では54億7,000万円であったが、2015年３月期の売上高は、グループ全体で106億1,000万円、単体で73億3,000万円と約1.4倍に増加している。グループ全体から単体を差し引いた金山タイランドを含む単体以外の売上高は2010年度の21億6,000万円から2015年度32億8,000万円と約1.5倍に増加していることが推測される。さらに現在タイにある複数の工場を一カ所に移転集約し、これまでの２倍の生産能力を有する新工場を建設するという。累積赤字を返済し、売上、利益ともに成長を続け、需要の増加に対応する設備投資の実施、そして、技術、マネジメントの現地化による自立した経営を実践するなど、金山タイランドが金山化成を支える存在となり、海外進出の成功事例となっている。

【人材の逆流モデルの確立】

20年間以上にわたる海外進出のなかで、常に人事管理面の課題に直面してきた。ローカルスタッフの育成については人事評価制度の導入により技術力向上やモチベーションを高めることで、定着率を高め、自立した経営を確立してきた。同時に日本人マネジャーの人材育成にも大きな変化が生まれた。一般的に海外進出企業が抱える問題として、駐在員のローテーションや駐在後の離職などがあげられる。金山タイランドでは本国の２倍以上の従業員を５名前後の日本人GMで管理しなければならない。日本本社では一部分に専門化した職務しか経験のない人間が、金山タイランドでは営業や製造におけるマネジメント、人事管理など、GMとして全体を見渡さなければならない。また、以前は、駐在年数が長期にわたることで、帰国後順応できないなどの問題が生じていたという。そこで、倉地は、駐在期間を３～５年を基準とする制度を整えること、そして駐在経験をいかし、帰国後はマネジャークラスの職務につける人事制度をつくった。これにより、帰国後、工場長や品質管理課長などのポストにつくことで、タイでの経験がフィードバックされ、金山タイランドで行われているような、新しい提案やアイデアを創出を促すマネジメントを行うなど、日本本社でのイノベーション創出活動に活躍している。タイでの創意工夫のプロセスが日本本社へ逆流する仕組みとなっている。以下、このようなイノベーション創発を実現できた要因を詳しくみていく。

(4) プロダクト・イノベーション創発のための工夫

【PDCAサイクルの精緻化】

前述のとおり技術移転の時代、赤字が累積する経営状態にあった金山タイランドでは、本社に頼ることなく収益、利益を生み出す自立した経営を可能とするマネジメントが必要とされた。そこで、精緻な経営計画の作成が重要となる。金山タイランドの経営計画作成では、市場の動向や売上見込みを営業部門から、原材料の調達コストの変動予想や製造体制の状況を製造部門からというように、現場レベルの情報を正確に収集し、分析を行い、中長期の経営計画との整合性を考慮してトップマネジメントである倉地が作成する。

営業現場、生産現場からボトムアップであがってくるデータをもとに、年度方針、重点項目、年度販売予算、生産予算、損益予算を作成している。各部門のマネジャーを含めた参加型で経営計画を作成することにより、各部門が責任と意欲をもって計画の実行へと取組むことができる。PDCAを回すなかで、毎月各部門のチェックを行うことで常に改善活動が行われている。製造部門においては、生産管理項目として不良品率、時間あたりのエネルギー消費量を管理し、計画数値や前年同月実績との比較で異常値が発見されれば、原因究明と対策案を部門マネジャーに要請し、原価管理を行っている(9)。これらのPDCAが機能し始めたことで、月に一度のマネジャーミーティング（日本人マネジャー5名、タイ人マネジャー15名）は、それまでの各部門の「実績報告の場」から各部門のなかから生まれた、新しいアイデアや改善案などの「アピールの場」と会議の存在意義が変化している。各部門マネジャーにとっては楽しみの場となっており、経営会議がアピールできるチャンスの場と捉え、モチベーションの向上へとつながっている。これは10年以上にわたる活動のなかでローカルのスタッフが作り上げた仕組みである。同じ会議でも、計画に対して実績を報告する場としての会議から、アピールの場に変化することにより、各部門とトップマネジメントの間のインターラクティブなコミュニケーション活動が活発化する。こうしてタイ人マネジャーに刷り込まれた提案力から、プロダクト・イノベーションが創発されている。たとえば、ピックアップトラックの新素材の開発は、タイ人スタッフの提案が発端で実現されたものである。取引先とのタイ人同士の商談のなかで、ニーズをしっかりくみ取ることで商品化につなげた。ここで開発されたプロダクト・イノベーションは、日本国内のマーケットにおいても受け入れられるものであったため販路開拓や売上増加に貢献している。

このように、日本本社がもつ高い技術力がタイ工場へ移転し、営業や製造、開発といった部門を超えたフィードバックがしっかり行われる体制を構築し、予算管理や原価管理を従来の目標達成への診断型のコントロールに加え、インターラクティブなコントロールとして機能させることで、金山タイランドから新しい製品の創出につながっている。

【人材育成と人事管理制度】

既にみたように、タイに進出している企業が抱える課題にローカルスタッフが定着せずに短期間で転職してしまうジョブホッピングがあげられる。ローカルスタッフが定着し、マネジャー人材として育成することが求められる。金山タイランドでは、あるべき姿として経営理念「誠実・創造・挑戦」と人事制度をリンクさせることで、人事評価制度を通じたローカルスタッフの育成システムを構築している。

社員に求める行動を評価項目として、仕事の難易度・広がりをレベル化し、能力がどのレベルに達しているかを評価しフィードバックしている。評価結果を給与に反映させている。特徴的な項目として、「経営方針に基づく業績の達成や創造開発のための目標設定をして重点業務を遂行」(ホームページ)とあるように、社員の創造開発を重視している点である。金山タイランドでは、この人事評価システムを簡略化[(10)]することで、ローカルスタッフはどうすれば評価されるのか、何が評価されているのかが可視化され、シンプルで分かりやすい評価システムとなる。この結果、ローカルスタッフを含めた従業員は企業のビジョンに対し、自身が何をすべきか方向性が明確になり、納得して働ける環境へと変化している。

こうして、人事評価システムを通して経営理念の浸透や従業員のモチベーションを向上させている(**図表7－17**)。さらに、独自の取り組みとして「改善活動プロジェクト」を立ち上げ、タイ人マネジャーを中心に、改善案を作成、そして達成するとボーナスや昇級に反映させたり、慰安旅行(社員旅行)の金額に反映させるなどインセンティブを与えている。この仕組みにより、品質管理や営業に関する社内研修やセミナーの実施など、ローカルスタッフからの提案で実施されるものも多く、参加率も非常に高い。

人材育成においては、品質管理や生産管理の専門家を本社から派遣し、OJT(On the Job Training)を積極的に実施している。マニュアルありきではなく直接指導され業務を行うことで技術の修得に加えコミュニケーションを通じ信頼関係が生まれるからである。信頼関係の土台が形成されてこそマニュアルが機能し、技術や知識の移転がスムーズに行われるという。これは異文化である海外展開先においては組織文化の形成に重要な役割をもつ。また、タイではか

図表７－17　金山化成の人事評価制度の概念図

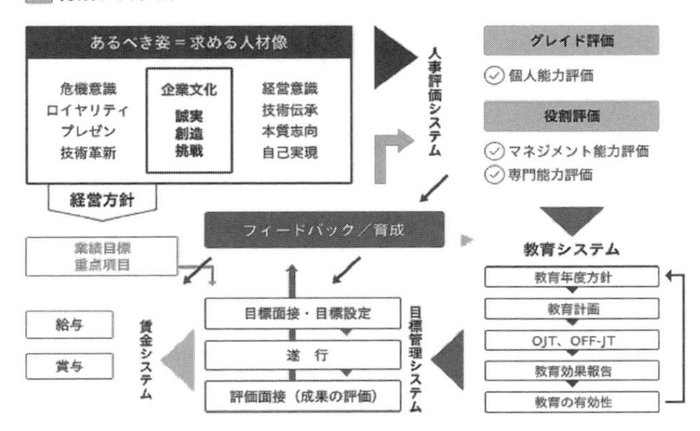

（出所）金山化成のホームページより抜粋

つて日本で盛んに行われていたような、社内の「アフター５」の交流活動である食事会や従業員家族を含めた慰安旅行を楽しみにする文化があり、金山タイランドでもこれらの活動(11)が従業員の満足度を高め、実際にローカルスタッフの離職率が大きく改善している。

これらの人事評価制度の導入や改善活動プロジェクト、OJTの積み重ねによる人材育成が機能し、前述のマネジャークラスの会議がインターラクティブなコミュニケーションを円滑にするアピールの場となるなど、イノベーション活動に大きく貢献している。現地の文化や慣習を踏まえながら、理念によるコントロールを機能させている。金山化成ではこのタイで実施しているシンプルな人事評価システムを日本本社にもフィードバックして導入を予定している。

Ⅳ 仮説検証

【仮説１】海外進出にともなう現地資源および現地の集積による外部経済を活用したイノベーション活動は中小企業にとって有効な成長戦略となりえる(12)。

茂呂製作所は、フォーマル・インフォーマル問わず、日系コミュニティで知り合った人脈から製品開発・品質管理にかかわる勉強会を立ち上げた。勉強会は異業種・同業種限定せずに、気の合う仲間たちと互いの課題を共有し、課題解決型のビジネスへとつなげていた。国内の親企業との従属的関係による縛りや柵（しがらみ）に囚われず自由な発想のもと議論は進んだ。その結果、それまで自社のみでは受注できなかったような販路が開拓された。互いの強み（技術・技能）を補完し合うことで間接的な部品の納品ではなく、最終製品としての納品、そのメンテナンスを請け負うことで、単独では開拓できない顧客を開拓することを可能とした。集積内の人的ネットワークの活用は、顧客の幅を広げただけなく、顧客との関係性を従来の下請受注による従属的関係から、水平的関係へと変化させた。水平的関係性は、受注型から提案型へと勉強会組織を成長させる構成員の人的能力開発の契機となっている。提案型のビジネスを実現するには、実際にものづくりを実施するサプライヤーが必要となるが、茂呂は実際に仕事を与えながら、地場のサプライヤーを丹念に技術指導し育てることで試作品やプロトタイプの「提案型製品」の企画・製造・販売の一連の工程を日本本社に発注することなく現地だけで実現可能とした。さらに、一定期間にわたり製品開発の提案やメンテナンスをサービスとして売ることで一過性の製品売買よりも利益率の高い収益構造をもたらした。すなわち、産業集積の能動的な活用がプロダクト・イノベーションを実現させた条件の一つといえる。これを促しているのが集積内での学習効果である。

以上から産業集積の能動的な活用は、中小企業の海外進出において有効といえる。

【仮説２】イノベーションの創出には、従業員の自律的な行動が肝となるため、自律的な活動を促すためには組織のモチベーションをあげることが重要であり、そのためには理念によるコントロール（Simons, 1995）が有効となる。

茂呂製作所では、社長自身が海外展開において現地入したため、日本本社の組織体制を再構築した。まず行ったのは経営方針の作成であり、このなかで経営理念を強く浸透させることを徹底した。この結果、権限委譲されたマネジャー達はモチベーションを向上させ、月次の報告においても改善案の提案など、自律的な活動が活性化された。これまでの技術者集団から考える技術者集団へと活発な組織に変化した。この結果、日本の本社への影響として、ポジティブな競争（切磋琢磨）が生じた。知的探究心の向上、経営力の向上、リーダー力の向上へとつながっている。

金山化成では、人事評価システムに現れているように経営理念を反映させた評価項目を導入することで、経営理念を浸透させることにより、何が評価されるのか、何を評価しているのかが分かりやすく、トップマネジメントの方向性が共有され、それぞれが行うべき方向性が確認されることで、研修やセミナーなどの提案や、改善案の提案など、自律的な活動が活発化した。また、食事会や家族ぐるみの社員旅行といった現地の文化や慣習を踏まえた活動を実施することにより、理念によるコントロールが円滑に行われている。

以上のように、組織（構成員）のモチベーションの向上、自律的な活動の活性化のために、理念によるコントロールは機能しているといえる。

【仮説３】モチベーションの向上した組織において、イノベーションを創出するためには、組織構成員の学習機会や探索範囲を増大させることが必要であり、インターラクティブ・コントロールにより、トップマネジメントと部下との対話が行われ、組織学習が活発化する。

茂呂製作所では、「考える組織」を目指したように、朝のミーティング、月次のミーティングなど公式な場とともに、ランチの共有、定期的な食事会といった、非公式の場でのトップマネジメントとの対話をとおして、トップマネジントはヒアリングを行い、下位のマネジャーたちは、改善案や気づきなどの新しい情報を積極的に伝えようとすることが確認された。

金山化成タイランドでは、月次のミーティングが「報告の場」から「アピールの場」に変化したように、トップマネジメントに対話をとおして、現場レベルの改善活動や提案を積極的にアピールする場となっている。この結果、製造部門では工場のレイアウト変更や看板の改善などの提案が、営業部門と開発部門では、新しい技術と設計変更による新商品の提案というように、タテ・ヨコの対話のなかで学習の成果が現れた。両社とも従来の予算管理や原価管理といった手法を、いわゆる目標達成に向けての診断型のコントロールとして機能させながら、これに加えて、コミュニケーションを活性化させるインターラクティブなコントロールとして機能させることに成功している。

以上から自律的活動を促すには理念によるコントロールが必要である。自律的活動を活発化し、組織学習を促すにはインターラクティブなコントロールが有効であるといえる。

【仮説４】海外進出にともないプロダクト・イノベーションを創出できた中小企業は、日本国内の市場開拓にフィードバックされる「リバース・イノベーション」を起こすことで成長する。

茂呂製作所では、タイ進出にともないコンサルとメンテナンスをベースとした企画提案型の無形のビジネスモデルのイノベーションを起こすことに成功した。このイノベーションの背景には、社長みずからが進出国にて陣頭指揮をとることにともなう、日本本社の独立・自律した経営管理システムの仕組みづくり（組織化・人材評価システムの構築など）と進出国での社会的、文化的背景を踏まえた経営管理システムの仕組みがイノベーション能力創発の装置として機能していた。これにより日本本社と海外拠点とのシナジーが相まって、国内においても企画提案型の受注（脱下請け）につながり、売上を伸ばしている。とくに国内と海外の人材の交流がシナジーを促進させる要素となっている。

金山化成でも同様に、海外進出にともなって、新たなに導入した管理システムや人材育成制度が社員のモチベーションと提案力を高め、ピックアップトラックの軽くて丈夫な新シートを生み出した。この新製品は、日本国内での新たな販路開拓にもつながり売上を伸ばしている。また、海外駐在によって経験を積み成長した日本人駐在員が帰国し、本社での責任あるポジションを担い、イノベーションを促進する風土へと変化することで新たな提案が生まれ、異業種（農業資材や建築資材）への参入にもつながっている。新製品の移転の背景には人材の暗黙知による知識移転が影響を与えている。

以上から、海外進出にともなうプロダクト・イノベーションは、日本国内でも売れる製品やサービスを生み出し、リバース・イノベーションを起こすことに関わっている、といえる。

Ｖ　むすびにかえて

海外進出を契機にプロダクト・イノベーションに取り組んだ中小企業は、進出先の販路開拓に成功するとともに、日本本社の新たな販路開拓につながっている。そのプロダクト・イノベーションを起こす背景には、単にプロダクト・イノベーションに専念するのではなく、第一に、産業集積における人的ネットワークの能動的な活用を通じて、新しい取引先と新たな関係性を築き新たな付加価値を生み出す挑戦的な取り組みが求められる。

第二に、この変革的活動を支える組織もマインドセットしなくてはならない。そのために、現地の人材育成システムの構築や日本本社の経営管理システムの変革などを同時並行で行っていくことが求められる。なぜならば、海外拠点と本国本社のそれぞれの競争優位が相互に作用することで組織全体のシナジー効果が生まれるからである。このような動態的な組織全体のシナジー効果をもたらすためには、各セクションの自律化・能動化を促すための理念の共有と双方向のコミュニケーションを行うことで、学習の機会をどれだけ生み出すか、そして知識移転をどれだけスムーズに行えるかに規定される。中小企業は規模が小さいからこそ、大企業に比べてフットワークが軽くこの知識移転の仕組みを取り込みやすいといえよう。ここに、中小企業のリバース・イノベーションの可能性が見えてくる。

もちろん本章で取り上げた2つのケーススタディからいえることには限界がある。しかしながら、このケースの検証から些かながらいえることは、第一に、海外拠点の産業集積が学習機会と人的能力開発の場となっていることから産業集積の現代的意義が再確認できたことである。第二に、産業集積を最大限活かすためにもマネジメント・コントロールによる組織学習の活性化が現地発のイノベーション創発を促し、さらに海外から逆流されるイノベーションの受け皿となり、自社の競争優位へ変換されるいわば装置のような役割を担っていることを示唆したことである。

このように、海外進出をイノベーションの機会とするために中小企業は、国内外の現場における裁量権を拡大し、人材の責任感と提案力を涵養するためのマネジメント・コントロールの仕組みづくりが肝となる。とりわけ、アジアに進出する中小企業は、安価な労働力やコスト削減を目的とするのではなく、高付加価値を生み出す現地人材をどのように育成し定着させるのか、知識創造の場となっている産業集積の能動的な活用を通じてどのように自社の学習の機会へとつなげていくのか、といった問題意識のもとマネジメント・コントロールを有効活用していくことが求められよう。

(注)

---

(1) なお、本章における研究方法は前章までの調査方法と同様にケースタディによる質的調査法を採用し検証を行う。

(2) 東南アジア諸国連合のこと。1967年の「バンコク宣言」によって設立。現在の加盟国はインドネシア、カンボジア、シンガポール、タイ、タイ、フィリピン、ブルネイ、ベトナム、マレーシア、ミャンマー、ラオスの10カ国である。

(3) タイ進出の魅力としてタイ投資委員会（BOI）による投資恩典制度がある。タイへ直接投資を行う場合には、外資系企業はタイ政府の窓口であるBOI（タイ投資委員会）に申請すれば、さまざまなメリットを得ることができる。BOIはこれまで、産業振興を目的として外資からの直接投資を増やすことで経済成長を遂げてきた。また、外資系企業を誘致することは国内産業の技術力の向上にもつながっている。BOIは1977年にタイ国内への投資促進を目的に設立された政府機関であり、投資奨励法に基づく奨励業種の条件の決定や変更など投資奨励を行う機関である。投資奨励の方針として次の６つを挙げている。(1)国の競争力を工場させるための投資を奨励する。研究開発や、イノベーションの創出、農業・工業サービス業の付加価値創出を促進し、また中小企業の促進、公正な競争、社会的および経済的不平等の減少を促進する。(2)持続的かつバランスのとれた成長ため、環境に優しく、省エネルギーもしくは再生可能エネルギーを使う事業を促進する。(3)バリューチェーンの強化と地域の能力に一致したクラスターの創出を促進する。(4)南部国境県内で安定的な地方経済を作るため、域内での投資を促進する。(5)隣国と経済的につながり、ASEAN経済共同体（AEC）をサポートするために、特別経済開発区、とくに国境地帯の工業団地内外での投資を奨励する。(6)世界舞台でタイの役割を増加し、競争力を向上させるため、タイから外国への投資を促進する。投資奨励業種として、(1)農業および農産品からの製造業、(2)鉱山、セラミックス、基礎金属、(3)軽工業、(4)金属製品、機械、運輸機器、(5)電子・電気機器産業、(6)化学工業、紙およびプラスチック、(7)サービス、公共事業があり、各類のなかで、具体的なプロジェクトと対応する奨励条件と恩典内容が定められている。恩典内容としては、法人税の減免や輸入税の減免、ビザやワークパーミットについての優遇、などがある。さまざまな投資奨励制度を実行してきたが2015年より新投資奨励策が７年間適用される。

(4) バンコク週報1762号参照。

(5) 社内資料（2016年度版）によるとPR委員会の目的は会社の知名度アップにつなげることであり、会社のホームページの更新や会社案内の改善などを行い、社内勉強委員会の目的はコミュニケーション力や技術力の向上であり、勉強会を実施したり、資格取得や講習会への参加、全員参加の懇親会の企画などを行う。職場環境改善の目的は職場環境の改善であり、グループで定時前後に会社周辺の清掃や掲示物の充実は図る。

(6) 2016年２月25日、2016年６月８日、2016年11月４日に、カナヤマタイランドのアマタナコン工場にて合計６時間のヒアリングを実施。

(7) 同会社はすでに資本関係を解消して解散している。

(8) 技術サポートのため日本本社へアシスタントフィーを支払う。技術移転が進みタイ人技術者が育っているため、多い時には売上の３％ほど支払っていたアシスタントフィーも現在は１％程度へとコスト削減されている。

(9) 時間あたり何ロット生産しているか、原料１キロ使用時に何キロアワーの電力やガスを消費するかなど細かくチェックしている。

(10) 評価項目を12項目とするなど簡略化している。

(11) 慰安旅行には社員の８割以上の参加がある。

(12) 産業集積の活用に関する検証は、金山化成に関する記述は割愛し茂呂製作所のみとする。その理由は、金山にも日系コミュニティの人的ネットワークの活用や地域人材の活用、新たな取引先の開拓などタイの産業集積を活用することによる一般的に言われるメリットは観察できた。他方、規模の小さい（茂呂製作所は本文に記述の通り金山化成の十分の一の規模）茂呂製作所の方が、より能動的により積極的な集積の活用が見られたことに加え、その効果も明白であり新たな発見とインプリケーションが示すに十分なデータを示せると判断した。そのため紙面の都合上、茂呂製作所の詳細な記述を加えることを優先させた。むしろ、このことから、「企業規模が小さい、すなわち、経営資源が少なくなればなるほど、集積への依存度が高い」という事実発見を示しているのかもしれない。

〔参考文献〕

Henry William Chesbrough.(2011). *Open Service Innovation*:*Rethinking Your Business to Grow and Compete in a New Era*, Jossey-Bass（博報堂大学ヒューマンセンタード・オープンイノベーションラボ監修・監訳『オープン・サービス・イノベーション 生活者視点から、成長と競争力のあるビジネスを創造する』CCCメディアハウス、2012年).

Nonaka, I., & Takeuchi, H.(1995). The knowledge-creating company:How Japanese companies create the dynamics of innovation. Oxford university press.

Polanyi, Michael. (1966). The Tacit Dimension, Routledge & Kegan Paul Ltd.（伊藤敬三訳『暗黙知の次元―言語から非言語へ』紀伊国屋書店、1980年).

Vijay Govindarajan.(2012). Reverse Innovation:Create Far From Home, Win Everywhere, Harvard Business Review Press（渡部典子訳『リバースイノベーション』ダイヤモンド社、2012年).

Simons, R.(1995). Levers of Control:How Managers Use Innovative Control Systems to Drive Strategic Renewal. Boston:Harvard University Press.（中村元一，浦島史恵，黒田哲彦訳『ハーバード流「21世紀経営」4つのコントロール・レバー』産業能率大学出版部、1998年).

アジア太平洋局地域政策課（2016）「目でみるASEAN―ASEAN経済統計基礎資料―」

ジェトロバンコク（2015）「タイ日系企業進出動向調査2014年」

総務省統計局編（2016）「世界の統計」

バンコク週報、第1762号、2016年11月19日発行

日本政府観光局（2016）「JNTO訪日旅行データハンドブック（世界20市場）」

（藤井 博義／吉田 健太郎）

第8章
伝統地場産業「日本酒」の事例
― 中国 ―

Ⅰ はじめに

本章では、海外直接投資によって新興国に進出した中小企業をとりあげる。具体的には、中国天津市に生産販売会社を設立し、中国市場開拓に成功した日本酒製造業者のケーススタディを行う。それによって、新興国進出を通じた中小企業の「リバース・イノベーション」の可能性と、その条件について分析を行う(1)。

近年、少子化などに伴う日本国内市場の縮小が進むなかで、成長著しい新興国市場開拓に取り組む日本の中小企業が増えている。なかでも、中国やインド、ASEAN など、アジア新興国に注目が集まっている。中小企業にとって新興国市場開拓は、今後の成長を目指す上で重要な意味を持つ。

一方で、新興国は、所得水準の異なる多様な消費者が存在する市場である。大企業でさえ、新興国市場の開拓には苦労しており、中小企業もその開拓方法を模索している状況にある。そのため、大企業だけでなく、中小企業においても、新興国での事業展開を多方面から研究することが求められている。

だが、中小企業の新興国進出に関して、先行研究では十分には分析されていない。特に、新興国への進出が中小企業にどのような効果をもたらすかについては、明らかにされていない。こうした点を明らかにすることは、中小企業が新興国市場への展開を検討するうえで重要と考える。

そこで、本章では、新興国進出が中小企業にもたらす効果について、イノベーションとの関係に着目して分析を行う。具体的には、以下の２つの問いについて、中国に進出した中小日本酒製造業者のケーススタディによって明らかにする。

（1）中小企業は新興国現地において、どのようなイノベーションを実現しているのか、

（2）新興国で実現したイノベーションは、中小企業の本国事業にどのように逆流し、競争優位を構築しているのか

以下、Ⅱ節では新興国進出とイノベーションに関する先行研究を整理したうえで、本研究における仮説を設定する。Ⅲ節でケーススタディを行い、Ⅳ節で考察する。最後に、Ⅴ節で本章の結論と含意、課題について述べる。

Ⅱ 仮説の設定

1．新興国進出とイノベーションに関する先行研究

これまでの国際経営論は、主に先進国企業を扱い、経済発展段階や商慣行、文化と共通性のある先進国市場への進出を中心的に議論されてきた（天野，2010）。そのため、新興国市場開拓に当たって企業は、これまで論じられてきた伝統的な戦略とは異なる戦略を考える必要がある（Arnold and Quelch, 1998）。

こうした動きを反映し、国際経営研究において、新興国市場に着目した研究が増えつつある。新興国市場が単に成長市場であるという理由だけではなく、そこに従来の国際化モデルとのギャップが存在し、研究の理論的・実証的な発展が期待できるためである（天野，2010）。

新宅（2009）は、新興国開拓を市場戦略の視点から分析している。新興国市場を開拓するための製品戦略として、①低価格製品の投入、②高付加価値戦略、③現地化商品の開発という３つを提示している。市場戦略の視点だけでなく、市場開拓に必要な経営資源の視点から分析した研究も見られる。新宅・天野（2009）は、新興国市場はそもそも経営資源面での制約が多いため、市場展開のプロセスで、どう進出先国で経営資源の開発や蓄積を行い、そこで得た資

源を有効に活用するかという視点が重要としている。

新興国進出とイノベーションとの関係を考えるうえで重要な概念が、先進国市場と新興国市場との「非連続性」である。天野（2010）は、先進国企業にとって、新興国市場は、それまで成功体験を積んだ先進国市場とは質的にも量的にも条件が異なる「非連続性」を有する市場であるとする。そうした非連続性として、①市場条件、②経営資源という２つを挙げる（天野，2010、臼井・内田，2012）。①市場条件については、所得水準が大幅に異なる点や、市場インフラが未発達である点、消費者の商品知識が不足している点を指摘している。②経営資源については、先進国企業の戦略が先進国市場をベースに形成され、経営資源も概ねそれらの国に依拠しているため、条件が大きく異なる市場に参入する場合にはジレンマが生じる点を挙げている（天野，2010）。

先進国企業が新興国市場の非連続性に直面した際、どのようなイノベーションが起こりうるのだろうか。Govindarajan & Trimbe（2012）は、「リバース・イノベーション」の概念を提示している。リバース・イノベーションは、途上国で最初に生まれたイノベーションを富裕国に逆流させるイノベーションである。製品のイノベーションだけでなく、製造や販売といったビジネスモデルのイノベーションをも含む概念である。リバース・イノベーションを実現するためには、これまでの戦略を見直すだけでなく、マインドセットやグローバル組織、プロジェクト単位での見直しが必要としている。

このように、新興国進出とイノベーションに関する研究は、多様な視点から徐々に進みつつある。ただし、理論構築はまだ探索的な状況である（天野，2010）。また、こうした研究は、いずれも大企業を研究対象としたものである。中小企業にも適用可能かどうかについては、十分な議論がなされていない。

２．中小企業に関する先行研究

では、中小企業の新興国進出とイノベーションに関しては、どのような研究がなされているのだろうか。

近年、中国国内での販売に成功した事例を中心に、研究が蓄積されはじめている（JETRO, 2010など）。これらは、詳細な事例調査が紹介されている点に特徴がある。

丹下（2012）は、新興国市場開拓において日本の中小企業は、他社に先行してニッチ市場に高付加価値製品を投入し、提供する製品・サービスの品質維持に努め、その製品の価値を顧客に納得してもらう戦略で成功している点を明らかにしている。太田（2012）は、新興国市場では、ブランド構築を企図したマーケティング強化に努めるべきであるとしている。丹下（2016）は、中国市場開拓を実現した日本の中小消費財メーカーと中小自動車部品メーカーの事例研究から、中国市場を開拓するためには、財の種類にかかわらず、現地企業や現地に進出した第三国企業といった海外企業を活用することが重要であることを明らかにしている。

このように、中小企業の新興国市場とイノベーションに関する先行研究をみると、販売戦略に焦点を当てた研究がみられる。一方で、新興国においてどのようなイノベーションが起きているのかなど、イノベーションとの関係にまで踏み込んだ研究は少ない。Govindarajan & Trimbe（2012）のように、新興国市場開拓と国内外でのイノベーションとの関係について考察したものもほとんどない。

以上を踏まえて、本章では中小企業による新興国でのイノベーションと、本国でのイノベーションとの関係を中心に分析する。

3．仮説の設定

新興国市場では、先進国とは異なる資源（resources）や能力（capabilities）の制約条件に直面する（天野, 2010）。また、人口構成や所得水準の上昇など、市場の何らかの変化は、イノベーションを促すとされる（武石, 2001）。この点を踏まえると、中小企業が新興国市場の開拓に取り組み、市場の何らかの変化に直面することで、イノベーションが起こる可能性がある。こうした動きは、日本から輸出するよりも、現地拠点を設置した場合に、より起こりうるだろう。そこで、次の仮説１を設定する。

【仮説１】中小企業は、海外直接投資において、新興国市場の「非連続性」に直面することで、現地拠点でのイノベーションを実現する

また、Govindarajan & Trimbe（2012）に従えば、新興国市場でのイノベーションは、現地拠点だけでなく、本国事業のイノベーションにも影響を与える可能性がある。日本政策金融公庫総合研究所「中小企業の海外進出に関する調査結果」を見ると、海外直接投資を実施した中小企業は、国内拠点の売上、従業員数とも「増加」したと回答する企業が「減少した」企業を上回っている。こうした結果からは、中小企業の海外展開が本国事業にもよい影響を及ぼしていることがわかる。

中小企業の海外展開は、さまざまなプロセスで本国事業にも影響を及ぼすとされている。浜松（2013）は、長野県諏訪地域の海外展開企業を対象に、事例研究を行い、国内事業への効果波及プロセスを明らかにしている。海外展開による国内業績への効果を直接的効果と間接的効果に分類し、直接的効果として、「グローバル受注」「営業拠点機能」「利益移転」の３つをあげる。こうした直接的効果は、海外拠点を設立ことで自動的に得られるものであり、直接的効果のインパクトはそれほど大きくないとしている。一方で、海外展開によって生まれた、国内拠点での生産能力余剰と危機感により、自社で顧客開拓や技術蓄積を実行する能力を向上させる「触媒的効果」があると主張する。

こうした浜松（2013）の主張に対し、山藤（2014）は反論し、浜松（2013）が限定的であるとした３つの直接的効果が日本の中小企業の国内事業の維持・拡大に貢献していることを事例研究によって示している。３つの直接的効果のうち、特に「営業拠点機能」については、「海外拠点の顧客の紹介により、国内拠点の顧客が増加すること」を「ブーメラン効果」と定義して、その効果を強調している。

これらの先行研究は、中小企業の海外展開が本国事業に影響を及ぼすプロセスを明らかにした点に意義がある。しかしながら、新興国でどのようなイノベーションが起きているのか、また新興国で起きたイノベーションがどのように本国事業のイノベーションにつながっているのかについては、十分には明らかにされていない。

イノベーションは、知識を生み、知識を活用する営みである。知識は、イノベーションのアウトプットであると同時に、次のイノベーションのインプットともなる（後藤，2001）。新興国への進出によって得た知識や資源は、新たなイノベーションのインプットとなる可能性があるだろう。そこで、次の仮説２を設定する。

【仮説２】新興国におけるイノベーションは、中小企業の本国事業に逆流し、イノベーションを促す

４．研究方法

上記仮説についてケーススタディによって検証を行う。ケーススタディを選択した理由は、ケーススタディがサーベイよりも深く豊富な情報を提供するためである。また、新興国に生産拠点を設置し、現地市場開拓に成功した日本中小企業の事例は少なく、ユニークな事例であるため、単一ケース・スタディが適切な方法であると判断し、採用した（Yin，2009）。

研究対象は、中国天津市に生産・販売拠点を設置し、現地市場開拓を果たした中小企業Ａ社の事例である。この事例を選んだのは、Ａ社が日本酒という日本の伝統・文化に根付いた製品を生産しており、新興国市場での生産販売において、他の業種以上に市場の非連続性に直面する可能性が高いためである。そのため、本章の目的に合致すると判断した。

ケーススタディの実施においては、多様な側面から情報収集を行うよう努めた。各種公表媒体から情報を収集することはもちろん、2009 年10月と2012年８月、2015年３月の３回、経営者に対して計６時間にわたるインタビューを実施した[(2)]。その際に、本社工場と現地工場の確認も行った。なお、インタビューは複数名で実施し、情報は半構造化インタビューを通じて集めた。インタビュー記録は、内容を複数名でチェックしたうえで、Ａ社にも確認しても

らっている。

Ⅲ ケーススタディ

ジェトロ・北京事務所（2017）によると、中国における四代直轄市の一つである天津市は、対外開放の最前線基地として発展を遂げ、現在は製造、金融、国際物流等の要所として中国の経済発展に大きな役割を果たしている。

天津市の常住人口は1,546万9,500人（2015年末時点）であり、社会消費品小売総額は2007年の1,603億7,400万元から2016年には5,635億8,100万元へとこの10年で3.5倍に成長、消費は急速に拡大している。2016年の域内総生産に占める第三次産業の構成比も54%を占め、サービス業への構造転換も加速している。

こうした状況の中、外資系・地場系ともに小売・サービス分野でのビジネス展開を加速しており、日本企業でも三越伊勢丹ホールディングスやイオンモールが店舗を展開するほか、セブン‐イレブン・ジャパンがコンビニエンスストアを展開するなどの事例がある。消費者の購買意欲も高く、日系ブランドに対する需要度も高い。

そうした中国天津市に進出したのがA社である。A社（資本金1,000万円、従業員5名）は、1853年から続く老舗の日本酒製造業者である。1995年に中国天津に工場を建設し、中国で調達可能な安価な米を活かした高品質の日本酒づくりを中国でも始めた。

A社が中国に進出するきっかけは、1994年の秋に「中国で日本酒をつくっている会社がある」という話を現社長が聞いたことである。しかも、先行して中国で酒造りをしているのは大手ではなく、数社の中小企業であることが分かった。現社長は、日本国内では既に勝負がついてしまっているので、これから市場が拡大する中国市場であれば、自社にも機会があると考えた。そして、前社長である父親からA社の経営を引き継ぎ、中国進出に向けて準備を始めた。

だが、中国で日本酒を製造するためには、克服しなければならない課題が存在していた。それは、日本国内には存在する杜氏と呼ばれる熟練技術者が中国にはいないことであった。日本国内においては、杜氏が日本酒造りの最高責任者であり、これまでの勘や経験に基づいて日本酒造りを指揮する。日本酒の製造方法は複雑であり、そうした製造技術を昔から継承してきたのが杜氏である。杜氏によって日本酒の味や品質が決まるほど、杜氏の存在は重要である。

では、杜氏のいない中国で、A社はどのように日本酒を製造したのか。A社は、天津工場において、数値管理に基づく生産工程のマニュアル化を実現した。マニュアル作成にあたって、A社は次のような段階を踏んだ。まず、現社長が自ら、日本国内で杜氏より酒造りを学んだ。次に、日本酒製造に関する外部研究機関の研究成果も活用した。日本では長年、日本醸造協会や独立行政法人酒類総合研究所が日本酒造りに関する研究に取り組んでおり、安全に一定の品質の酒がつくれるような研究成果を出している。中国で日本酒工場を立ち上げる際には、社長自身が杜氏から酒造りを学ぶとともに、そうした機関による研究成果も取り入れて生産マニュアルを作成した。

生産マニュアルは、現地の従業員でも製造できるよう、作成されている。例えば、原材料である白米を蒸す蒸米工程では、精米後の白米の水分含有率がロット毎に異なる。そこで白米を水に浸ける前に水分含有率を測定する。そして、標準水分含有率14%との差を補正し、さらに28%吸水させると重量は何パーセント増えるかを計算し、吸水試験を行う。そして、何分何秒まで米を水に浸すのかを割り出す。いくらの圧力で何分蒸すかも決める。このように日本酒造りのノウハウがマニュアルに落とし込まれている。

また、マニュアルに沿って生産するためには、数値管理が重要となる。そこで、センサーで数値管理ができる最新の設備を天津工場に導入している。精米工程では、2,000万円以上するコンピュータ制御精米機を導入した。そのため、米を3昼夜かけて精米歩合35%まで確実に、かつ最適の状態で磨くことができる。蒸米のでんぷんを糖化する役割を果たす麹をつくる工程にも、熟練の技術を数値通り実現できる高価な装置を購入している。このように、中国でA社は、徹底した数値管理とマニュアル化によって、杜氏不在という生産面での課題を克服した。

Ａ社は、中国進出後、1996年から中国国内での販売を開始した。ちょうど日系企業の中国進出ラッシュに伴い日本料理店が増え始めていたため、中国国内の日本料理店をターゲットに設定する。

だが当時の中国では、社会主義計画経済のなごりが残っており、在庫管理などの流通を安心して任せられる地場企業が育っていなかった。地場の卸売業者は実質国営企業であり、在庫管理のノウハウもなく、代金回収にも不安があった。そこで、日本料理店の多い沿海都市ごとに営業所をつくり、そこから自社の営業職員が地域の日本料理店に配達する直接販売網を構築した。

直接販売網を構築するために、Ａ社では社長自ら営業職員の教育に取り組んだ。日本酒は高温と光、時間経過に弱いデリケートな製品である。配送中の品質管理だけでなく、配送先での品質管理の重要性を教えた。たとえば、毎週消費されるだけの量を配達することや、配送先の在庫が先入れ先出しになるよう倉庫内の積み替えを行うことなどである。与信管理についても社長が教育した。回収方法だけでなく、店が繁盛しているか、店の清掃は行き届いているか、従業員の様子はどうかといった与信判断の方法も教えた。現在、Ａ社の天津工場には、営業職員が30名いるが、全員が天津出身者である。同一地域出身者を集めることで、従業員間の摩擦軽減を狙っている。

中国で製造する日本酒は、一升瓶（1.8リットル）を 110元で販売している。天津工場の出荷量はこの３年間、毎年 25％増で推移している。一部日本へも輸出しているが、多くを中国国内の日本料理店に販売しており、中国全域の日本料理店の 80％近くをカバーするまでに成長している。

Ⅳ 考　察

１．仮説の検証

Ａ社のケーススタディから明らかになったのは、次の２点である。第１に、新興国市場の非連続性に直面したことが、中小企業の新たな経営資源開発を促し、現地拠点でのイノベーションを実現している。第2に、新興国で実現したイノベーションを本国に逆流させることで、中小企業は本国事業のイノベーションをも実現している。以下、それぞれについてみてみよう。

第1の点、「新興国市場の非連続性に直面したことが、中小企業の新たな経営資源開発を促し、現地拠点でのイノベーションを実現する」について、A社は、新興国市場開拓を通じて、①生産、②流通の両面で、新たな経営資源の開発に取り組んでいる。そして、新たな経営資源の開発に成功した結果、日本国内とは異なる供給システムを中国で構築するというイノベーションを実現していることがわかる。

①生産については、徹底した数値管理とマニュアル化による生産プロセスを中国拠点で新たに導入した。こうした生産方式は、杜氏の勘と経験に頼った日本国内のものとは大きく異なっている。②流通については、沿海都市ごとに営業所をつくり、そこから自社の営業職員が各地域の日本料理店に配達する直接販売網を構築した。日本国内では、品質管理などにおいて信頼できる酒販卸売業者が多く存在しており、そうした企業に流通を託しているのとは対照的である。

では、A社が中国でこのようなイノベーションに取り組んだ要因はどのようなものだろうか。それは、杜氏や流通業者の不在といった、新興国市場のもつ「非連続性」に直面したことである。

①生産については、日本には当然存在する杜氏が中国には存在しないという非連続性に直面した。A社は、中国で本格的な日本酒をつくることを目指した。だが、杜氏のような熟練技術者が中国にはいないという事実に直面する。先進国と比べて、新興国は生活環境の違いが特に大きいため、高齢化が進む杜氏を日本から派遣することも難しい。そのため、中国拠点では、徹底した数値管理とマニュアル化による生産プロセスを新たに導入した。

②流通については、日本国内のような信頼できる流通業者が当時の中国には存在しないという非連続性に直面した。A社が進出した1995年当時、中国はまだ社会主義計画経済のなごりで流通業が育っていなかった。そのため、A社

は、自社で営業職員を採用・育成し、自社の営業職員が中国全土の日本料理店に配達する直接販売網を構築したのである。

このように、Ａ社は、中国市場において、さまざまな「非連続性」に直面した。そのことが、Ａ社において、経営資源の開発を促し、新たな供給システムとして、①数値管理とマニュアル化による生産プロセスの開発、②自社営業職員による直接販売網の構築というイノベーションにつながっている。

Ａ社のケーススタディによって、明らかになった第２の点、「新興国で実現したイノベーションを本国に逆流させることで、中小企業は本国事業のイノベーションをも実現する」についてはどうだろうか。Ａ社は、新興国市場開拓によって獲得した知識を国内に逆流することで、国内事業のイノベーションをも実現している。Ａ社は、中国で実現した①数値管理とマニュアル化による新たな生産プロセスを、その後日本国内でも導入した。中国で成功したことを受けて、日本でも同様のことが可能ではないかと、Ａ社社長は考えたのである。

その結果、日本国内でも杜氏の勘と経験に頼らない、品質の高い酒造りを実現した。新たな生産プロセスで生産した日本酒は、日本の全国新酒鑑評会で金賞を受賞するほどの高品質を実現している。

こうしたイノベーションを実現した結果、Ａ社の日本国内における生産数量は、海外進出した1995年と比べて、現在も横ばいを保っている。日本全国の清酒消費量が1995年と比べて現在では半減しているなか、Ａ社はかなり健闘している。この背景には、数値管理とマニュアル化の導入によって、品質の高い日本酒を安定的に生産できるようになった点が指摘できる。実際、Ａ社の日本国内での生産品目をみると、精米歩合が高く、高単価かつ高品質な純米酒の比率が以前よりも高くなっているという。

このように、Ａ社では、新興国市場開拓によって獲得した新たな供給システムのうち、①数値管理とマニュアル化による生産プロセスを日本国内に逆流することで、本国事業のイノベーションを実現している。この結果は、新興国で最初に生まれたイノベーションを先進国に逆流させるという、Govindarajan & Trimbe（2012）が提示したリバース・イノベーションの理論が大企業だけでなく、中小企業にも拡張できる可能性を示していると考える。A社は、リバース・イノベーションによって、現地拠点だけでなく、本国事業でもイノベーションを実現している。

2．リバース・イノベーションを実現できた４つの要因

では、A社がこうしたリバース・イノベーションを実現できた要因は、どのようなものだろうか。事例からは、①新興国に精通した本国経営者の存在、②産業集積がもたらす外部資源の活用、③柔軟な経営資源の配分、④本国におけるニーズの存在という４つの要因が抽出された。以下、それぞれについてみてみよう。

(1) 新興国に精通した本国経営者の存在

第１に、新興国に精通した本国経営者の存在が指摘できる。A社社長は、中学生の頃から中国語を独学で学んでいた。大学では、法律、特に中国法を学んだ。大学卒業後、自動車メーカーで生産システムの開発に携わり、商社に転職した後は中国への投資審査業務を担当している。このように、語学面でも知識面でも中国市場に精通した本国経営者が存在し、国内外拠点のトップとして生産や販売のイノベーションに積極的に関わっていたことが、A社がリバース・イノベーションを実現できた一要因と考える。

Govindarajan & Trimbe (2012) は、リバース・イノベーションを遂行するうえで、経営者のマインドセットと全社的な組織変革の重要性を指摘している。A社の事例においては、組織変革は観察されず、経営者が大きな役割を果たしたことがわかる。中小企業がリバース・イノベーションを遂行するためには、経営者の果たす役割がより重要といえる。

(2) 産業集積がもたらす外部資源の活用

第２に、日本国内及び中国において、産業集積がもたらす外部資源をうまく活用した点が指摘できる。A社は中国で日本酒を製造するにあたって、生産工

程のマニュアル化を実現した。そのために活用したのは、日本国内にいる杜氏と呼ばれる外部技術者のもつ知識や、日本酒製造に関する外部研究機関の研究成果であった。こうした情報をもとに、経営者が生産工程のマニュアル化を進めた。

また、A社は、中国において、現地人材を積極的に活用している。A社の天津工場には、日本人駐在員はいない。現地人材が中心となって、天津工場の運営を担っている。天津工場を管理しているのは、現地人材である副総経理（副社長）B氏である。A社では、中国に進出する際、大阪にある天津事務所の協力を得ながら、現地の下見などを行った。その際に天津事務所で対応してくれたのが、B氏であり、中国現地法人を開設後は、副総経理に就任してもらったのである。

また、現在、A社の天津工場には、営業職員が 30 名いるが、全員が天津出身者である。A社では、同一地域出身者を集めることで、従業員間の摩擦軽減を狙っている。

Govindarajan & Trimbe（2012）は、多国籍企業がリバース・イノベーションに取り組むためには、LGT（ローカル・グロース・チーム）[(3)] が自社のグローバルな経営資源を活用できるようにすることが重要であるとしている。経営資源に乏しい中小企業にとっては、自社の経営資源だけでなく、外部資源をうまく活用することが、リバース・イノベーションを実現するうえで重要な要因といえる。

(3) 柔軟な経営資源の配分

第三に、経営者が中国に柔軟に経営資源を配分したことが挙げられる。 A社経営者は、今後成長する可能性がある中国市場への進出を1994年に決めた。その後は、縮小の続く日本国内ではなく、中国拠点に積極的に投資を行っている。生産工程において数値管理を行うため、高価な機械を設置し、その後も出荷量の増加に伴い、工場増設投資を行っている。従業員についても、日本国内は５名と少数にとどめる一方、中国拠点では48名と本国拠点を上回る雇用を行っている。

天野（2010）は、既存の顧客や投資家に自社の経営資源を割く傾向がある先進国企業が、新興市場に資源再配分を行うことが難しい点を指摘している。天野（2010）が想定する大企業とは異なり、Ａ社のような中小企業の場合は、経営者の決断により大胆に資源再配分を行うことが可能である。こうした点も、中小企業がリバース・イノベーションを実現するうえで重要な要因だろう。

(4) 本国におけるニーズの存在

Ａ社では、新興国市場開拓によって獲得した新たな供給システムのうち、①数値管理とマニュアル化による生産プロセスを日本国内に逆流することで、本国事業のイノベーションを実現している。

一方で、Ａ社は、中国拠点で構築した新たな供給システムのうち、②自社営業職員による直接販売網については、日本国内に逆流させていない。その理由は、中国と異なり、日本国内には、品質管理面などで信頼できる酒類卸売業者が多く存在するためである。Ａ社の国内拠点では、そうした酒類卸売業者を活用できるため、直接販売網を構築するニーズがないのである。このことは、新興国市場開拓を契機としたイノベーションでも、先進国でニーズのないイノベーションは、先進国に逆流しないことを示しているといえるだろう。

V 結　論

本章では、(1)新興国市場開拓によって、中小企業は、現地でどのようなイノベーションを実現しているのか、(2)新興国市場で実現したイノベーションは、中小企業の本国事業にどのような影響をもたらすのかについて分析した。ケーススタディからは、次の３点が明らかとなった。

第一に、新興国市場の非連続性に直面することが、中小企業の新たな経営資源開発を促し、現地拠点でのイノベーションを実現する。

第二に、新興国で実現したイノベーションを本国に逆流させることで、中小企業は本国事業のイノベーションをも実現する。

第三に、こうしたイノベーション・プロセスを実現する要因として、①海外に精通した本国経営者の存在、②産業集積がもたらす外部資源の活用、③柔軟な経営資源の配分、④本国におけるニーズの存在といった点が抽出された。

本章での結論は、Govindarajan & Trimbe（2012）が提示したリバース・イノベーションの理論が大企業だけでなく、中小企業にも拡張できることを示している。一方で、中小企業のリバース・イノベーションでは、①組織変革よりも経営者の果たす役割が大きい、②自社の経営資源だけでなく、産業集積がもたらす外部資源の活用が成功の一要因となっている、といった Govindarajan & Trimbe（2012）が示す大企業のリバース・イノベーションとの違いも観察された。

本章の貢献として、新興国進出が中小企業にもたらす効果をイノベーションとの関係から部分的ながらも明らかにしたことがあげられる。特に、新興国進出が国内拠点のイノベーションにつながるプロセスを明らかにした。

また、本章の分析結果は、中小企業がリバース・イノベーションを実践するうえで、応用可能であると考える。特に、リバース・イノベーションを実現する４つの要因を意識して新興国市場開拓に取り組むことで、中小企業は海外拠点でのイノベーションを活用し、本国事業のイノベーションを実現できる可能性がある。

一方、本章には課題も存在する。本章の結論は単独のケーススタディから導き出されたものである。一般化のためには、定量的な研究が必要だろう。また、今回の事例で示した生産・販売のリバース・イノベーションだけでなく、Govindarajan & Trimbe（2012）が多く採り上げている製品のリバース・イノベーションなど、リバース・イノベーションの多様な形態についても分析する必要がある。さらには、新興国でイノベーションを実現しても、先進国にリバースできていない中小企業も存在する。なぜできないのか（あるいはしないのか）、リバース・イノベーションを実現するうえでの課題は何かについても明らかにする必要があるだろう。

（注）

(1) 本章は、Tange（2014）を大幅に加筆修正したものである。
(2) 2009年10月については、前勤務先である日本政策金融公庫総合研究所において、三菱UFJリサーチ&コンサルティング（株）とともにインタビューを実施した。また、2015年2月のインタビューについては、日本政策金融公庫の金子昌弘氏とともに実施した。
(3) LGTとは、リバース・イノベーションを実現するための特別な組織単位であり、新興国市場に物理的に存在する、小さな機能横断型の起業家的な組織単位である（Govindarajan & Trimbe, 2012, pp.92-93）。

〔参考文献〕

Arnold, D.and Quelch, J.(1998). "New Strategies in Emerging Markets." *Sloan Management Review, 40*(1), pp.7-20.

Govindarajan, V., & Trimbe, C.(2012). *Reverse Innovation：Create far from home, win everywhere,* Harvard Business Review Press.

Tange, H(2014). "Innovation Process of Japanese SMEs Triggered by Emerging Market Development：Possibility of Expanding the Reverse Innovation Theory to SMEs" *JFCRI Quarterly Research Report, Vol.25,* pp.29-40.

Yin, R.(2009). *Case Study Research：Design and Methods,* Thousand Oaks, CA：Sage Inc.

天野倫文（2010）．「新興国市場戦略の諸観点と国際経営論：非連続な市場への適応と創造」国際ビジネス研究学会『国際ビジネス研究』2(2)，pp. 1-21.

臼井哲也・内田康郎（2012）．「新興国市場戦略における資源の連続性と非連続性の問題」国際ビジネス研究学会『国際ビジネス研究』4(2)、pp.115-132.

太田一樹（2012）．「中国市場におけるマーケティングの成功要因の分析」大阪経大学会『大阪経大論集』63(3)，pp.11-38.

浜松翔平（2013）．「海外展開が国内拠点に与える触媒的効果―諏訪地域海外展開中小企業の国内競争力強化の一要因―」日本中小企業学会『日本産業の再構築と中小企業 日本中小企業学会論集 32』同友館，pp.84-96.

JETRO（2010）．『中国内販に成功している中小企業事例調査報告書』。

ジェトロ・北京事務所（2017）．『JETRO ビジュアルで見る世界の都市と消費市場天津スタイル』。

後藤晃（2001）．「イノベーション・マネジメントとは」一橋大学イノベーションセンター『イノベーション・マネジメント入門』日本経済新聞社，pp.1-23.
新宅純二郎（2009）.「新興国市場開拓に向けた日本企業の課題と戦略」日本政策金融公庫国際協力銀行『JBIC 国際調査室報』第2号，pp.53-66.
新宅純二郎・天野倫文（2009）.「新興国市場戦略論―市場・資源戦略の転換」東京大学経済学会『経済学論集』75(3)、pp.40-62.
武石彰（2001）.「イノベーションのパターン：発生、普及、進化」一橋大学イノベーションセンター『イノベーション・マネジメント入門』日本経済新聞社，pp.68-98
丹下英明（2012）.「新興国市場を開拓する中小企業のマーケティング戦略―中国アジア市場を開拓する消費財メーカーを中心に―」日本中小企業学会編『中小企業のイノベーション 日本中小企業学会論集 31』同友館。
――（2016）.『中小企業の国際経営：市場開拓と撤退にみる海外事業の変革』同友館。
日本政策金融公庫総合研究所（2010）.「中小企業の海外販路開拓とマーケティングの実態～中国アジア新興国市場を中心として～」『日本公庫総研レポート№2010-1』日本政策金融公庫総合研究所。
日本政策金融公庫総合研究所（2012）.『中小企業の海外進出に関する調査結果』。
山藤竜太郎（2014）.「海外事業と国内事業の両立可能性―ブーメラン効果に注目して―」日本中小企業学会『アジア大の分業構造と中小企業 中小企業学会論集 33』同友館，pp.199-211.

（丹下 英明）

第9章
ものづくり産業の事例 ―マレーシア―

Ⅰ はじめに

本章では、第1章で示した「国際経営におけるイノベーション活動の展開プロセス」のなかでも、第2段階「中小企業が海外進出先においてイノベーションを起こすプロセス」と、第3段階「現地発のイノベーションを日本本社にフィードバックさせ全社全体の成長に繋げるプロセス（リバース・イノベーション）」の2つに焦点を当てて分析を行う。そのために、中小企業による海外進出が比較的早期であったマレーシアにおいて、長期にわたり海外拠点を維持している中小製造業の事例研究を行う[(1)]。本章の目的は、以下の2点を明らかにすることである。

(1) 長期にわたり海外拠点を維持している中小企業は、海外進出先においてどのようなイノベーションを実現しているのか
(2) 海外進出先でのイノベーションは、日本国内にリバースしているのか

本章の構成は、次の通りである。Ⅱ節では先行研究をレビューする。Ⅲ節では、マレーシアに進出した中小製造業5社の事例研究を行う。Ⅳ節では、事例企業が海外拠点でどのようなイノベーションを実現できたのか分析する。Ⅴ節では、本章の意義と今後の課題について述べる。

Ⅱ 先行研究

理論編で示されたように、大企業を中心とした国際経営論においては、本国中心から海外拠点におけるイノベーションの創造を重視する方向へ、さらには海外拠点で創造されたイノベーションを本国などの先進国へ移植するといった方向に変化してきている。

そうしたなか、日本の中小企業研究にも、国際経営論における研究成果を取り入れようとする動きがみられる。遠原（2012）は、企業の国際化プロセスを説明するウプサラ・ステージ・モデルが中小企業の海外展開にはそのまま当てはまらない可能性を指摘する。同モデルは、企業が間接輸出、直接輸出、海外販売子会社設立、海外生産、研究開発活動の移転といった国際化プロセスのステージをのぼりながら、漸次的に国際化していくことを示している（Johanson and Vahlne, 1977：山本・名取, 2014）。それを踏まえたうえで、日本の中小企業の多くは国際化していない、あるいは国際化プロセスの初期段階にあること、また生産委託を選好する傾向が強いことから、ウプサラ・ステージ・モデルをそのまま適用するだけでは、日本の中小企業による国際化プロセスをうまくとらえられないとしている。

Tange（2014）は、事例研究によって、中国に進出した中小企業において、リバース・イノベーションが起きている事実を明らかにしている。ただし、Tange（2014）の結論は、単一の事例から導き出されたものである。中国以外の国に進出した中小企業についても調査し、海外に進出する日本の中小企業全般に起こりうるのかについて議論していく必要がある。

このように、中小企業研究にも、国際経営論における研究成果を取り入れようとする動きがみられる。一方、中小企業におけるリバース・イノベーション実現の可能性については、さらに議論を深める必要があるだろう。

中小企業におけるリバース・イノベーション実現の可能性を議論するためには、まず海外拠点において、どのようなイノベーションが起きているのかを十分に明らかにする必要がある。リバース・イノベーションの前提となるのは、海外現地でイノベーションを創出することである。海外現地でのイノベーションが実現してはじめて、日本などの先進国に対してリバースすることが可能となる。海外に展開する中小企業について、現地でのイノベーションの実態を明らかにすることが求められている。そうした目的を達成するためには、海外に進出したばかりの拠点を分析するのではなく、長期にわたって存続している海外拠点を分析することが有効だろう。

Ⅲ ケーススタディ

1．事例研究の概要

以上、先行研究レビューの結果をまとめると、「長期にわたり海外拠点を維持している中小企業が海外進出先においてどのようなイノベーションを実現しているのか」について、分析した研究は少ない。また、「海外拠点で生じた変化は、日本国内にリバースしているのか」といった問題意識に関しても、十分には議論されてこなかった。

そこで本章では、20年前後の長期にわたってマレーシアに海外拠点を持つ中小製造業者５社の事例研究を行う。それによって、第１章で示した「中小企業が海外進出先においてイノベーションを興すプロセス」「現地発のイノベーションを日本本社にフィードバックさせ全社全体の成長に繋げるプロセス」について、その実態と課題を明らかにしたい。事例企業の概要は、**図表９－１**に示した。

調査対象国としてマレーシアを選択した理由は、電気機械や電子部品、情報通信機械を中心に、古くから日系企業の進出が相次いだ国であることから、長期にわたって拠点を存続している中小企業も一定数存在することが想定されたためである。

また、アジア通貨危機やリーマンショックなど、数々の危機が発生するなかで、電気機械など日系大手企業は、マレーシアから中国などへと生産拠点を移管していった。マレーシアの人件費など生産コストも上昇し、マレーシアから

図表9－1　事例企業の概要

会社名	事業概要	資本金（万円）	従業員（名）	マレーシアへの進出年
A社	粉末冶金型、精密冷間鍛造金型、精密治工具	20,000	139	1997（ただし、買収は2003年）
B社	精密機器部品、精密小型歯車、高精度な各種小型駆動モジュール	2,100	140	1992
C社	プラスチック射出成形用金型設計、製作プラスチック射出成形	7,000	188	1990
D社	ハードディスク用研磨フィルム	199,870	107	1997
E社	アルミ電解コンデンサー用リード端子	35,000	168	1994

（出所）各社ホームページおよび日本政策金融公庫総合研究所（2017）をもとに筆者作成。

撤退を余儀なくされた中小企業も多い（丹下，2016）。そうした環境においても、長期にわたってマレーシアで操業を続ける企業は、現地で多くのイノベーションを実現している可能性があるため、本章の問題意識に沿うものと考えたためである。

研究手法としては、日本政策金融公庫総合研究所（2017）に掲載された事例を、本章の分析視角に沿って、新たに分析する手法を採用した[(2)]。掲載事例には、進出の経緯からその後の変化に至るまで、詳細に記述がなされており、事例研究の題材として適切と考えたためである。

事例研究を選択した理由は、事例研究がサーベイよりも深く豊富な情報を提供するためである。また、長期にわたってマレーシアに拠点を持つ中小製造業者の事例は少ないため、サーベイよりも事例研究が適切な方法である（Yin, 2009）と判断し、採用した。

事例研究の実施においては、多様な側面から情報収集を行うよう努めた。各種公表媒体から情報を収集することはもちろん、事例企業に対して直接インタビュー調査を実施した。その際には、工場内の確認も行っている。

なお、インタビューは複数名で実施し、情報は半構造化インタビューを通じて集めた。インタビュー記録は、内容を複数名でチェックしたうえで、事例企業にも確認してもらうことで、客観性の確保に努めている。

２．マレーシアの概要と日系企業の進出

事例企業の分析に先立って、本章の調査対象国であるマレーシアの概要と日系企業の進出状況について、概観する。

マレーシアは、東南アジアに位置し、面積は日本の0.87倍の33万290平方メートル、人口は約3,170万人の国である。2016年のGDP成長率は、4.2%である。

マレーシアの特徴として、手島（2014）は、(1)安定した政治体制、(2)整ったインフラ、(3)国民の語学力をあげている。

実際、マレーシアに進出する日系企業の多くが、そうした点を高く評価している。ジェトロ（2013）では、マレーシアに進出する日系企業に対して、投資環境面でのメリットをきいている（**図表９－２**）。これをみると、最も多いの

図表９－２　投資環境面でのメリット（マレーシア、複数回答）

(n=262)

項　目	%
安定した政治・社会情勢	81.7
言語・コミュニケーション上の障害の少なさ	56.1
インフラ（電力、運輸、通信など）の充実	51.5
駐在員の生活環境が優れている	36.3
市場規模／成長性	19.1
土地／事務所スペースが豊富、地価／賃料の安さ	16.0
（法人税、輸出入関税など）税制面でのインセンティブ	16.0
従業員の雇いやすさ（一般ワーカー、一般スタッフ・事務員等）	10.3
取引先（納入先）企業 の集積	9.9
従業員の質の高さ（中間管理職）	9.5
従業員の質の高さ（専門職・技術職）	8.8
投資奨励制度の充実	7.6
従業員の雇いやすさ（専門職・技術職、中間管理職 等）	6.5
裾野産業の集積（現地調達が容易）	6.1
従業員の質の高さ（一 般ワーカー）	6.1
各種手続き等が迅速	4.6
従業員の定着率の高さ	3.4

（出所）ジェトロ「在アジア・オセアニア日系企業実態調査」（2013年10～11月実施）

が、「安定した政治・社会情勢」で81.7%を占めている。次いで多いのが、「言語・コミュニケーション上の障害の少なさ」(56.1%)、「インフラ（電力、運輸、通信など）の充実」(51.5%）となっている。

こうした点を背景に、マレーシアには、古くから日系企業が進出してきた。手島（2014）によると、日系の家電メーカーは、1970年代からマレーシア国内市場向けの製品を製造するための工場を設立、1987年からはプラザ合意後の円高を背景に、欧米などへの輸出を主目的とした大規模な拠点工場が設立された。このことから、すそ野産業としての電子部品産業も集積し、マレーシアは電気電子産業の一大集積拠点へと成長している。

マレーシアに進出している日系企業は、2012年8月時点で、1,409社である。製造業が51.7%、非製造業が48.3%となっている。業種別にみると、電子・電機が272社で最も多く、全体の19.3%を占めている。

州別にみると、日系製造業の7割は、セランゴール州（314社)、ジョホール州（130社)、ペナン州（82社）に集積している。これら3州に製造業の立地が集中する。その要因として、手島（2014）は、「主要港、空港が近接し、工業団地などのインフラが整っている」点を指摘している。

マレーシアにおける投資環境上の課題としては、「人件費の高騰」「労働力の不足・人材採用難」「行政手続きの煩雑さ（許認可など)」が上位にあげられている（**図表9－3**)。

また、ブミプトラの存在も課題の一つとして指摘できる。マレーシアにはブミプトラ（マレー系と先住民族の総称）政策が71年に導入されて、今に至るまで続いている。マレー系の経済力が中華系に比べると弱かったため、それを引き上げるために、マレー系をはじめとするブミプトラに政府調達における優先権を与えたり、一部の業種では、外資系企業がマレーシアに進出する際には、ブミプトラ企業の出資を義務づけたりする(3)。

以上、マレーシアの概要と日系企業の進出状況をみてきた。マレーシアには、電子・電機産業を中心に古くから日系企業が進出しており、現在も多くの日系企業が存在することが確認できた。

図表9－3　投資環境面でのリスク（マレーシア、複数回答）

（n=262）

項　目	%
人件費の高騰	59.5
労働力の不足・人材採用難	52.7
行政手続の煩雑さ（許認可など）	29.4
現地政府の不透明な政策運営	26.3
不安定な為替	22.5
法制度の未整備・不透明な運用	15.6
出資比率制限など外資規制	14.9
インフラ（電力、物流、通信など）の未整備	10.7
労働争議・訴訟	9.5
取引リスク（代金回収　リスク等）	9.5
不安定な政治・社会情勢	8.8
税制・税務手続きの煩雑さ	8.8
土地／事務所スペースの不足、地価／賃料の上昇	7.6
関連産業集積の未成　熟・未発展	6.5
特に問題はない	6.1
知的財産権保護の欠如	3.8
消費者運動・排斥運動（不買運動、市民の抗議等）	0.0

（出所）ジェトロ「在アジア・オセアニア日系企業実態調査」（2013年10～11月実施）

一方で、マレーシアに進出した日系企業の多くが、「人件費の高騰」「労働力の不足・人材採用難」といった課題に直面しており、変化を求められていることもわかった。

ここからは、マレーシアに進出した中小企業の事例研究[(4)]を行うことで、日本の中小企業が海外で直面するさまざまな課題をどのように乗り越えてきたのか、分析する。

3．事例研究

(1)　A社

A社は、粉末冶金金型の製作を中心に、さまざまな金型を製作する企業である。粉末冶金用金型は、クラッチ、ミッションといった自動車部品の生産に使用されるため、きわめて高精度を要求される金型である。A社は、機械加工から焼き入れ、仕上げ加工までの工程を一貫して手がけている。マレーシアのほか、中国やインドネシアにも工場を有する。

A社は、大手商社が1997年に設置したマレーシア工場を2003年に買収し、マレーシアに進出した。A社が買収するまで、同拠点では、家電向け金型などを製作していた。だが、買収を契機に、ロータリーカッターと呼ばれる回転刃の再研磨に事業内容を転換する。買収前と同じ事業を手掛けてもうまくいかないと考えたためである。販売先もマレーシアだけでなく、タイなどに拡大していく。

だが、その後、タイなどのローカル企業のなかに、再研磨事業を行う先が育ってきた。そのため、2010年頃からは、仕事が減りはじめ、売り上げが安定しなくなる。

そこで、2012年に、回転刃の再研磨設備を売却し、再研磨事業から撤退する。一方で、日本から設備を導入し、日本本社が当時手掛けていた粉末冶金の金型製造に特化すべく、マレーシアで生産を開始した。販路開拓のため、現地に営業マンを新たに3名配置し、現地での営業体制を拡充する。

その結果、2013年ごろからは、毎年黒字が続いている。こうした変化によって、販売先は、買収時の家電関連企業から、現在は日系大手の自動車部品メーカーへと変化している。

(2) B社

B社は、精密切削、精密歯車や小型精密部品の樹脂成形、各種小型駆動モジュール、精密小型減速機やギヤードモーターに関する機器の製造を手がける会社で、台湾、マレーシア、中国（東莞、蘇州）、タイにも工場を展開している。

B社は、1992年にマレーシアに進出した。取引先であるカメラメーカーの多くがマレーシアに進出していたため、追随して進出したものである。

進出後、取引先のカメラメーカーから、製品小型化へのニーズが強まるなかで、現地で責任者を務める日本人Ｆ氏は、94年にマレーシア工場に赴任して以降、生産品目を小型化していった。Ｆ氏は、前職で小型精密の切削や歯切りをやっていたこともあって、現在、マレーシア工場では、日本の工場よりも特殊で、小さいものを手がけている。小物切削部品は ４～６ミリメートルが通常のサイズだが、マレーシア工場で切削する部品は 大半が２ミリメートル以下の部品である。

これほどまでの超小型切削などを手がけてられる競合他社は、日本でも３社程度であり、マレーシアにはいないという。そのため、当社の販売先は、従来のカメラメーカーだけでなく、半導体メーカー向けにプローブピン(5)を供給するなど、多様化している。技術力を武器に、販売国もマレーシアだけでなく、世界中に拡大している。

生産品目を変化させる過程で、生産プロセスも変化していった。メッキや熱処理を内製化したことで、スピード対応できる点がＢ社の競争力となっている。

(3) Ｃ社

Ｃ社は、1948年に創業した、プラスチック射出成形用金型製造の専業メーカーである。当社の特徴は、15～25トンクラスの大型金型に特化している点である。日本国内でもこのクラスの金型を製作できるメーカーは少ない。

取引先の電機メーカーが海外展開するのに併せて、徐々にＣ社も海外生産を拡大していく。1987年にイギリス のウェールズに進出し、1990年にマレーシア、その後、メキシコ、タイ、スロバキア、ベトナムと展開している。Ｃ社では、家電向け以外の柱を構築すべく、2000年ごろからは自動車向けの金型生産へシフトし、現在は自動車が売り上げの７割程度を占めている。

マレーシアに進出した経緯は、大手家電メーカーの現地生産に伴うものである。数多くの日系家電メーカーがマレーシアにて生産を開始、Ｃ社も多くの金型をマレーシアへ輸出することになり、現地でのメンテナンス要望を受け、進出を決めた。

進出当初は、金型のメンテナンスが中心であったが、95年に工場を増設し、現地で金型の設計から製造まで一貫して行える環境を整え、現地の日系メーカーから直接受注するようになった。

マレーシア工場では、テレビのフロントおよびリアカバーの金型を主に製造していた。だが、2000年代後半からテレビの薄型化が急激に進むとともに、韓国や中国の家電メーカーが台頭しはじめた。日系メーカーも製造拠点をマレーシア国外に移管しはじめる。家電向け金型の販売先も、これまでの家電メーカー直接から、系列の成形メーカーへと変わったことで、価格引き下げ圧力が強まった。

これらの結果、マレーシア工場の受注量が2014年ごろから急激に減少したため、工場を縮小した。具体的には、生産から撤退し、設計業務に特化している。８名のCAD（設計）、CAM（機械加工プログラマー）の技術者に残ってもらい、日本本社のコントロール下で、業務を行っている。上記８名以外にも、技術力の高い４名の金型仕上げ技術者は、２年間という期限付きで現在日本に赴任してもらっている。

(4) D社

D社は、ハードディスク製造の最終処理工程で使われる精密研磨フィルムで、世界シェア100％を占める企業である。顧客から寄せられる困難なニーズに徹底して対応することで競争優位を確立し、研磨材に加えて製造・検査装置の開発や研磨プロセスの提案までをワンストップで手がける体制を構築している。1989年から海外進出を行い、現在、海外10カ国で運営を行っている。マレーシアは、1996年に駐在員事務所を設立し、翌年の1997年から事業を開始した。

進出当初より、マレーシアでは研磨フィルムのスリット（シート状の巻物を切断すること）を主力事業としている。マレーシアの強みはこのスリットの工程にあり、マレーシアでつくるテープの端面は非常にきれいだと顧客から高い評価を得ている。

ハードディスクメーカーはマレーシアとシンガポールに集中しているので、マレーシア工場は、地の利を生かし、売り上げの80％近くがハードディスク事業である。

マレーシア拠点を設立した当初より、ハードディスク事業に関する戦略立案は、現場のあるマレーシアで策定されている。2006年にはマレーシア拠点に技術部門を設立し、基本的には日本本社に依存せず、マレーシアだけで開発生産できる体制を目指してきた。マレーシア拠点の代表者は、本社執行役員としてハードディスク事業を統括するとともに、マレーシアに常駐し、アジア製造も統括している(6)。

(5) E社

E社は、1959年に創業した電子部品メーカーである。重要な電子部品であるアルミ電解コンデンサーのリード線端子（電気を基板等に流す導線）の専業で始めて以来、エレクトロニクス産業の成長とともに順調に事業を拡大してきた。現在の売り上げ比率は、コンデンサー向けが約6割 、光通信向けデバイス部品が約4割となっている。

自社開発装置による圧倒的な生産性と海外ネットワーク等を生かし、現在、アルミ電解コンデンサーのリード線端子では、世界市場で約40パーセントのシェアをもっている。より品質要求の厳しい車載分野に限れば、世界で8～9割のシェアを有する。

マレーシアへは、1994年に進出した。日系の有力ユーザーが相次いでマレーシアへ進出したためである。その後、2000年に中国の東莞、2002年には蘇州へと進出している。E社の進出当時からの顧客はマレーシアで規模拡大・能力増強を図っているため、マレーシアから中国へ仕事が流出してしまうといった心配はない。

マレーシア工場の課題は、品質管理力のさらなる底上げである。今後、車載用などの品質要求の厳しい仕事がマレーシアでも増えていくことが見込まれるため、それに見合う体質を構築しなくてはならない状況にある。

Ⅳ 考　察

ここからは、前章で提示した５社の事例について、事例企業が海外拠点においてどのようなイノベーションを実現しているのかを分析する。そのうえで、海外拠点におけるイノベーションについて、日本国内へのリバースの視点から、それぞれ解釈を行う(7)。

1．海外進出先におけるイノベーション

事例企業は、海外進出先においてどのようなイノベーションを実現しているのだろうか。事例企業を分析すると、①外部環境に応じて、（イ）販売先、（ロ）生産品目、（ハ）生産プロセス、（ニ）現地拠点の機能のいずれかを変化させる、②現地人材を積極的に活用する、という２点が確認された。そして、こうしたイノベーションの実現が、長期にわたって海外拠点が存続する要因となっている。以下、それぞれみていこう。

(1) 外部環境に応じた変化

第一に、事例企業は、進出後、現在に至るまでに、海外企業との競合激化や顧客ニーズの変化といった外部環境の変化に対して、（イ）販売先、（ロ）生産品目、（ハ）生産プロセス、（ニ）現地拠点の機能のいずれかを変化させている。こうした変化は、事例企業５社中、Ｅ社を除く４社で確認された。以下、具体的に分析していこう。

Ａ社では、海外企業との競合激化という外部環境の変化に対して、販売先や生産品目、生産プロセス、現地機能を変えている。

Ａ社は、大手商社が1997年に設置したマレーシア工場を2003年に買収し、ロータリーカッターと呼ばれる回転刃の再研磨を開始する。だが、その後、タイなどのローカル企業でも再研磨事業を行う先が育ってきて、売り上げが安定しなくなる。そこで、2012年には、回転刃の再研磨設備を売却し、再研磨事業から撤退した。その一方で、日本本社が当時手掛けていた粉末冶金の金型製造

に特化すべく、日本から設備を導入することで、マレーシアでの生産品目と生産プロセスを変えている。また、現地に営業マン新たにを３名配置し、現地での営業機能を強化している。その結果、販売先は、買収時の家電関連企業から、現在は、タイなどに進出している日系大手の自動車部品メーカーへと変化している。

Ｂ社も、部品小型化に対するニーズの高まりという外部環境の変化に対して、販売先や生産品目、生産プロセスを変化させている。

マレーシア進出後、Ｂ社の取引先であるカメラメーカーでは、製品の小型化に対するニーズが強まっていく。そうした外部環境に対して、現地拠点の責任者である日本人Ｆ氏が中心となって、生産品目の小型化を進めていく。現在、マレーシア工場で切削する部品は 大半が２ミリメートル以下の部品であり、0.1ミリメートル以下の部品もある。

生産品目を小型化していく過程で、Ｂ社は、熱処理工程とメッキ工程の内製化を進めた。外注では対応が難しいことや、顧客からのスピード要求への対応を目的としたもので、特にメッキ工程は、当社が独自に開発した機械を使っている。今ではメッキ専業者や熱処理専業者でもできないような小さいものも内製できるようになり、スピード対応可能な点がＢ社の競争力となっている。

Ｃ社では、顧客の海外移転や調達構造の変化という外部環境に対して、販売先や現地機能を変えている。

2000年代後半からＣ社の顧客である日系家電メーカーでは、マレーシア国外に拠点を移したり、金型調達を系列の成形メーカーに移管したりすることで、安価な中国製金型へのニーズが強まっていった。そのため、当社マレーシア工場の受注量も2014年ごろから急激に減ってしまった。それに対してＣ社では、マレーシア工場の生産機能を縮小し、設計業務に特化させるとともに、日本本社のコントロール下で業務を行うなど、現地機能を変化させることで、存続を図っている。

Ｄ社では、進出先国や周辺国への産業集積伸展といった外部環境の変化に対して、販売先や生産品目、生産プロセス、現地の機能を変えている。

D社では、進出後、顧客であるハードディスク関連の企業が、工場のあるペナン島近隣に集積してく。それに対して、D社は、2006年にマレーシアに技術部門を設立している。それによって、ハードディスク関連の仕事に関しては、現地で生産技術の開発に取り組んでおり、最新設備を導入するなど、現地で生産プロセスを常に改善している。同時に、現地機能の強化を図っている。一つが現地化であり、5年前まで日本人が4名駐在していたが、2年半前より1名体制となっている。現在、技術者が5名、製造が30名、生産管理15名、そして営業が3名といった体制で、全員がマレーシア人である。

また、タイなどの周辺国に自動車産業が集積するという外部環境の変化も生じている。それに対して、D社では、自動車関係の製品についてもマレーシアで裁断工程を手がけはじめるなど、販売先や生産品目を少しずつ変化させてきている。

このように、事例企業を分析すると、5社中4社において、外部環境の変化に対して、(イ) 販売先、(ロ) 生産品目、(ハ) 生産プロセス、(ニ) 現地拠点の機能のいずれかを変化させている。このことが、事例企業が長期にわたり海外拠点を存続させることができた要因と考える。

一方、E社については、現時点では大きな変化は観察されなかった。これは、独自の技術をもち、これまで顧客が比較的安定していたなど、マレーシア拠点の外部環境が他社に比べて大きく変化してこなかったことが要因と推測する。

ただし、E社のマレーシア拠点は、現在、自動車向けへの対応を迫られており、生産品目や生産プロセスの変更を検討している。E社のマレーシア拠点でも、外部環境の変化によって、そうした変化が求められていることからも、海外拠点を長期に存続させるためには、前述4つの要因が重要であることを示していると考える。

以上の分析は、海外拠点を長期にわたり存続させるためには、外部環境の変化に対して、販売先や生産品目、生産プロセス、現地機能を変化させることが必要であることを示している。取引先に追随して海外に進出しても安泰ではなく、海外でも変化が求められる。国内市場が厳しい中、海外に進出しようという動きもあるが、本章の分析からは、海外に進出しても、国内同様に常に変革を求められるのが実態といえる。

(2) 現地人材の活用

事例企業が海外進出先において実現したイノベーションとして、第二に、現地人材の活用を積極的に進めてきたことが指摘できる。こうした点は、事例企業５社すべてでみられた。

まず、日本人駐在員の数をみると、いずれの事例企業も１名またはゼロであった。現地拠点の幹部は、現地国籍の人材がほとんどである。例えば、D社では、現地ニーズを把握するためには、ローカルスタッフの力が必要不可欠と考え、海外拠点の社員の９割以上を現地人で構成し、運営を一任している。マレーシア拠点も５年前まで日本人が４名駐在していたが、２年半前より１名体制となっている。それ以外の従業員はすべてマレーシア人である。

現地国籍の人材が、現地拠点の責任者を務めている事例企業もみられる。A社とE社では、現地国籍の人材が、現地拠点の責任者を務めている。A社の現地責任者は、マレーシアの高校を卒業した後、日本へ留学した経歴をもつ。人材育成のためにマレーシア政府が国費で日本へ送り込んだ第１期生である。卒業後は日本の大手電機メーカーの開発部門に勤めた経験も持つ。E社のマレーシア拠点の責任者も、日本の大学を卒業し、日本の大手電気メーカーで働いた経験のある人材である。E社は、この人材がいることで、マレーシアには日本人を常住させることなく、現地化ができている。

このように、事例企業はいずれも、日本人駐在員を少数に絞るとともに、現地人材の活用を積極的に進めてきた。日本人駐在員の絞り込みは、駐在員設置にかかるさまざまなコストを減少させる。また現地人材の活用推進は、現地人材のモチベーション向上につながってきたことが推測される。こうした点も海外拠点の存続要因と考える。

(3) 本国主導か現地主導か

ここまで、事例企業が海外進出先においてどのようなイノベーションを実現しているのかについて分析してきた。外部環境の変化に応じて、販売先や生産品目、生産プロセス、現地機能を変化させたり、現地人材を積極的に活用したりしている。こうしたイノベーションの実現が、長期にわたって海外拠点が存続する要因となっている。

一方、大企業を中心とした国際経営研究では、現地拠点によるイノベーションの創造を重視する議論がなされている。大木（2016）によると、「本社と相対して海外子会社に与えられる戦略上・実務上の意思決定の程度のこと」を「自律性（autonomy）」と呼ぶが（Ambos & Birkinshaw, 2010）、高い自律性は海外子会社のイニシアチブの発揮を促し（Birkinshaw et al., 1998）、イノベーションの創造を促し、（Ghoshal & Bartlett, 1998）、海外子会社の現地環境への適応を促す効果がある。この点を踏まえると、前節で観察された海外拠点における変化が現地主導によるものなのか、本国主導によるものなのかといった点も重要な論点と考える。

そして、現地主導で変化が起きている場合、その要因はどのようなものかという点も分析する必要がある。こうした点を明らかにすることは、国際経営研究で指摘されるような理論を中小企業が取り入れるために、重要となるからである。

以上の視点から、事例企業を分析してみよう。まず、第一の論点、海外拠点の変化が現地主導で起きたのか、あるいは本国主導で起きたのについては、本国主導だけでなく、現地主導も確認できた(8)。

本国主導による変化の事例としては、A社とC社が該当する。

A社は、2012年には、回転刃の再研磨事業から撤退し、粉末冶金の金型製造に特化している。当該事業は、日本本社が当時手掛けていたものであり、日本本社からノウハウや設備を導入した。そして、日本本社では、マレーシアと競合しないように、事業を冷間鍛造やプラスチックなどの異なる分野向けの金型製作を増やしている。

Ｃ社では、新興国企業との競争激化や、顧客の調達構造の変化に対して、マレーシア工場の機能を設計業務に特化させている。こうした決定は、日本本社が主導して行っている。

現地主導による変化の事例としては、Ｂ社とＤ社が該当する。

Ｂ社は、徐々に、超小型切削に特化していった。こうした変化を主導したのは、現地代表である日本人Ｆ氏である。Ｆ氏は、前職で小型精密の切削や歯切りを手掛けていた。そうした経験から、Ｆ氏自身が現場を教えたり、自分で現場のセットをしたりすることで、現場に超小型切削の技術を指導していった。現在、マレーシア工場では、日本の工場よりも特殊で、小さいものを手がけるなど、独自の発展を遂げている。

Ｄ社では、2006年にマレーシアに技術部門を設立し、マレーシア拠点だけで開発生産できる体制を構築した。その結果、現地主導で生産プロセスを変化させている。

では、Ｂ社とＤ社が、現地主導による変化を実現することができたのは、なぜだろうか。要因として、Ｂ社とＤ社に共通するのは、「現地拠点への権限移譲」である。

「設備投資については、本社に事前に確認をとっているが、基本的には現地に任せてくれる」とＢ社のマレーシア拠点代表であるＦ氏が話すように、現地拠点に権限が委譲されている。Ｆ氏が中心となって、現地拠点の生産品目を小型化していった点や、2003年の新工場取得時も、現地拠点が主体となって、用地の選定や現地金融機関からの資金調達などを行っている点からも、現地拠点に権限が委譲されていることがわかる。

Ｄ社の場合、ハードディスク事業に対する戦略立案について、現地拠点に権限が委譲されている。マレーシア拠点の日本人代表者は、本社執行役員であるとともに、マレーシアに駐在し、当社主力であるハードディスク事業を統括し、アジア製造も統括している。マレーシア拠点の中心事業であるハードディスク事業については、マレーシアに権限が委譲されている。

以上、事例企業の分析からは、海外拠点の変化については、本国主導だけでなく、現地主導も確認できた。また、現地主導による変化を実現した企業をみると、その要因として、「現地拠点への権限移譲」が明らかとなった。これらの分析から指摘できるのは、次の２点である。

第一に、海外拠点を長期にわたって存続させるためには、本国主導だけでなく、現地主導の変化も重要となる点である。これまで、日本企業の海外進出では、日本の高い技術や生産設備、ノウハウなどを海外にそのまま持ち込み、日本の「分工場」として生産することが多かった。「マザー工場」という言葉にみられるように、本国主導で海外拠点を運営する日本企業も多い。

だが、本章の分析からは、現地拠点が独自に進化していったことが、海外拠点の存続要因となっている先も存在することが明らかになった。長期にわたって海外拠点を存続させるためには、本国主導にとらわれないことが、求められていると考える。

第二に、現地主導で変化を起こすためには、現地拠点への権限移譲が重要となる。Ｂ社やＤ社のように、現地拠点が独自に意思決定を行い、実行に移せる体制を整備する必要がある。

ただし、留意しなければならないのは、現地主導の変化を起こした２社とも、現地の責任者が日本人である点である。Ｂ社、Ｄ社とも現地人材の活用に努めているが、変化を主導したのは、やはり日本人となっている。一方で、本国主導で変化していって２社をみると、現地国籍の人材が現地拠点の経営者となっている。

大木（2016）によると、海外子会社において駐在員と現地従業員のどちらが意思決定権を持つべきか議論されてきたが、いずれの重要性も先行研究では指摘されている。中小企業においては、現地国籍の人材が中心となって、現地主導の変化を実現する「現地人材による、現地主導の変化」にまでは、至っていないのが現状といえる。

２．国内拠点へのリバース

前節では、事例企業が海外進出先において、①外部環境に応じて、（イ）販売先、（ロ）生産品目、（ハ）生産プロセス、（ニ）現地拠点の機能のいずれかを変化させる、②現地人材を積極的に活用する、というイノベーションを実現しており、そうした２点が海外拠点の存続に重要な要因となっていることを示した。また、日本本社から現地拠点に対して権限を移譲することで、現地主導によってそうした変化が起きている事例も確認できた。

ここからは、Govindarajan & Trimble（2012）が示したリバース・イノベーションの理論に従い、海外拠点で起きた販売先や生産品目、生産プロセスなどの変化が、日本にもリバースし、取り入れられているかどうかについて、分析を行う。

事例企業をみると、海外拠点で起きた変化が国内拠点にリバースしている事例は、観察されなかった。A社で起きた回転刃の再研磨事業から粉末冶金の金型製造への変化や、B社でみられた生産品目の小型化など、いずれの変化も日本国内にはリバースしていない。

では、なぜ海外拠点で起きた変化が、日本国内にリバースしていないのだろうか。この点を分析するためには、Ⅳ.１.で示した変化について、現地主導による変化と本国主導による変化に分けて分析する必要がある。

まず、日本本国主導で変化した場合をみると、技術やノウハウ、設備など日本本社に優位性が存在する。そのため、日本本社では、海外拠点で起きた変化を日本国内に導入するインセンティブが少ない。

A社の場合は、日本から粉末冶金の金型製造のノウハウや設備を導入している。そうした経緯もあって、現在でも、金型をつくる力は、日本のほうが高いという。例えば、日本では、プラスマイナスの３ミクロンの精度が実現できるが、マレーシアでそれを実現するためには、さらなる日本からの技術取り入れを進める必要があるという。

C社でも、日本本社のほうが設計のレベルが高い。そのため、現在、設計業務のみを手掛けるマレーシア拠点では、日本本社のコントロール下で、3D設計図の2D化や、3Dモデリング作業の補助、CAMデータの作成などを行っており、日本本社のアウトソーシング先となっている。

では、現地主導で変化した場合にはどうだろうか。現地拠点発の変化が起きている企業でも、日本国内へのリバースは観察されなかった。その要因として、日本国内拠点と海外拠点とで、生産品目の分業が行われている点が指摘できる。

B社では、日本国内拠点との分業が行われている。マレーシア工場では、日本の工場よりも特殊で、小さいものを手がけている。日本では、小物切削部品は 4～6ミリメートルが通常のサイズだが、マレーシア工場で切削する部品は 大半が2ミリメートル以下の部品である。こうした部品を生産するためには、特殊な設備が必要となる。そのため、B社では、半導体の検査工程で用いられるプローブピンのように、微細な製品については、マレーシア拠点に生産を依頼している。小物切削部品は、小さく輸送費が少ないため、集約して生産したほうが効率的と判断しているものと考える。

D社でも、日本国内拠点との分業が行われている。ハードディスク向け事業についてみると、マレーシアでは研磨フィルムのスリットを主力事業としている。フィルムの元材は前工程を担う日本国内の工場でつくられており、マレーシアではその元材をクラス1,000のクリーンルーム内でハードディスク用途に裁断し、そこからすべての後工程を手がけている。

B社もD社も、現地拠点発の変化を日本国内にリバースするというよりは、日本国内と海外拠点を分業させ、海外拠点を活用することで、グループ全体の効率性を追求する方向性といえよう。

以上、事例企業の分析からは、海外拠点で起きた変化が国内拠点にリバースしている事例は、観察されなかった。その理由を分析すると、本国主導による変化と現地主導による変化とで、要因が異なっている。本国主導による変化の場合は、技術やノウハウ、設備など日本本社に優位性が存在するため、日本本社に導入する動機が少ない。現地主導による変化の場合は、日本国内拠点と海外拠点とで、生産品目の分業体制が構築されていることが、障壁となっている。

V 結　論

本章では、長期にわたり海外拠点を維持している中小企業は、海外進出先においてどのようなイノベーションを実現しているのかについて分析を行った。

その結果、(1)販売先や生産品目、生産プロセス、現地の機能などを外部環境に応じて変化させる、(2)現地人材を積極的に活用する、の２点が導き出されるとともに、これらの点が海外拠点の長期存続に重要な役割を果たしてきたことが明らかになった。

また、海外拠点の変化については、本国主導だけでなく、現地主導による変化も確認できた。現地主導による変化を遂げた企業をみると、「現地拠点への権限移譲」が重要な要因となっている。海外拠点を長期にわたって存続させるためには、本国主導だけでなく、現地主導の変化も重要であり、そのためには、現地拠点への権限移譲が重要となる。

一方で、海外拠点で起きた変化は、本国主導、現地主導にかかわらず、日本国内拠点にリバースしている事例は観察されなかった。本国主導による変化の場合は、技術やノウハウ、設備など日本本社に優位性が存在するため、日本本社に変化を導入する動機が少ない。現地主導による変化の場合は、日本国内拠点と海外拠点とで、生産品目の分業体制が構築されていることが、変化を導入するうえでの障壁となっている。

本章の結論は、海外に展開する中小企業にとって、示唆を与えるものと考える。海外子会社における意思決定の権限を本社が持つべきか、海外子会社に持たせるべきかについては、多国籍企業において長く中心的なテーマであり、結論は出ていないのが現状である（大木，2016)。一方で、海外展開する中小企業の多くが、意思決定の権限を本社が持ち、海外拠点を運営しているのが実情である。本章の分析では、現地拠点に権限を委譲することで、現地発のイノベーションを実現する中小企業も存在することが明らかとなった。海外進出の目的が現地での生産から、現地市場開拓へと変化するなか（中小企業庁，2012)、現地拠点の役割はますます高まり、多様化する。そうしたなかで、海外拠点をどのように運営していくか、考える必要があるだろう。

（注）

(1) 本章は、丹下（2017）を大幅に加筆修正したものである。
(2) 同レポートは、2016 年度に日本政策金融公庫総合研究所が三菱 UFJ リサーチ＆コンサルティング㈱に委託して実施した調査の報告書をもとに、日本政策金融公庫総合研究所が監修したものである。
　なお、筆者は、前勤務先である日本政策金融公庫総合研究所において、本章で採り上げる事例企業に対して、三菱 UFJ リサーチ＆コンサルティング㈱とともにインタビュー調査（日本国内およびマレーシア）を行っている（2016年度に実施)。
(3) 日本政策金融公庫総合研究所（2017），p.112
(4) 本節については、特に断りのない限り、日本政策金融公庫総合研究所（2017）に掲載された事例を筆者が要約して、引用したものである。
(5) LSI の製造検査工程で用いられる電極。
(6) D 社ホームページより。
(7) 以下、特に断りのない限り、事例企業の事実に関する記述は、日本政策金融公庫総合研究所（2017）掲載の記述を要約して引用している。分析については、筆者が独自に行ったものである。
(8) 本国主導か現地主導かの判断は、事例研究をもとに筆者が行ったものである。

〔参考文献〕

Ambos, T. C. & Birkinshaw J.(2010). Headquarters'attention and its effect on subsidiary performance. *Management International Review, 50*(4), 449-469.

Bartlett C. A., & Ghoshal, S.(1989). *Managing across borders*：*The transnational solution*. Boston, Mass：Harvard Business School Press.

Birkinshaw, J., Hood, N.,& Jonsson, S.(1998). Building firm-specific advantages in multinational corporations：The role of subsidiary initiative. *Strategic Management Journal*, 19, 221-241.

Dunning, J. H.(1979)Explaining Changing Patterns of International Production：In Defence of the Eclectic Theory," Oxford Bulletin of Economics and Statistics, Vol.41, No.4, pp.262-295.

Ghoshal, S & Bartlett, C.A.(1998). Creation adoption and diffusion of innovations by subsidiaries of multinational corporations. Journal of International Business Studies, 19(3), 365-388.

Govindarajan, V., & Trimble, C. (2012). *Reverse Innovation*：*Create far from home, win everywhere*, Harvard Business Review Press.

Johanson, J. andVahlne, J.E.(1977). The lnternationalization Process of the Firm-A

Model of Knowledge Development and lncreasing Foreign Market Commitment、Journal of International Business Studies, Vol.8(1), pp.23-32.

Tange. H.(2014). Innovation Process of Japanese SMEs Triggered by Emerging Market Development-Possibility of Expanding the Reverse lnnovation Theory to SMEs? "*ICSB 2014 Dublin World Conference on Entrepreneurship Final Proceedings.*

Yin, R. K.(2009). *Case Study Research：Design and Methods,* SAGE Publications, Inc.

大木清弘（2016).「海外子会社のパフォーマンスと本社、駐在員、現地従業員の権限―タイの日系販売子会社への質問票調査―」『国際ビジネス研究第８号第１巻』pp.59-72.

遠原智文（2012).「企業の国際化理論と中小企業の国際化戦略」額田春華・山本聡編著『中小企業の国際化戦略』同友館， pp.10-28.

ジェトロ（2013).「在アジア・オセアニア日系企業実態調査」(2013年10～11月実施)。

丹下英明（2016).『中小企業の国際経営：市場開拓と撤退にみる海外事業の変革』同友館、2016年10月。

―（2017)「中小企業における海外拠点の存続要因」『経営・情報研究 No.22』多摩大学経営情報学部，2017年12月，pp.67-82.

中小企業庁（2012).「中小企業白書2012年版」日経印刷。

手島恵美（2014).「第７章　マレーシア」若松勇・小島英太郎『ASEAN・南西アジアのビジネス環境』ジェトロ（日本貿易振興機構)、2014年７月。

日本政策金融公庫総合研究所（2017).「国内生産減少に立ち向かう中小製造業の生き残り策」『日本公庫総研レポート№2017-4』、2017年６月。

山本聡・名取隆（2014).「中小製造業の国際化プロセスと国際的企業家志向性，輸出市場 志向性，学習志向性：探索的検討と仮説提示」『Venturereview』第24号，日本ベンチャー学会，pp.43-58.

事例企業各社のホームページおよび新聞掲載記事。

（丹下 英明）

第10章
サービス業「IT・コールセンター」の事例
―フィリピン―

I はじめに

近年、中小企業の対外直接投資は右肩上がりで増加し続けている。とりわけ、中国をはじめとするアジア諸国に対する直接投資は90年代から堅調に伸び続けてきた。一方では現地市場の成長にともない、人件費の上昇・労働力不足、工業用地不足、さらには政治的問題などのリスクから、中国からASEAN諸国への一部移管や増設が進んでいる。フィリピンは、他のASEAN諸国に比べて労働者供給が十分であること、人件費上昇が比較的緩やかであること、投資優遇が手厚いことなどの理由から、日系企業の進出に関心が高まっている。

本章では、フィリピンに海外進出した日本のIT系ベンチャー企業のケーススタディ(1)から、第6章と同様に以下の3つの仮説検証を定性的に行うことで、第6章で明らかにされた「日本中小企業のリバース・イノベーション戦略」が製造業のみならずサービス業にも同じように適用できるのかを確認する(2)。

【仮説1】中小企業は経営資源が乏しいものの、機動性が高く不確実性の高い海外進出先での臨機応変な対応や意思決定の迅速力などに強みを持つため、海外進出にともなう現地資源がもたらす外部経済を活用したイノベーション活動は、中小企業にとって有効な成長戦略となりえる(3)。

【仮説2】リバース・イノベーションには、進出国から本国への国境を越えた知のスパイラルアップによる知識移転（知識創造プロセス）が有効になる[4]。

【仮説3】中小サービス業では、海外進出にともない創出した新製品開発や既存商品の改良を実施した製品（現地発イノベーション）は、本国本社の成長をもたらす。

第6章のケーススタディでは、海外集積のエリアや集積の特徴、業種、さらには海外展開の方法によっても事情は異なるのではないか、との研究課題が残された。そこで、本章では、進出国の概要と産業集積の特徴により一層目を向けながら検証作業を試みることにする。

なお、本章における研究方法も第6章の調査方法と同様にケースタディによる質的調査法（Yin, 2013）を採用し検証を行う。

Ⅱ ケーススタディ

1．フィリピンにおける進出環境の概要

フィリピン共和国は、東南アジアに位置する日本の国土の0.8倍の面積、7千以上の島々からなる約1億人の人口を持つ（**図表10－1、図表10－2**参照）。人口は現在も毎年2％ずつ増加している。若くて質の高い労働力が豊富に存在するため、外資系の進出先として再評価されている。公用語は、タガログ語と英語の2カ国語であり、国民の多くが英語でコミュニケーションを取れる。2004年以降一人あたりのGDP経済成長率は6パーセント前後で好調に推移しており、ASEAN主要国のなかでも中国・タイに次いでベトナムと並びトップクラスである（**図表10－3、図表10－4**参照）。

フィリピンは人口ピラミッドからみた労働者供給が豊富であり（**図表10－5**参照）、人件費の上昇率が緩い。また、日系企業の場合、労働争議がほぼ皆

無のうえ最低賃金からの雇用が可能である。明るく楽観的、ホスピタリティのある気質であることに加えて親日感情が強く、労働市場として非常に恵まれている。とくに、英語人材が豊富であるため、技術移転・知識移転に時間がかからないことも魅力の一つである。こうした点は他のアジア諸国と比較してフィリピンの優位性といえるだろう（**図表10－6**参照）。日系企業の法人税免除などをはじめとする政府による投資優遇措置も、豊富で手厚い。とくに輸出加工

図表10－1　フィリピンの概要

1．国名：フィリピン共和国
2．人口：9,943万人（IMF推定値：2014年）
3．面積：30万km²（日本の0.8倍）
4．民族：マレー系95%、中国系1.5%、他
5．首都：マニラ首都圏（メトロマニラ／人口約1,400万人）
6．言語：フィリピノ語（通称タガログ語）と英語（公用語）
7．宗教：カトリック約80%、その他キリスト教約10%、イスラム教5%
8．政体：立憲共和制（第15回通常議会議席状況） 上院23議席（任期6年、連続3選禁止） 下院285議席（任期3年、連続4選禁止）
9．大統領：ロドリゴ・ドゥテルテ（第16代）
10．在留邦人数：18,870人（2014年）

（出所）ジェトロ・マニラセンター

図表10－2　フィリピンの地図

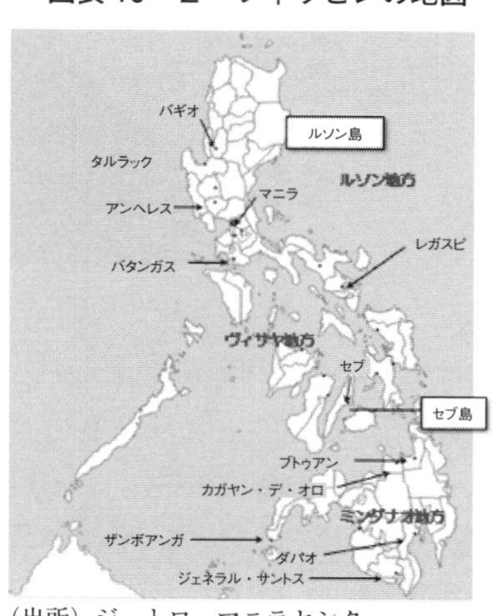

（出所）ジェトロ・マニラセンター

図表10－3　フィリピンのGDP成長率（2004－2014年）とアジア各国の一人当たりGDP

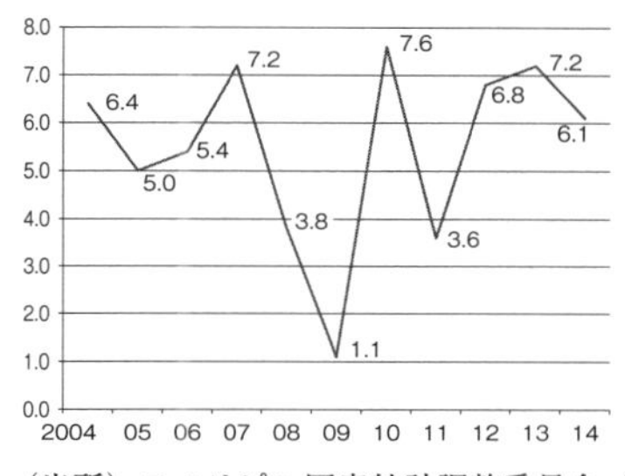

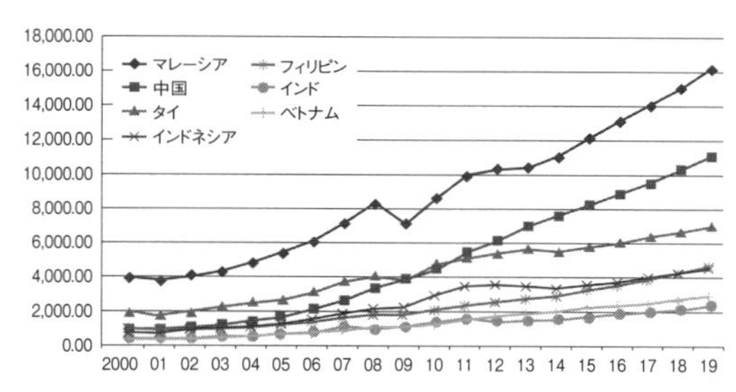

（出所）フィリピン国家統計調整委員会（NSCB）およびIMF, World Economic Outlook Database, October 2014

図表 10－4　フィリピンの人口ピラミッド（20歳未満：43.9%、65歳以上：4.3%、人口増加率：1.8%）

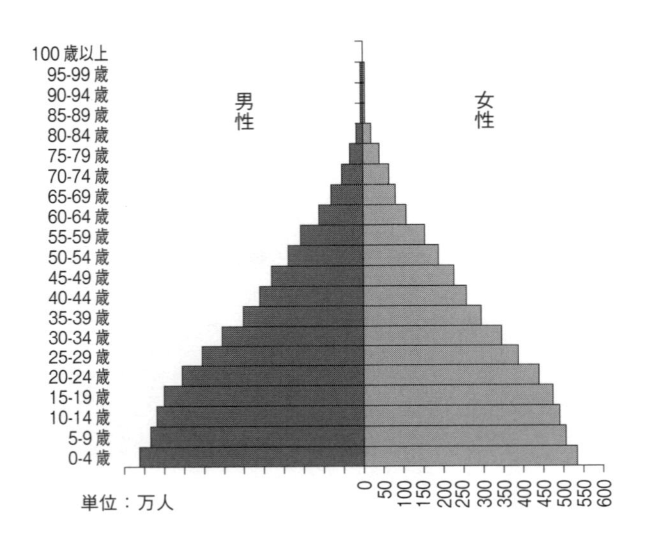

（出所）国連 2010年推計値

図表 10－5　フィリピンが投資先として評価される点

	フィリピン	インドネシア	タイ	マレーシア	ベトナム	ミャンマー	インド
人件費の安さ	68.3	19.8	20.2	7.8	53.7	49.0	40.5
ワーカー・スタッフの雇いやすさ	42.4	24.1	15.8	4.6	33.1	4.1	10.0
専門職・中間管理職の雇いやすさ	12.9	3.1	3.7	1.8	6.6	2.0	5.5
従業員の定着率の高さ	13.7	7.8	7.3	3.9	9.8	4.1	3.0
ワーカーの質の高さ	17.3	4.9	6.2	5.7	14.2	2.0	4.7
専門職・技術者の質の高さ	12.2	1.1	6.8	7.8	8.7	0.0	6.5
中間管理職の質の高さ	15.1	2.2	6.5	11.3	6.4	0.0	6.7
税制面での優遇措置	37.4	2.0	13.7	13.4	12.1	4.1	4.0
言語・意思疎通状の障害の少なさ	70.5	6.0	10.7	51.2	5.9	6.1	23.4

（出所）ジェトロ「在アジア・オセアニア日系企業実態調査（2014年 10～ 11月実施）

図表10－6
IT-BPO産業の売上高の推移

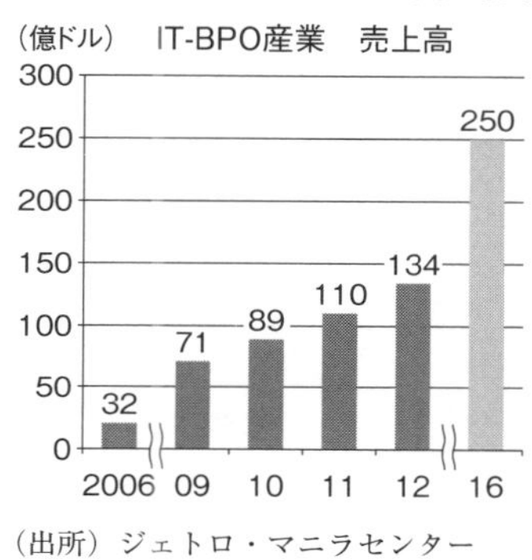

（出所）ジェトロ・マニラセンター

図表10－7 セグメント別売上高シェア

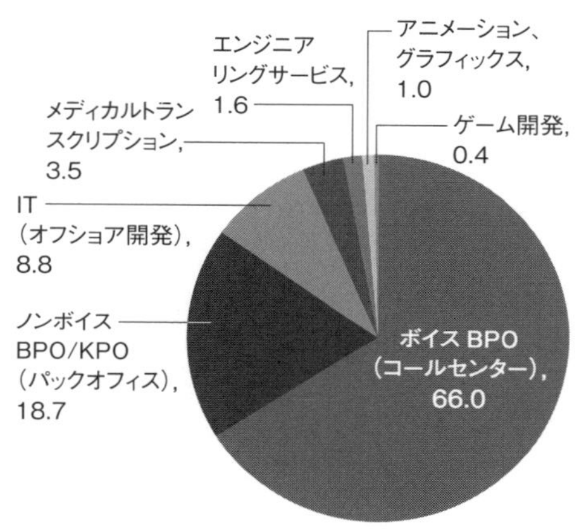

（出所）ジェトロ・マニラセンター

型企業にとっては、工業団地が充実している。日本から首都マニラまでのフライト時間は約4時間、時差1時間とアクセスの良さは抜群である。

消費市場としての潜在性は高く、今後は製造業における販売市場として、さらにはサービス分野におけるB to Cビジネス市場としての期待が高まっている。近年の堅調な成長を支えるフィリピンの産業の特徴に目を向けると、「IT-BPO」分野の成長が著しい（**図表10－7**参照）。IT－BPOとは、Information Technology-Business Process Outsourcingの略である。いわゆるコールセンターやソフトウエア関連のオフショア開発[(5)]などである。コールセンター部門の売上高は、2010年にインドを抜いて世界1位となった。ノンボイス部門のBPOサービス（主に財務会計、給与計算、人事関連業務等）でも、世界第2位の重要なグローバルサービスデリバリー拠点となっている。2013年のIT－BPO産業の売上高（推計値）は155億ドル（前年比17％増)、直接雇用者数は約90万人（16％増）に及んでいる。

こうしたIT－BPOの日系企業の進出状況としては、家具・住宅などの図面のコンピューター設計のほかオフショアソフトウェア開発・Web広告作成、そして、オンライン英会話学校が主な業種である。IT－BPO以外では、エプソンやキャノンなどの大手電化メーカーの進出およびトヨタやホンダなどの大手自動車メーカーの生産・販売体制の強化にともない付随して進出する日系中小サプライヤーが増加している。このような潮流のなかで、フィリピンにおける産業集積は求心力を高め、日系企業の進出も年々増加基調にある（**図表10－8、図表10－9**参照）。

以上、フィリピンの近年における一般概況および経済・産業動向をみてきた。その動向からは、日系中小企業における潜在的なビジネスチャンスの可能性を確認できた。次節では、実際にフィリピンに海外進出し、現地の地域資源を有効活用したことで優位性を構築し、堅調に成長を遂げた日系ITベンチャーの事例を取り上げる。

図表10－8　日系企業数の推移

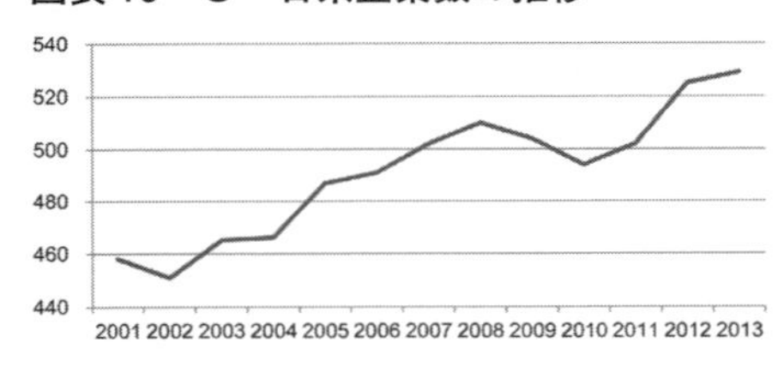

（出所）ジェトロ・マニラセンター

図表10－9　日系企業数の俯瞰図

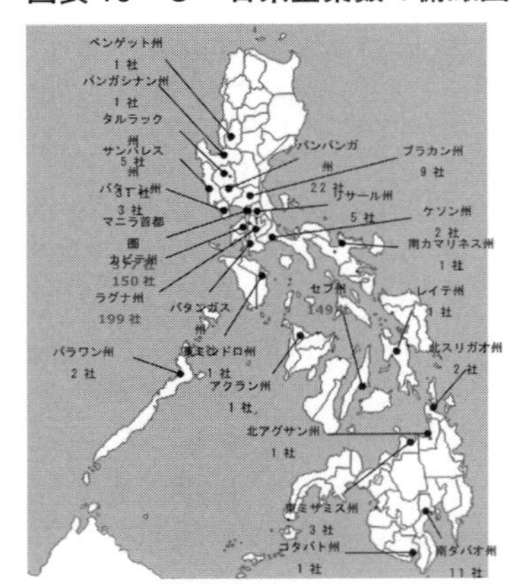

（出所）ジェトロ・マニラセンター

2．事例企業「株式会社ガリバー」の概要

株式会社ガリバーは2002年（有限会社としての創業は2000年）に設立された海外ブランド品の並行輸入商品におけるオンライン通販会社である。オンライン通販事業から派生する形で、現在はWebページ作成のオフショア開発事業やコールセンター事業、人材派遣、そしてコンサル事業など幅広く事業展開を行っており、主にフィリピン共和国に拠点がある（**図表10－10、図表10－11**参照）。

図表10－10　株式会社ガリバーの企業概要

会社組織設立	2000年２月
代表取締役社長	平山吉弘
主要メンバー	専務取締役；洪耕一、取締役管理本部長；綱川友和、常務執行役；澤田隆、常務執行役；松尾知幸
ビジョン	文化、言葉の壁を壊し、日本ブランド、プロダクトをブルーオーシャンへ導く！
資本金	1,000万円
売上高	3,600,000,000円（2015年実績）
従業員	340名（グループ全体）
本　社	埼玉県八潮市
拠　点	埼玉、シンガポール、マニラ、セブ
子会社	ガリバーオフショアアウトソーシング株式会社、ガリバーロジスティックソリューションズ株式会社、Gulliver Asia Pacific PTE、Gulliver Offshore Outsourcing Philippines. Inc, Xboarder Outsourcing Enterprises. Inc、Gulliver Integrated Outsourcing. Inc.
取引先	楽天、アマゾン、Yahoo、NTT、ソフトバンク、マンパワーグループ、スピーノ等
事業内容	輸入雑貨を中心としたEC事業、オフショア拠点を活用したBPO事業、海外技術人材派遣業

（出所）ガリバー提供資料を基に筆者作成

図表10－11　株式会社ガリバーの沿革

年	出来事	事業内容	主導した拠点
2000年	有限会社ガリバー設立	輸入小売業	埼玉県草加市（本社設立）
2002年	株式会社ガリバーとして組織変更上設立	輸入小売業	埼玉県八潮市（本社移転）
2003年	楽天市場、Yahoo！ショッピング等の大手インターネットモールに出店	EC事業	埼玉県八潮市（本社）
2005年	EC・WEBソリューション事業展開の為、GIOI（Gulliver Integrated Outsourcing Inc.）を設立	ECサイト制作事業	フィリピンマニラ（海外拠点）
2009年	AACD（日本流通自主管理協会）認証取得	EC事業	
2009年	ガリバーオンラインショッピング楽天市場店が2009年SHOP OF THE AREAを受賞	EC事業	
2010年	BPO事業展開の為、Xborder Outsourcing Enterprises Inc.を設立	BPO事業	フィリピンマニラ（海外拠点）
2010年	BPO事業展開、日本国内営業強化の為、ガリバーオフショアアウトソーシング社.を設立	BPO事業	埼玉県八潮市（本社）
2010年	コールセンター事業強化のため、セブ島にコールセンターを設立	BPO事業	フィリピンセブ島（海外拠点）
2010年	EC事業拡大のため、物流会社及び第二物流センター設立	EC事業	埼玉県八潮市（本社）
2011年	セブコールセンターを100席規模に増床	BPO事業	フィリピンセブ島（海外拠点）
2012年	海外販売支援（新規営業開拓）サービスを開始し、日本語／英語／中国語／韓国語での対応を拡充	BPO事業	フィリピンマニラ（海外拠点）
2012年	越境ECサポート業務を開始	EC事業	フィリピンマニラ（海外拠点）
2015年	マカティオフィスを200席規模に増床	BPO事業	フィリピンマニラ（海外拠点）

（出所）ガリバー提供資料を基に筆者作成

3．企業沿革と事業展開

(1) 創業期から海外進出まで

ガリバー創業の背景は次の通りである。社長の平山吉弘が個人的にRIMOWAなどの有名ブランドスーツケースをメーカーから直接小口輸入し、国内で販売することから始まった。当時、日本国内において海外メーカーは、一般的に、正規代理店を介して商品を販売していた。そのため、本国の販売価格に比べて何割も高く、場合によっては倍近い高価格帯となっていた。それでも、既に日本において「ブランド」が確立されたメーカーの商品であれば好調に売れていた。そこに、平山は最初のビジネスチャンスを発見したのである。ブランド力のある商品を厳選しそれを正規販売店より安く売ることで十分収益が得られるビジネスになることを確信し[6]、創業準備にとりかかった。

折しも2000年というと日本におけるｅコマースの黎明期であった。「楽天市場」が台頭し、一般消費者によるｅコマースが普及していたことに加えて、ヤ

図表10－12　海外進出後の事業別売上・利益の推移（単位：百万円）

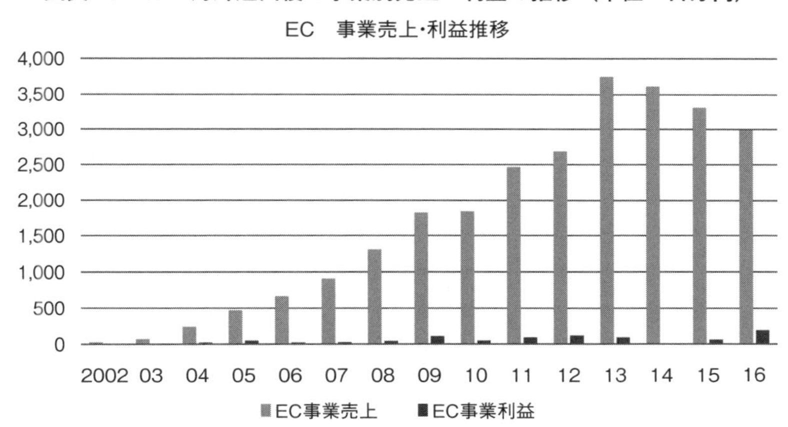

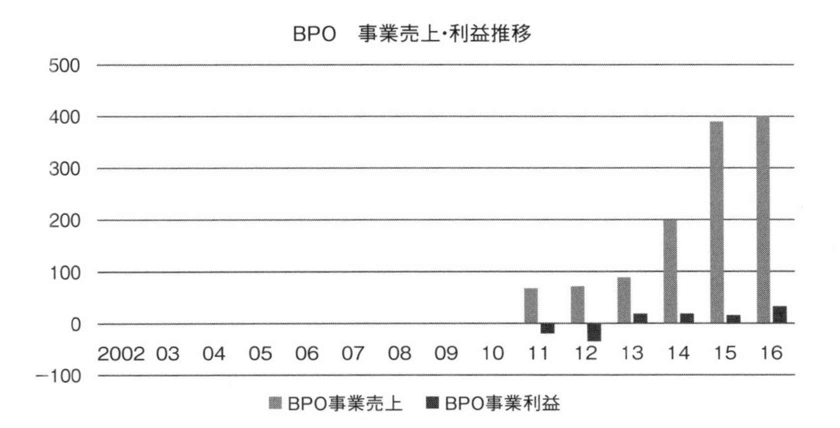

（出所）ガリバー提供資料を基に筆者作成

フーオークションが立ち上がった年でもある。eコマースによる個人売買が誰でも容易に行えるようになったことが追い風となり、急速にガリバーの取引量は増大した。個人が副業で小口輸入するには対応が追いつかないほど売上・利益ともに成長したため（**図表10－12参照**）、創業者の平山の身内を中心に法人登記し、会社組織として運営を開始した(7)。

(2) 海外進出　マニラ拠点の開業

会社規模が大きくなるにつれ、世界各国から輸入する商材数は急速に増加し数千点に及んだ。その結果、それらをインターネットショッピングサイト（楽天、Yahoo、自社サイト等）上で告知するための「商品Webページ」の作成に追われることになった。

こうした背景から、日本国内で高い人件費を使ってWebページを制作するのではなく、人件費が格段に安価なフィリピン・マニラに制作拠点を移転し「オフショア開発」を始めた。デザインや仕様は単純、しかし作業量が大量という状況には、人海戦術によるこれが威力を発揮した。オフショア開発によって大幅なコスト削減を得られただけでなく、技術移転にともなう指示内容の交通整理や作業手順のマニュアル化は、制作フローにおける生産性の向上につながった。現在では、Webページの制作ノウハウをベースに、動画編集に加えてグラフィックデザインDTP、システム開発、SNS運営管理と業務の幅を広げている。

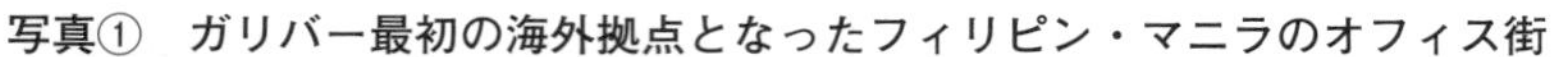
写真①　ガリバー最初の海外拠点となったフィリピン・マニラのオフィス街

（写真提供）ジェトロ・マニラセンター

こうしたオフショア開発を担うGulliver Integrated Outsourcing Inc.（略称GIO）が、ガリバー最初の海外拠点として2005年フィリピンに設立された。GIOの社長には平山、役員は大手複合機メーカーの管理職から脱サラして経営陣に加わった専務取締役の洪耕一に加え、洪のかつてのマニラ駐在員時代(8)の上司にあたるフィリピン人有力者や日系会計事務所のスタッフなど信頼の置ける人脈から構成された。のちに洪は、ガリバーグループのイノベーション活動に欠かせない重要人物となる。

さらに事業の多角化による拡大を推進すべく、2010年よりマニラに新たにX border Outsourcing Enterprises Inc.（略称XOE）をガリバーグループの子会社（海外拠点）として設立した。新たな事業領域として、自社がオフショア開発によって培ってきたこれまでのノウハウや人材を外部の企業向けに提供するサービスを始めた（**図表10－13**参照）。XOEでは、GIOが手がけているITエンジニアに加え、金属加工の会社で雇用していた領域のCAD技術者(9)などを日本に派遣する事業、および他社のオフショア開発をフィリピンで受託する事業を開始した。この事業の強みは、第一に、自社で訓練された現地人材をフィリピンから日本に派遣することで得られる人的コストパフォーマンスである。このサービスを購入した企業は日本にいながらにして生産活動にかかわる

図表10－13　オフショア開発の業務フロー

オフショアアウトソーシング導入・運用までの流れ

STEP1	STEP2	STEP3	STEP4	STEP5	STEP6	STEP7	STEP8
ヒアリング（業務詳細確認）	最終お見積り書のご提示	SLA策定・業務委託契約	人材確保・育成 BPRの実施 オペレーションマニュアルの作成	追加で必要なIT技術（システム）の導入	システムマイグレーション（必要な場合）	リハーサル（総合テスト）の実施（数回）	運用状況監視、評価、見直し

（出所）ガリバーBPO公式HPより抜粋

人的コストを30%～50%削減できる。第二に、OEM生産をオフショア開発することで得られる生産コストパフォーマンスである。これによりサービスを購入した企業は委託コストを大幅に削減できる。

(3) セブ拠点の開業

マニラではオフショア開発を中心に活動していたが、新しい拠点であるセブ支店では、日本語のコールセンターや翻訳業務を主力事業としてスタートした。

このコールセンターでは、日本国内に住む個人または日本国内の法人顧客向けに日本で販売する商品（輸入品）に関する注文を電話で受けたり営業の電話を入れたりする業務が中心となる。これに加え、ユーザーの声を吸い上げるマーケティング(10)を行うなどの電話対応業務と、海外から英語による商品の仕入れ交渉、そして多言語翻訳業務を行っている。このため、セブのコールセンターにはマニラと同様に日本人スタッフと現地スタッフが混在する。翻訳業務では、販促用チラシから重要な契約書、通販ECサイトの翻訳など多岐にわたり対応している。日本語からの英訳についてはフィリピン人が英語ネイティブチェックと校正を行う。英語からの邦訳については日本人がネイティブチェックを行うことで質の高いサービス提供を可能としている。

このようなBPO業務を行う海外拠点として2011年、Gulliver Offshore Outsourcing Inc.（略称GOO）がセブに支店として開設された。セブ支店開業当初は、小さなレンタルオフィスを借りて5名の体制でスタートした。

冒頭で述べたとおり、フィリピンはインドから世界各国の英語コールセンター業務を次々と席捲し、2010年ついには世界一となった。このような追い風に吹かれて、日本語のコールセンタープロジェクトに加えて、英語のコールセンター業務も将来的には取れるであろうという見込みがあった。そのためオフィスは、100名を収容できる規模の物件を思い切って借り上げ(11)、意欲的に営業を開始したのだという。

(4) 新規事業始動から現在まで

セブの拠点を開設後、ガリバーでは人海戦術による業務を背景にフィリピン人スタッフの採用を積極的に行い、2015年末にはセブで100名体制、同じガリバーグループの子会社（マニラ）であるGIO、そしてBPO業務を担うGOO含めて240名の計340名体制（うち日本人スタッフ80名、フィリピン人スタッフ260名）に至っている（**図表10－14**参照）。日本本社の従業員は管理部門の人員を含めても30名程度であり、現地法人の従業員数がおよそ8倍の規模に逆転増加するという状況になった。

最近の動向としては、2014年から2015年にかけて海外のECサイトの構築支援事業を始めた(12)。これまでガリバーグループが経験してきた業務、すなわち自社運営のEC事業と、コールセンター業務・HP作成・HPデザイン・翻訳などの様々なアウトソーシング業務を掛け合わせて、日本のEC事業者向けに海外進出のノウハウを含めた「フルセット型」のECサイト構築ための支援サービスを開始した。もとより海外進出、グローバル化のニーズが高まるなか、言語の問題や現地情報不足等が障壁となり人材リソースが足りない中小企業は、海外進出がなかなか思うように進まないのが現状である。ここにビジネスチャンスを模索した結果、同社のビジネスモデルを変化させることとなる新たなサービス業務（サービス・イノベーション）を生み出した。このサービ

図表10－14　創業時から直近の従業員数推移（単位：人）

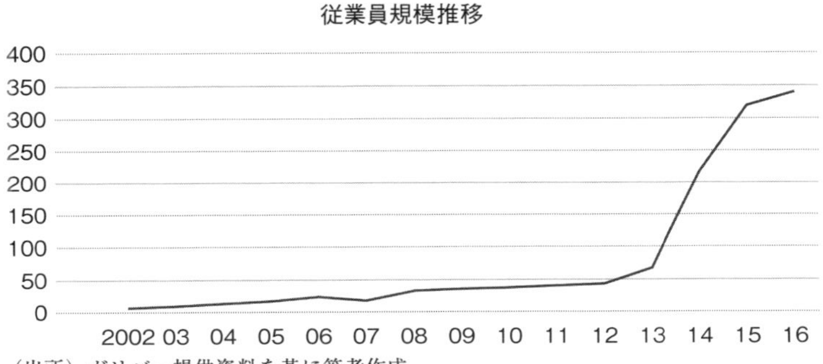

従業員規模推移

400
350
300
250
200
150
100
50
0
2002 03 04 05 06 07 08 09 10 11 12 13 14 15 16

（出所）ガリバー提供資料を基に筆者作成

ス・イノベーションは、オフショアによる生産性向上を実現したECサイト構築から発展し、最終的には、日本の中小企業が海外進出の際にボトルネックなっていた営業、マーケティング、交渉、契約におけるノウハウをワンストップに提供する新たなサービスとして構築された。同じ中小・ベンチャー企業目線から依頼元の中小企業が強みとして持つ製品・技術を可視化し世界に売込むという価値を加えた新たなサービスは好評を博しているのだという。対象国は、お膝元でもあるフィリピンをはじめとするASEAN諸国から欧米全世界に対応する事を可能としている。

4. 海外進出によって生じたイノベーションと要因

(1) ビジネスモデルの変化と収益構造の変化

既に述べてきたように、海外進出におけるイノベーションの契機はガリバーの主力事業であるブランド商材の並行輸入ネット通販の商品Webページを海外で制作するというところから始まっている。製造業の工場の海外移転などと同様、豊富な人材の確保とコストの削減が実現し、全社全体の生産性を向上させた。創業当初しばらくの間は、管理部門（倉庫管理以外）とマーケティング部門、さらには顧客対応部門や仕入れ部門などほぼすべてのルーティン業務のマネジメントを担う人材はすべて八潮本社[(13)]に配属されていた。

しかし海外進出後は、商品Webページ制作部門以外にも仕入れ部門、価格・在庫調整部門、顧客対応部門（コールセンター）など、徐々に機能を進出国であるフィリピンに移管させた。たとえば、海外から商品を仕入れ交渉する場合は、当然のことながら英語での交渉にはネイティブレベルのフィリピン人が担当する方が英語を普通に得意とする日本人スタッフが担当するよりも格段に効率的だった。この仕入れ部門の例のように、適材適所に事業部門の配置転換を行っていった結果、他の事業部門はすべてフィリピンに移管された。最終的に本社に残されたのは、全社のトップマネジメントと倉庫管理のみとなった。そのため現在では、現地に事業部門が置かれ、そこでオペレーション業務と現場レベルのマネジメント業務の双方が行われている。トップマネジメントを担う社長や役員、営業責任者は年の約半分を本社、残り半分を海外拠点（および海外営業先）に滞在し、本社と海外拠点を日常的に行き交う体制になっているのだという。

この間、組織再編のみならずビジネスモデルそのものに変化が生じ、先に述べたサービス・イノベーションが創出されることとなる。すなわち、海外進出を狙う日系中小・ベンチャー企業をターゲットにした対外向け「フルセット型」のオフショア・アウトソーシング・サービスである。このサービス導入にともない、提供価値、顧客との関係、顧客セグメント、チャネル、収益の流れが一変した。

ガリバーが一度自社で経験して培ったフィリピン人活用のノウハウは、自社の経営資源として蓄積され、やがてコア・コンピタンスとなっていった。実際のニーズに基づいて事業再編を繰り返すなかで、ガリバーの成長とともに育成された人材はガリバーの強みとなり、先行者利益を得て、日系ビジネスにおいてフィリピン最大級の人材派遣バンクとなったのである。この「人材」と海外ビジネスのスタートアップにおける「ノウハウ」をプラットフォームとして、必要なプロセスを必要なタイミングで継続的なサービスとして売ることで事業の拡大再生産を可能とした。

この拡大再生産によって、**図表10－12**にあるように、収益構造に変化をもたらした。それまで内情は厳しく、並行輸入業界は競合他社も成長拡大していたが、競争も激化しガリバーの小売業ビジネスは飽和状態に陥り利幅が少なくなってきていた。そこで2005年にGIOをマニラに設立し、いち早く間接費の圧縮に務めた。それだけでなく2010年に多角化戦略を打ってGOOによるBPO事業を導入したのが、このサービス・イノベーションへの転換である。その結果、一過性のサービス提供から長期に渡るサービス提供を重視したシステムに転換されたため、長期的予測に基づくランニングコスト収入が確保できるようになった。市場も現地で創出されたイノベーションとともに日本・第三国へと還流している。このサービス・イノベーションへの転換以降、売上、利益ともに右上がりで推移した。2013年末よりBPO事業の売り上げで小売業の売上をカバーしている。とくに2013年から2015年にかけてはGOOの売り上げは倍々ゲームで成長している。その要因は、既に述べたGOOに取り入れた新たなビジネスモデルによって組織全体の生産性が高まったことにある。このサービス・イノベーションによる収益構造の変化は、EC事業部門の10分の1の規模のBPO部門の利益が同額あるいはそれを越す規模にまで達するに至っている（図表10－12参照）。

こうしたイノベーションを実現するために欠かせなかったのが、次に述べる組織・マネジメントにおける変革に対する取り組みであった。

(2) 組織・マネジメントの変化

①人的資源管理上の課題

ガリバーの海外進出にともなう人的資源管理上の組織課題には、日本からの現地駐在員派遣および現地で採用する日本人とフィリピン人社員の定着（リテンション）と管理（マネジメント）の問題があり、進出当初からその改善に取り組んできた経緯がある。

まず日本人社員については、日本本社で働いていた人材が進出先であるフィリピンの子会社に駐在するケース（以下、駐在員スタッフという）と採用とともにフィリピン現地に派遣するケース（以下、邦人スタッフという）とがある。そもそも人事採用については、海外進出前まだ無名の中小企業であったガリバーにとって日本での人材確保は困難であった。募集しても人が集まらなかったのである。それに加えて、2005年のつくばエクスプレスの開通以降、始発終点である秋葉原とつくばの中間通過駅である八潮においては、コールセンターの人員確保が難しくなっていた。ハローワークや民間の求人媒体に求人広告を掲載しても応募がまったくないという問題が起きるようになっていた。つまり、より時給が高い東京都内の魅力的な求人にアクセスできる状況が発生し、地元の求職者層が東京に流れてしまっていた。

②採用システムの変化

このような状況に一計を案じ、八潮にECサイトのコールセンターを構えるのではなく人件費の安価なフィリピンのリゾート地として知られるセブ島にコールセンターを構えることにし、募集を行った。そうしたところ、八潮ではほぼ応募がなかったところ、セブ島には日本全国から50名以上の応募があり、そのなかから精鋭の５名を採用した。

セブ島は言うまでもなく、日本の地方都市（コールセンターが多く存在する宮崎や沖縄など）と比べて相当物価が安いため、生活コストも安く、しかもプール付きのコンドミニアムなどに暮らすことができるため実質的には相当ハイレベルな生活を送ることができる。そのような魅力的な勤務生活条件に惹かれ、全国から応募者が殺到したのである。

このように、海外進出したことで、実際に仕事が増えたこと（成長企業に見えたこと）、海外で仕事をできることを「売り」にしたこと、そのことで企業イメージに変化があらわれ応募者数が増えた。そのため、人事採用の戦略として、日本本社の通常の採用のほか、邦人スタッフの採用を積極的に取り入れていく仕掛けを導入した。その結果、人材確保に事欠かなくなっていった。

③邦人スタッフの課題

邦人スタッフを採用した際に発生した具体的な問題としては、定着率である。すなわち、定着率が低いと回転率（ターンオーバー）が高くなる特徴を持つ。人材はいうまでもなく回転率を低く抑え、企業理念に基づき育成した人材が根付くことで企業の原動力となる。日本から駐在させたケースについてはこの問題は起こらなかったが、邦人スタッフ採用では目立った。

とくにマニラ勤務の回転率は非常に高かった。アジアにおける海外現地法人の現地採用人材の給与は、一般的に、現地で無理なく生活ができるレベルに給与設定がなされている。同社でもマニラやセブで快適なコンドミニアム（リゾートマンション）に住める給与が邦人スタッフに提供されている。しかし、リゾート地であるセブと比べると治安がよくない都会であるマニラに長期滞在するというインセンティブが日本人全般に対してはあまり有効ではないため、マニラでは離職率が高く在籍期間が短くなる傾向があるのだという。

もとより、異国での勤務・生活であるので適応へのストレスもあり、日本国内で勤務するより離職率は高くなる。とくに、海外就職ブームに乗って日本から応募を行い、一度もオフィスを訪れることなく入社という形態で渡航した邦人スタッフの現地適応への難易度は高く離職率は高くなる傾向にあった。これに加えて、本社経験がなく直接海外事業部の担当業務に配属される邦人スタッフは、会社に対する愛着や忠誠心が低くなる傾向があり、より条件のよい企業へステップアップするスタッフも少なくはなかった。大企業の駐在員生活としてではなく、海外の日系のベンチャー企業で働くことの情報やイメージがまだまだ十分ではなかった当時、海外で働くことへの憧れと現実とのギャップによって帰国するスタッフも少なくはなかったということであろう。

さらに、邦人スタッフについては能力の問題もある。海外就職ブームに乗って応募が多いとはいえ、事業拡大期にあった同社では需要がそれを上回る状況であった。すなわち、売り手市場になっていた。そのために同社が求める十分なレベルでない能力だったとしても採用せざる得ない状況が発生していたのである。

④海外インターンシップ生の活用

そこで、取り入れたのが「海外インターンシップ」制度である。当時、大学生の海外インターンシップにかかわる国や自治体の制度支援が盛んに謳われた時期であり、政策支援が潤沢であった。これに乗って、応募する優秀な日本人大学生は相当数存在した。短いプランで２カ月、長いプランだと１年間の受け入れを行った。海外の企業で職業体験を志す大学生は、問題意識が高く積極的で優秀な学生が多かった。

ガリバーにとっては、日本語ができる優秀な人材を現地フィリピンで一定期間活用できるおかげで、回転率の問題を多少なりともカバーできる。コールセンターでは、いうまでもなく日本語の受け答えができることが重要なスペックであり日本人学生はこの点即戦力となる。オフショア事業なども、基本は日本人としての感覚がものをいう世界であり技術的な面はフィリピン人スタッフがサポートできる。受け入れ期間が前もってフィックスしていることも事業計画が立てやすい利点となっていた。

学生側も、ありふれた海外留学ではなく、当時の日本ではまだ珍しく海外の企業でのインターンという特殊かつ貴重な経験を就職活動に活かし、希望する企業からの内定を獲得することができた。こうしてWin-Winの関係を築くことで、回転率の課題をカバーする仕組みとなっている。

⑤フィリピン人スタッフの課題

次に、フィリピン人スタッフの管理についての課題である。同社では、Webデザイナー、BPO向けのデザイナー、IT技術者、翻訳者、コールセンタースタッフにフィリピン人を雇い担当させている。フィリピン人スタッフを採用し始めたころは、コストパフォーマンスを得るために、なるべく給与の安い大卒の人材を雇用していた。そのため、とくにデザインにおける能力が十分ではない場合が見受けられた。

一方では、IT技術者、翻訳者は給与水準が高く採用基準のスペックが高いため、そのような苦労はなかった。コールセンタースタッフもとくに英語案件の場合、十分な能力を発揮した。しかしながら、同社のようなBPOにおいては価格競争力が価値の源泉であるため（**図表10－15参照**）、採用した時点において能力の足りないスタッフには、すぐに難易度の高いタスクを振らず、限られた予算のなかで可能なプロジェクトに割り当てる必要があった。そこに、現地スタッフ人材を育成し定着率を高めるためのヒントがあった。そうしたプロジェクトをOJTと位置づけ、このOJTによって育った人材を正当に評価し、昇格や昇給していくなどのインセンティブと責任を与えることを始めた。

⑥グローバル人事評価システムの導入

そんななか、フィリピン人スタッフと邦人スタッフ・駐在員スタッフを統合

図表 10－15　国内外オペレーション比較

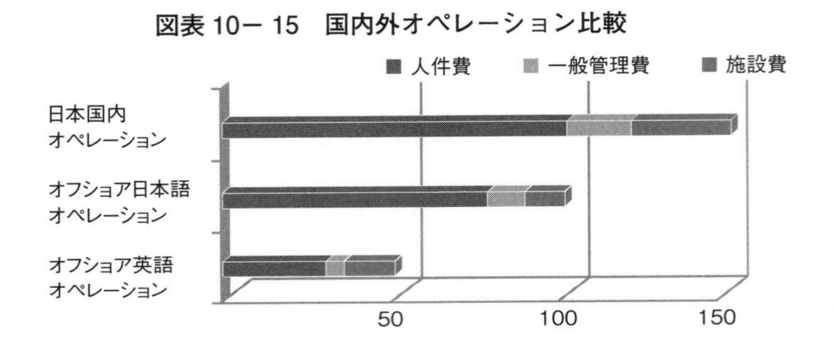

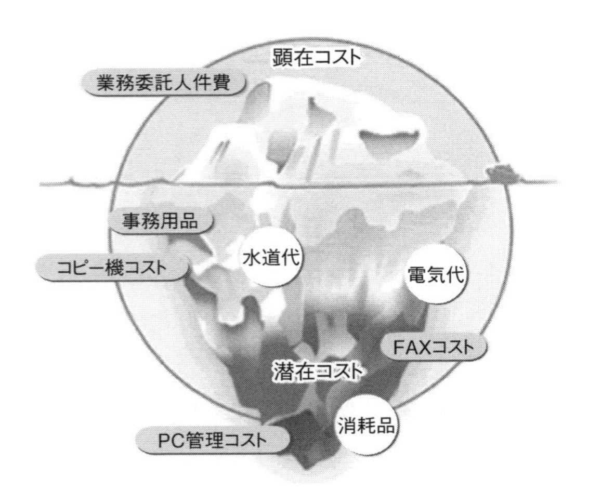

（出所）ガリバー提供資料を基に筆者作成

して人事管理する人事評価制度の構築を試みることで課題改善を図った。具体的には、給与システムは３つの異なるトラック（現地採用現地人、現地採用邦人、日本本社採用駐在員）からスタートするものの、評価システムによる昇進で管理職になった暁にはすべて同一のグローバル人材トラックになるというシステムを構築した。すなわち、OJT・管理者研修などの研修と人事評価を連動させ、なおかつ邦人スタッフとフィリピン人スタッフとの垣根を取り払う形の人材育成システムを導入した。この評価システムは、入社トラックに関わらず同じ評価基準に基づき、目標設定と目標管理制度の構築、自己評価と上司との面談形式による調整によって行われる。

これにより、フィリピン人スタッフの定着率は高まり、責任感および能力向上につながっている。既に述べたように、フィリピン拠点開設当初は、本社のマーケティングチームがマニラのフィリピン人スタッフチームを日本から遠隔で指示し、管理する体制をとっていたが、人事評価導入後は現地でマネージャーを育成し、そのマネージャーが現地で管理・指示するような「現地化」の体制に変化しつつある。その結果、ルーティンは現地の商慣習が尊重されたうえで日本的慣習は押しつけにならない程度の良いとこ取りという独特のスタイルで運用されるようになり、それぞれの人材の強みが活かされるポジションで活躍することができている。このような人事評価制度はアジア諸国に進出する日系ベンチャー・中小企業の数少ない先例といえよう。

日本的慣習という意味では、日本では最近こそ疎遠になりつつある古きよき日本の「飲みにケーション」、「社員旅行」や「社内イベント」などのオフの場での交流の機会が設けられている。たとえば、セブ拠点では、毎年、外国人観光客が利用する高級リゾートホテルで、家族同伴のパーティーを開催しているが、邦人スタッフとフィリピン人スタッフともに大変楽しみにしている恒例行事となっており、モチベーション向上につながっているのだという。このアイデアは、セブ支店長の馬場良が提案したものを実現したものであった。フィリピン人は、一般的に仕事以上に家族との時間や関係を大切にする国民とされているが、会社主催行事を家族で楽しめる企画にしたことで参加率を高めるに成功した。家族ぐるみで会社関係者とオフの場でコミュニケーションを取ることで人間関係が築かれ、会社関係者への忠誠心向上のためのシステムとして定着し、現地流と日本流の掛け合わせによる折衷型の人材育成（現地化スタイル）が機能していた。

このように、進出国の人材資源を育て、定着させるための組織や制度を改革・構築し実施したことで、リバース・イノベーションとなったコンサル事業や人材派遣にみられる新たなサービス・イノベーションを創出するに至ったと考えられる。すなわち、現地の慣習や国民性・地域性に配慮したインセンティブを見つけ出し、それを日本で実績のある日本式システムに適合する「ハイブリット型」の人事制度の構築である。これにより、単に現地スタッフの定着率を高めるだけではなく、モチベーション・提案力までも高める相乗効果を生んだ。長く務める人材はそれだけ能力開発が進み、先行者利益もあってガリバーは「人材バンク」としての優位性を構築するまでに進化した。その結果、この人材バンクを競争優位として、新たなサービス・イノベーションを生み出している。

(3) 産業集積の活用

①リゾート観光地から語学留学の地へ

セブではコールセンター案件の大きな需要を見込んで大規模なオフィスを構えたが、開業しばらくは予想していたような受注は得られなかった。埋まったのは100席中9席のみでオフィスを持て余す格好での運営が2年間ほど続いた。潮目が変わったのは2013年の後半に入ってからである。もともとセブ島はリゾート地として数十年以上前から観光地としては日本をはじめするアジア諸国から多くの観光客が訪れていた。

近年におけるセブ島の渡航目的の新たな動きとして、英語の語学留学する日本人が急増し、リゾートへの旅行以外でのセブ島の認知度が急速に高まっていった。2010年には年間4千人、2011年には1万人、2012年に2万人、2013年には2万4千人という急増ぶりである。語学学校の成功を背景にビジネスとして認知が広がることで、日系の語学学校、コールセンター業などのサービス、IT業（オフショア含む)、ものづくりなどの製造業の進出が相次ぎ、増加基調にある（**写真**②参照)。日系企業は2016年現在では、およそ120社（ほとんどが中小企業）となっている[(14)]。

フィリピン、とくにセブ島で英会話のレッスンを受けるという「語学留学ブーム」は元々韓国が火付け役であった。アジア通貨危機後に、韓国は国策として留学を推し進めた。国民に英語を学ばせグローバルに活躍できる人材育成を強化すべしと、内向き姿勢から外向きへと政策の舵を切った。このような政

写真②　IT企業が集積地する市内ITパーク

（写真提供）ジェトロ・マニラセンター

策支援が後押しする形でフィリピンへの韓国資本の英語学校の進出が2000年代以降急増した。

欧米に留学するより安く英語の留学ができるメリットから瞬く間にブームは広がった。また、フィリピンではとタガログ語と英語が公用語であるため小学校からの義務教育の課程で英語を学ぶため、教育を受けた国民であれば誰でも英語を話せる(15)。そのため、安価な労働賃金で手軽に英会話教師を雇える環境に恵まれ、少人数で手厚いレッスンを格安で提供することを可能としている。少人数教育は、実際に英語を話す機会が相対的に多いため、大人数で相対的に話す機会が少ない欧米留学に比べ上達も早くなることを売りとしている(16)。語学留学といえば欧米としか考えられなかった日本でも、瞬く間にセブの語学留学が認知されるようになる。長期不況から脱却することができず可処分所得が減った日本では、海外留学が盛んであったバブル前に比べ留学人口が減少し続けている。しかし、格安で実践的な語学習得につながる留学ができることは、日本の留学回帰の契機となっている。当初は韓国資本や米国資本しかなかったセブの英語学校であるが、2009年に日本資本の「QQ イングリッシュ」(17)が参入し、その後、日本資本の学校の進出が相次いでいる。同時に、オンライン英会話（スカイプ英会話）もインターネットの普及にともない普及し、その供給拠点が人件費の安いフィリピンに集中している。

このように、フィリピンで英語を学ぶ、あるいはフィリピン人から英語を学ぶということが日本国内において認知されていった。筆者が現地調査を行った2014年時点でフィリピン全体では外資を含めおよそ500以上、セブでは60以上、うち日本人経営者の語学学校（セブ）は25以上の学校が存在している(18)。

②日系コミュニティの形成と恩恵

特筆すべきことは、徐々に日本社会のなかにセブ島でビジネスが行われているという認知度が浸透するにつれ、日本からセブに進出する中小企業が増え始めたことである。このため、ガリバーが手持ち無沙汰にしていたオフィスにも、一時期サブリースするプロジェクトが入るようになる。2013年の暮れには、コールセンター業務や翻訳業務をアウトソーシングという形で受注した。その半年後には、セブ支店のすべての席が満席となった。

華僑にみられるように、一般的に、海外では日系企業同士の垣根は低く関係性を日本国内よりも構築しやすい。そして、海外では小さなコミュニティゆえにその関係を大事にする傾向がある。フィリピンも例外ではなく、Face to Faceの関係に基づく日系コミュニティのつながりは、公私にわたり大事にされビジネスに発展していた。たとえば、かつてガリバーで働いていた邦人スタッフは、独立後ガリバーでの経験と人脈を活かしてセブで英語学校を創業し経営者となった。ガリバーもまた、マニラの日系コミュニティでの大企業との垣根を越えた付き合いから、発展の契機をつかんできた。洪のヘッドハンティングに端を発し、洪の人脈によるヘッドハンティングにつながる。洪の大企業駐在時代の人脈やアイデアは、ガリバーのビジネスに活かされている。このように海外進出先における日系コミュニティから受ける恩恵は、資源に限りのある中小・ベンチャー企業が現地で発展するために貴重かつ有効なものとなっている。

③進出国ならではの地域資源の活用

ガリバーのアウトソーシング業務は、日本語のコールセンター、英語のコールセンター、マーケティングリサーチ、そしてフィリピン（タガログ）語のコールセンター業務に加え、Web制作にかかわる翻訳業務などである。この翻訳業務は、日本語のウェブサイト、とくに親会社のガリバーも行っているeコマース事業の日本語サイトを英語サイトに翻訳することが主な仕事内容である。ここでは、きめ細やかな人の手で行う機械ではできない作業が大量に発生するため、安価かつ技術の知識が豊富な労働力が不可欠となる。こうした工程にフィリピン人スタッフが力を発揮している。英語のコールセンターでは言うまでもない。

フィリピンは理系の大卒技術者が安価で雇える環境にある。英語を話せるフィリピン人は他のアジア諸国に比べ圧倒的に多い。この点はフィリピンならではの優位性である。こうした優位性を活かし日本の企業へ派遣するオンサイトでの業務請負を可能とした。派遣する技術者のリクルーティングにおいては、当地有数の工科大学、日本語学校との提携により、約数百倍の競争率から選抜したレベルの高い優秀な人材を確保している(19)。

Ⅲ 仮説検証

以上、フィリピンに海外進出したことで急成長を遂げたガリバーのケースを取り上げ、リバース・イノベーションを切り口に整理し、その成功要因とプロセスを詳細に見てきた。本節では上記の実態をもとに、冒頭で掲げた仮説検証を行う。

【仮説1】中小企業は経営資源が乏しいものの、機動性が高く不確実性の高い海外進出先での臨機応変な対応や意思決定の迅速力などに強みを持つため、海外進出にともなう現地資源がもたらす外部経済を活用したイノベーション活動は中小企業にとって有効な成長戦略となりえる。

●ガリバーが創出したリバース・イノベーションは、人材バンクの強みを生み出した人材開発システムと、人材バンクを強みとしたサービス・イノベーションであった。すなわち、抜本的なビジネスモデルと組織の変革である。結局のところ、このビジネスモデルと組織の変革の要因は、いち早くオフショア開発に乗り出したことで先行者利益を獲得できたことと、試行錯誤を繰り返し現地に適したシステムを取り入れることで、最大の地域資源である現地人材の育成と活用がうまくいったことにあった。この2つの要因を実現させることができたのは、平山、洪、野田、馬場といった人材のイノベーション能力によるところが大きい。そして、彼らがイノベーション能力を発揮できたのは、中小企業ならではの組織特性を有効に活かせていたことによる。

●企業の成長と収益増にこだわり続け、戦略を練り変革に導いたのは洪である。洪は、ほぼ一年のうち半分は海外拠点に出張滞在している。現地拠点における長期期間に及ぶ観察を何より重視し、現地から上がってくる意見をしっかりと吸い上げ、社長にそれを伝え説得し決断を取り付けたうえで、積極的に新しい取り組みを実践していた。すなわち、ガリバーのイノベーション活動の背景には、(1)平山による新しい知識や市場にアクセスする能力、(2)野田や馬場が実践した新しい知識を機動化し、変化を作り出す能力、(3)その変化を売上・利益拡大につなげる洪の能力がある。それぞれの貢献とこれらの能力がチームワークにより結合されていった結果、抜本的な変革を短期間に実現できている。このチームワークは、中小・ベンチャー企業特有の風通しがよく意見が通りやすい非階層性組織構造だからこそ機能しやすい。。

●兎にも角にも本事例の成長を支えたものは人的資源である。もとより経営資源に限りがある中小企業にとって、若くて優秀な英語人材やエンジニアを容易に確保できることは、極めて重要な外部経済となる。本事例においても、海外移住した（あるいはしたい）邦人スタッフを有利に雇用できたという面においてセブの立地優位性は高い。また、進出企業の増加にともなって形成された日系コミュニティは、新たな取引先の確保につながる重要なプラットフォームになっていた。すなわち、進出国の地域資源や優位性を活用することは現地発イノベーションに有効に働いている。翻って、試行錯誤のうえ行き着いた現在のガリバーのビジネスモデルは、進出国資源の活用がなければむしろ存立そのものが難しく、同社の成長の源泉は進出国資源の活用と現地発イノベーションの前提条件となっている。

以上のことから【仮説１】は支持されるものと思われる。

【仮説２】日本中小企業のリバース・イノベーション戦略には、進出国から本国への国境を越えた知のスパイラルアップによる知識移転（知識創造プロセス）が有効になる。

●紺野・野中の知識創造プロセスに本事例でみられた展開を当てはめて、整理してみると次のようになる（**図表10−16参照**）。進出国の優位性を有効に活かすためには、言い換えれば、現地人材を育成し定着させるためには、日本と異なる現地の文化や風習に合ったシステムの再構築が必要であった。そこには、現地の責任者が提案する改善案と向き合い議論したり（暗黙知）、現地責任者が自主的に試行錯誤行う実験をよく観察したりと（暗黙知）、現地

図表10−16　ガリバーの知識創造プロセス

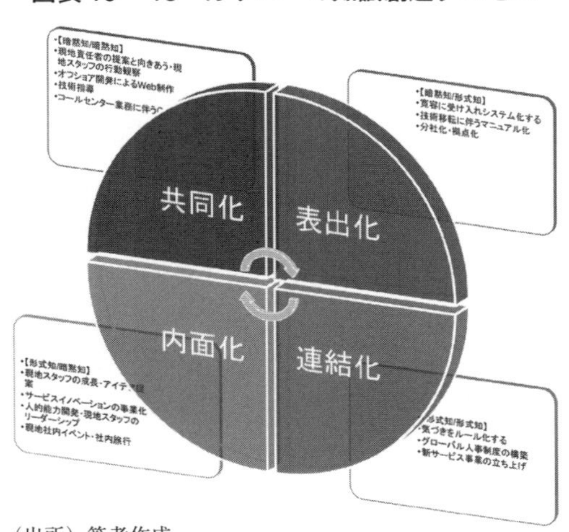

（出所）筆者作成

に適した新しい慣習を寛容に受け入れ日本のよき面と折衷する形でシステム化（形式知）していく地道な作業とコミュニケーション・チャネルがあった。洪は、マニラやセブ拠点に長期出張するなかで、現地のこうした動向やそこで得られた気づき（暗黙知）を本社や経営陣に持ち帰りフィードバックすることを繰り返し行っていた。フィードバックされた情報がやがて制度化（形式知）されることで、組織全体のルーティン（形式知）に落とし込まれていった。たとえば人事評価システムの構築プロセスがまさしくこのプロセスのうえに成り立っている。この制度で現地スタッフは育ち現地発のアイデアが出されるようになった。

●中小企業の進出をニーズとしたワンストップサービスとして進化したサービス・イノベーションは、社内でしか通用しない専門的なノウハウを、日系コミュニティのなかで得られた情報をヒントに、フィリピンの産業集積の地域資源を活用し、社外でも通用するシステムへと転換を顧客とともに共創し進化させたサービスである。すなわち、一連のグローバルな知識移転の流れのなかで、社内でしか通用しない専門的な知識や常識がフィリピンの産業集積のなかで知りえる情報ニーズから学習という形で咀嚼されることで、社外でも通じる付加価値の高い専門的な知識として変換され、競争優位へと転換・進化していた。よって、グローバルな知識創造プロセスは人間同士のFace to Faceの関係性のなかで「対立項を乗り越えるための組織学習の場」である産業集積を通じて進行していたと捉えることができる。

以上のことから、【仮説２】は支持されるものと思われる。

【仮説３】中小企業のサービス業では、海外進出にともない創出した新サービス開発や既存サービスの改良を実施したイノベーションは、本国本社の成長をもたらす。

●ガリバーは海外進出を契機に、創業と同時に始めた通販サービスに加えて、オフショア開発によるWeb制作、翻訳、映像制作など次々と新しいサービス事業を立ち上げた。新しい事業は、アウトソーシングすることなく常に自社で一から開拓していったものであり、それゆえ、他社から「アウトソーシングされる」サービスが事業の中心となっていった。最終的には、新事業を支える販路開拓交渉、契約手続き、社内体制、人材育成に至るまで一連の海外進出に必要となるノウハウがガリバー自体に蓄積されていった。このワンストップサービスとしてのノウハウの蓄積は、他社がそう簡単には模倣することができない体験知と暗黙知によるところが大きく追随が難しいため、付加価値が高く利益率も高い。トータルコーディネートとしての価値の提供だけではなく、逆に、部分的にサービス（たとえば、依頼元の中小企業のサービス・製品の強みを映像によって可視化して提供したり製品やサービスを代理で売り込んだり）の請負を求められても大抵のことは対応できることが強みとなった。ガリバー自身が直面した一連の課題は、現地に進出後の日系企業だけではなく、当然のことながら、これから海外進出しようと真剣に考えている日本の中小ベンチャー企業にとって同様の課題でありニーズにもなる。ニーズがあり利益率も高いこのサービスにより、同社の成長は堅調なものとなった。よって、海外進出にともない創出したイノベーションは、還流先にニーズがある場合には進出国で受け入れられた後に本国や第三国に市場対象を広げることで売上を伸ばす、といえそうである。

以上のことから【仮説３】は支持されるものと思われる。

Ⅳ むすびにかえて

上記３つの仮説は概ね検証できたものと思われる。本事例では、海外進出によって行われたビジネスは、単に日本で行ってきた延長線上のようなものではなく、新たな挑戦の連続であった。仮説検証からの重要な示唆は、リバース・イノベーションは中小製造業のみなら中小サービス業においても適用できそうだ、ということである。ここでいう「リバース」の原因となる現地発イノベーションは、コモデティ化から逃れるための顧客主体のサービス・イノベーションのことをさす。このサービス・イノベーションを起こす重要な要素ともいえるビジネスモデルの転換を実現することは、リスクが高く決して容易なことではない。しかし、機動性が高く柔軟かつ迅速に意思決定を行うことができる中小企業にとって、海外進出にはサービス・イノベーション創出による成長の機会が無限に存在することを示唆している。

その実現には、新たなビジネス・アプローチとそのための組織対応が必要となる。したがって、ビジネスモデルの転換には顧客との試行錯誤による「共創」が有効となる。顧客を主体とした新たなビジネス・アプローチにともなう組織変革の実現には、トップマネジメントおよびミドルマネジメントのイノベーション能力が必要不可欠となる。このトップマネジメントとミドルマネジメントのイノベーション能力には、日本的経営によって培われた日本中小企業特有の能力と進出先の地域資源の活用と掛け合わせによる学習効果を発揮できるかどうかが実現の鍵を握る。そして、経営資源の限界を克服するためにオープンに現地のリソースを活用することが前提条件となる。このような能力と実現のための要件を考慮することが、日本中小企業のリバース・イノベーション戦略の成功率を高めるうえで重要なポイントといえよう。

謝辞

本章のケースは株式会社ガリバー平山代表取締役社長、洪専務取締役、野田人事担当執行役員、馬場セブ支店長、岡田マニラ支店駐在員、小川本社社員、ジェトロ・マニラセンター鎌田駐在員（いずれもヒアリング当時の役職）、海外インターン生８名（2012年よりガリバー様に受け入れて頂いている筆者のゼミ生）、に対するヒアリング調査に基づくものである。なお、野田浩平氏は、2014年２月から2015年６月まで株式会社ガリバーの人事担当執行役員兼研修事業部長を務めている。そのため本章の監修に加わって頂いた。ここに深謝の意を表したい。なお、本章における一切の誤りは筆者の責任に帰すものである。

（注）

(1) 本章は、ケースで取り上げる株式会社ガリバーに対する約5年間のフィールドリサーチに基づき記述している。具体的には、海外進出後の2011年8月から2016年12月に至るまで年に2回（主に3月と9月）フィリピンのマニラ支店およびセブ支店を現地訪問し1回2時間程度（計10回 × @2時間＝20時間程度）の聞き取り調査と定点観測に基づくフィールドリサーチである。

(2) 本章は、拙稿「中小企業のイノベーション戦略～フィリピンに海外進出するベンチャー企業の事例～」、第49巻2号、立正経営学会、2017年を本書のために大幅に加筆・修正したものである。

(3) 念のため確認しておくと、この仮説の前提にはグローバル時代における現代のイノベーションは先進国のみならず途上国や新興国においても起こりうるものであり（Govindarajan, 2012、丸川・駒形, 2012)、イノベーションが起こりやすいのは「競争と協調」によるバリューチェーン（Porter1998）や「外部経済」（Marshall, 1920）を効率的に生み出す産業集積による効果が一因となる、という概念整理に基づくものである。

(4) この仮説は、第6章における検証でもそうであったように、進出国から本国へイノベーションをフィードバックするためには、企業内でしか通用しない専門知識から脱却し、組織外でも通用・応用できる知識へと発展させるプロセスを必要とし、それを実現する「場」を産業集積として捉えることを前提としている。つまり「対立項を乗り越えるための組織学習の場」として産業集積を捉え（長山, 2012)、そこで得た知識を海外拠点から本社へ国境を乗り越えて創造的なものへと転換するプロセスを概念化したフレームワークとして「知識創造プロセス」（紺野・野中, 1995）を用いて検証を行う。

(5) オフショア開発とは、システム開発やweb制作などのIT分野における製造を日本より安い労働コストを活用し生産コストの安い国に生産拠点を移転させたりアウトソーシングしたりすること。製造業のアジアへの生産拠点の移転と同じ論理によるものでコスト削減を狙った戦略の一つである。

(6) 平山は一つの商品あたり数万円の利益を得られることを実際に自ら検証したうえで実行に移した。

(7) 法人は平山が当時在籍していた金属加工会社の所在地と同じ埼玉県八潮市に2002年に登記している。八潮市内に在庫を保管するための倉庫を借り始めたのもこの時期である。以後、売り上げは数年内に数億から十億円の大台を超える規模まで増大し、会社規模はみるみる成長していった。

(8) 洪は大手複合機メーカーの駐在員および駐在所長として1996年10月から2002年10月までフィリピン・マニラに滞在している。

(9) CAD技術者とは、コンピューターを使って工業製品や電子回路、建築物などの設計を行う技術者のこと。また、その設計を行うためのシステムやソフトウエアに関する知識を持つ技術者のこと。

(10) 顧客の問い合わせやクレームに対応する単なるコスト・センターで終わらさないために、企業に成り代わり、顧客・エンドユーザーの声を吸い上げ、新商品や新サービスの開発やアイデア作りのきっかけを提供している。

(11) 当初はセブのITパークというビジネス特区のレンタルオフィスで活動していたが、2011年にセブ最大の中心市街地に位置するアヤラビジネスパーク地区のオフィスビルに移転した。このときオフィススペースは100人収容規模まで拡大した。

(12) この背景には、世間は訪日中国人や東南アジアからの観光客が多く日本に押し寄せ、百貨店や家電量販店、スーパーなどでの爆買いなどが話題となっていたことがあげられる。こうした動きから越境ECという言葉が使われ出し、日本の事業者が中国やその他海外圏に対してEC事業を展開しようとする潮流になっていた。そこに、同社のフィリピンで蓄積されたノウハウとビジネスモデルがウリとなる新たな事業領域となっている。

(13) その後、本社は東京都千代田区神田に移転しそれまで本社であった八潮は現在「管理部門」の拠点となっている。

(14) ジェトロ提供資料による。日本アセアンセンター「在 ASEAN と中国の日本商工会議所等会員企業数」も参照した。

(15) 長らく米国の植民地下に置かれていたことや米国への出稼ぎ労働がフィリピン経済を下支えしている実態もその理由となっている。

(16) セブで開講している英語語学学校およびスカイプ英会話学校の日本人が経営する３校に行った聞き取り調査結果による。うち１校の経営者は、ガリバーセブ支店で１年ほど働いたのちにセブで自ら語学学校を起業した。

(17)「QQ イングリッシュ」はセブにある日系オンライン英会話の先駆け企業であり最大手。母体となっているのは日本の「株式会社キュウ急便」バイク便の会社である。QQ イングリッシュは現在英会話教師750名を抱えるフィリピン最大の語学学校にまで成長している。卒業生13000人以上を送り出している。ちなみに有名にはならなかったが日本資本の最初のスカイプ英会話の学校は2005年設立である。

(18) 現地調査で行った聞き取り調査による。公表されている統計データは筆者が探した限り見当たらなかった。

(19) 外国人技術者のビザ申請、渡航手続き等の煩雑な業務はすべて同社で代行している。

〔参考文献〕

C.K Prahalad (2004). *Fortune at the Bottom of the Pyramid*, Revised and Updated 5th Anniversary Edition, The：Eradicating Poverty Through Profits Frederick (スカイライトコンサルティング訳『ネクスト・マーケット―「貧困層」を「顧客」に変える次世代ビジネス戦略』英治出版、2005年).

Etienne Wenger, Richard McDermott, William Snyder (2002). *Cultivating Communities of Practice：A Guide to Managing Knowledge.*, Harvard Business School Publishing (野村恭彦監修・野中郁次郎解説・櫻井祐子訳『コミュニティ・オブ・プラクティスナレッジ社会の新たな知識形態の実践』翔泳社、2007年).

Marshall, Alfred.(1920) *Principles of economics* (*8th ed.*), London：Macmillan (永沢越郎訳『経済学原理』岩波ブックサービスセンター, 1997年).

IMF, World Economic Outlook Database, October 2014.

Doz, Y., Santos, J., Williamson (2001). *From global to metanational.* Harvard Business School Press, Boston.

Henry William Chesbrough (2011). *Open Service Innovation：Rethinking Your Business to Grow and Compete in a New Era*, Jossey-Bass (博報堂大学ヒューマンセンタード・オープンイノベーションラボ監修・監訳『オープン・サービス・

イノベーション 生活者視点から、成長と競争力のあるビジネスを創造する』CCCメディアハウス、2012年).
Porter, Michael E. (1998). *On competition*, *Boston*, Mass：Harvard Business School Publishing（竹内弘高訳『競争戦略論Ⅰ・Ⅱ』ダイヤモンド社, 1999年）
Vijay Govindarajan (2012). *Reverse Innovation*：*Create Far From Home*, *Win Everywhere*, Harvard Business Review Press（渡部典子訳『リバースイノベーション』ダイヤモンド社、2012年).
Yin, Robert (2013) *Case Study Research*：*Design and methods*, Sage.
海外調査部アジア太平洋州・中国北アジア課（2015).「2014年度 アジア・オセアニア進出日系企業実態調査 」ジェトロ。
長山宗広（2012).『日本的スピンオフ・ベンチャー創出論−新しい産業集積と実践コミュニティを事例とする実証研究』同友館。
丸川知雄・駒形哲哉（2012).「発展途上国のキャッチダウン型イノベーションと日本企業の対応—中国の電動自転車と唐沢製作所」RIETI Discussion Paper Series 12j-029.
紺野登・野中郁次郎（1995).『知力経営 ダイナミックな競争力を創る』日本経済新聞社。
西澤昭夫・金井一頼他（2012).『ハイテク産業を創る地域エコシステム』有斐閣。

（吉田 健太郎／野田 浩平）

第11章
中堅企業のサービス業における事例
―タイおよびベトナム―

I はじめに

第3章では、知識移転研究とりわけ移転の困難性に関する研究の観点から、日本の中小企業が海外拠点で起こしたイノベーションの本国への還流や第三国への移転を実現させるための条件を、仮説として提示した。本章では、リバース・イノベーションの実現が期待される日本中堅企業、とりわけサービス業の海外拠点を対象とした聞き取り調査を実施し、リバース・イノベーション実現の成否を確認すると共に、背景の分析によって、仮説を検証することを目的とする。 本章の構成は以下の通りである。Ⅱ節では、第3章で提示された仮説を検証するための調査および分析の方法の説明、Ⅲ節は、調査によって得られた事例とその解釈についての記述、Ⅳ節では、Ⅲ節の事例の考察、Ⅴ節では、結論としてインプリケーションおよび本章が残した課題と今後の展望とする。

Ⅱ 調査と分析の方法

第3章で提示した仮説は、以下の通りである。

【仮説1】 リバース・イノベーションを実現させる日本の中小企業は、移転先において、現地のニーズを把握するための経営資源に投資し、活用する能力を持っている

【仮説2】 リバース・イノベーションを実現させる日本の中小企業は、移転先

において、現地知識を吸収するための経営資源に投資し、活用する能力を持っている

【仮説３】リバース・イノベーションを実現させる日本の中小企業は、そうでない企業に比べて、移転先において現地知識を吸収するための抵抗が低い

【仮説４】リバース・イノベーションを実現させる日本の中小企業は、日本本国あるいは再移転先において、同様あるいは類似の、イノベーションのニーズの存在を発見するために経営資源に投資し、活用する能力を持っている

【仮説５】リバース・イノベーションを実現させる日本の中小企業は、日本本国あるいは再移転先において、それに関連した技術や知識を吸収するための経営資源に投資し、活用する能力を持っている

これらの仮説は、林（2016）の議論を踏まえ、イノベーションの源とされる知識の移転や活用の過程を、第１段階の本国本社から海外拠点への知識移転、第２段階の現地でのイノベーション、第３段階の本国本社あるいは第三国への知識移転という３つの段階に分けて設定し、それぞれの段階で企業が保持あるいは発揮すべき能力について、中小企業に関する各種統計調査を利用して、仮説として設定したものである。第１段階を省いた第２段階において、上掲の１から３の仮説、第３段階において、４と５の仮説を設定した。したがって、調査対象の企業においてリバース・イノベーションが実現出来ているとの証言が得られるのであれば、５つの条件を仮説がクリアされていることになる。一方、実現されていないとの証言が得られれば、５つのうち少なくとも１つは仮説がクリアされなかったということになる。本章の各事例では、クリアされていない背景についても分析する。

１．調査および分析方法

本章における調査は、質的調査方法としてケーススタディリサーチ（Yin, 2013）を採用した。その理由は、上掲の仮説を検証するには、調査対象の企業

から、リバース・イノベーションが実現しているかどうかに関する証言を、対談の中から引き出す必要があるからである。本当にリバース・イノベーションを実現させていても、彼ら自身がそれを認識していない可能性があるからである。また、もう一つの調査目的である、実現している理由あるいはそうでない理由を明らかにするのに、量的調査で推し量ることは困難だからである。したがって、予め、質問項目を設定した上で、インタビュー中にそれらの質問を組み込み回答してもらう半構造型インタビューを採用し、調査に臨んだ。インタビューでは、あえて、イノベーション、あるいはリバース・イノベーションといった用語は用いずに、以下の内容を尋ねた。第二段階における仮説1から3に関して、(1) 御社（海外拠点）では現地のニーズを把握するためにはどのような活動をしているか、(2) 海外拠点の活動によって、日本にはない、新しく得られたモノ・コトはあるか、あるとすれば、どのような経緯・背景で得られたものか、(3) それを得るのに外部の企業や組織等からの協力は得られたか、そうした協力はどのように得たのか、をそれぞれ仮説に対応させた質問をした。第三段階における仮説4と5に関しては、(4) 日本本社は、海外拠点で新たに得られたモノ・コトに関心を持っているか、関連する情報を得、活用しようとしているか、(5) 海外拠点で得られたモノ・コトを、海外拠点自身は日本本社に積極的に発信しているか、それはどの程度受け入れられたのかについて、それぞれ仮説に対応させた質問をした。インタビュー内容は、インタビュイーの了解を得て、IC レコーダーに録音し、その後テープ起こしをし、それぞれのインタビューの中で尋ねた上の質問についての回答をコーディングによって整理し、新聞、雑誌や、当該および関連企業のプレスリリース、アニュアルレポート等の発行物といった資料も用いてその回答の内容によって可否を判断した。

2. 調査対象

本章での調査対象企業は、日本に本社を置く中堅企業のサービス業を選択した。サービス業を選択した理由は、他章で調査している業種との重複を避けるためである。なお、中小企業庁の定義によれば、サービス業における中小企業の定義は、「資本金の額又は出資の総額が5千万円以下の会社又は常時使用する従業員の数が100人以下の会社及び個人」としているが、この定義を厳格に適用してしまうと、調査自体の実現性が危うくなるため、本章では、本社単体の正規従業員が1000人以下の企業を中堅企業と定義し、「中堅企業」を調査対象とした。

そのサービス等の中堅企業のうち、日本側組織が主体となって海外拠点を設置し、日本側からの人員派遣を含め、経営資源を日本から移転させ事業を展開させている企業を選択した。したがって、日本人が、現地で起業した企業は除外した。その理由は、本著書の枠組みである、日本本社（側）からの知識を海外拠点が活用することでイノベーションを起こし、それを日本本社や第三国の海外拠点に還流させるという、リバース・イノベーションの枠組みには、日本側組織からの海外直接投資を得た、海外拠点の存在が前提となるからである。

以上のフィルタリングを経て、2016年3月にタイ・バンコク、また2017年8月にベトナム・ホーチミン市にて、計11社を対象としたインタビュー調査を実施した。その中で、上記の条件に当てはまらない（ことが判明した）企業、また上掲の仮説1から5に対して半数以上可否の回答を得られなかった企業を除き、計3社を、本章で事例として掲載する。

その3社は、1.アフィリエイトおよびメディアコンテンツ事業を手がける、インタースペースの子会社で、タイ・バンコクに所在する、「Interspace (Thailand) Co., Ltd.」、2.京都、大阪、神戸といった関西地方を中心にサッカースクールを展開するアミティエスポーツクラブがベトナム・ホーチミン市に設立した「Amitie Sports Club Vietnam」、3.および介護事業をフランチャイズ形式で手がけるさくら介護グループのベトナム法人である「Sakura Kaigo Vietnam」である。**図表11－1**はその企業の概要である。

図表 11－1　調査対象企業概要一覧

日本法人名	インタースペース	アミティエスポーツクラブ	さくら介護グループ
創業年	1999年	2002年	1983年
資本金	984,653,800円 (2016年9月末現在)	NPO法人のためなし	4200万円 (2015年3月現在)
日本の従業員数	336名 (2016年9月末現在)	N.A.	348人 (2017年9月現在)
業種	インターネット広告事業、メディア事業	サッカークラブ運営、子供向けサッカースクール運営(ベトナムではサッカースクール運営)	介護サービスのフランチャイズ展開支援事業、(ベトナムでは家事代行サービス事業)
現地法人名	Interspace (Thailand)	Amitie Sports Club Vietnam	Sakura Kaigo Vietnam
所在地	タイ・バンコク	ベトナム・ホーチミン市	ベトナム・ホーチミン市
現地法人設立	2013年	2014年	2012年
現地法人規模	約10名	約5名 (サッカースクール講師を除く)	約40名
調査日	2016年3月8日	2017年8月23日	2017年8月24日
調査時間	約1時間半	約1時間半	約1時間半
インタビュイー	N氏（代表取締役）	K氏（代表）	U氏（代表取締役）

（出所）各社資料を基に著者作成

インタースペースは、1999年に設立され、東京・新宿に本社を起き、アフィリエイト広告およびメディアコンテンツ事業を主軸とした事業を展開する業界大手企業である。近年事業を急速に拡大しており、資本規模や従業員数では、大企業に分類されるが、上述の理由からここでは中堅企業に準ずるものとして扱う。タイ子会社の Interspace（Thailand）Co., Ltd. は、2013年に設立され、タイ・バンコクに事業所を置き、日本同様に、アフィリエイト広告を主たる事業を展開している。著者は、そのバンコクでの事業所において、2016年３月８日に代表取締役のＮ氏に約１時間半のインタビュー調査を実施した。

アミティエスポーツクラブは、京都を基盤としたNPO法人である。1989年に、教育研究社のサッカー部「教育研究社 FC」として発足し、日本では、社会人チームをトップチームとするチーム運営の一方、スクールも運営している。ベトナム・ホーチミン市に所在する Amitie Sports Club Vietnam は、海外展開を志向する代表者の意向を受けて、代表のＫ氏がベトナムに渡航し、

2014年に発足した。著者は、そのホーチミン市の事務所において、2017年8月23日に、代表のK氏に約1時間半のインタビュー調査を実施した。

さくら介護グループは、広島と東京に本社を置き、介護サービスのフランチャイズ展開支援事業を展開する。1983年に、広島で環境衛生管理事業を営むクリーンライフ株式会社として設立され、全国展開を経て、2012年にSakura Kaigo Vietnamを設立した。著者は、そのホーチミン市の事業所において、2017年8月24日に、代表取締役のU氏に約1時間半のインタビュー調査を実施した。

Ⅲ 調査結果と考察

結果から述べると、3社いずれからも、現地でのプロダクトあるいはプロセスイノベーションが起きている証言を得ることは出来たが、それが日本や第三国に還流している、つまりリバース・イノベーションが実現しているという証言を得ることは出来なかった。ここでは、インタビュイー証言を中心に、海外拠点発のイノベーションについて整理すると共に、どのような理由で、それらが還流しないのかについて分析する。

ケース1：Interspace (Thailand)

Interspace（Thailand）社（以降I社）は、オフショアやBPOといった形ではなく、事業マーケットとしての海外進出を志向し、タイ国内におけるインターネットアフィリエイト広告事業を展開させるため、2013年に設置された拠点である。2017年9月現在で、タイの他に、インドネシア、ベトナム、シンガポールに拠点を持ち、インドネシア、ベトナム拠点は、現地市場向けの事業を展開している。N氏によれば、タイでの広告市場は、未だオフライン広告が主であるが、人口規模と携帯端末の普及度合いから、事業を展開するにあたって市場規模と潜在性があると見込んで進出している、と言う。ただし、インターネットを含めたインフラ整備状況や市場環境が大きく異なることから、ビジネスモデルは日本と大きく異なり、一から新たなビジネスモデルを整備し、顧客を開拓する必要があったとため、I社の顧客は、米国、欧州、タイ系との企業といった「非日系」顧客が中心である、と言う。現地顧客を多数開拓しているということは、仮説1、2、3にあるような現地ニーズを把握、現地知識の吸収、現地知識の吸収への抵抗といった諸条件はクリアしているものと考えることが出来る。また、日本にはなかった「保険業」を対象とした顧客を獲得することに成功している、という証言を得た。

一方で、革新的なビジネススキル、新商品やサービスを日本、ベトナムやインドネシアに移転出来ているかどうかと言うと、ないという証言を得た。そこで、その原因について、N氏はいくつかの証言を挙げた。

一つ目は、市場環境についてである。上述のようにインフラ整備状況や市場規模、また競争環境が大きく異なるため、仮にタイ法人で実践しているビジネススキルや開発したプロダクトがあっても、それを他所で活用することは難しいのではないか、と言う。また、タイ法人の日本法人における重要性についても言及している。タイ法人は出資に関する法令から49%が日本本社出資であり、インタビュー実施時には、赤字であった。ところが、競合他社がいなこと、また市場が未熟かつ参入から間もないことといった背景もあり、先行投資という形で日本本社から運用資金を入れてもらっている状態であった、と言う。したがって、タイ拠点と日本本社との環境の相違ゆえ、日本本社がタイで得られたイノベーション自体に興味を持たない、加えて、タイ拠点が日本本社に与えるダメージもメリットも小さいことから、日本本社がタイ法人から得られるスキルや新商品はない、と思っている、と考えることが出来る。

二つ目は、社内のコミュニケーションの問題である。上掲のように、日本から出向しているN氏以外の従業員10数名は全てタイ人で、社内では英語でコミュニケーションを取ることを原則としている。しかし、うち数名は英語を理解しないと言う。また、タイ人のトップマネジメントがおり、N氏が業務上での指示をすることはなく、N氏は意思決定とマネジメントに専念しているとのことである。加えて、N氏が挙げたのは、タイ人の国民性についてである。

「タイ人はネガティブな報告は自分の評価を下げると思うのでしない」と言い、特に悪い問題について、タイ人スタッフからの情報がN氏に届きにくいのだ、と言う。したがって、業務上のコミュニケーションが満足に行えていないことで、現地企業と直接コミュニケーションと取るタイ人従業員の正直な意見を得たりそれを業務に反映させたりすることが十分でない、とN氏が認識している、と言うことができる。

三点目は、日本本社とのコミュニケーションの問題である。上掲のように、日本本社に与えるタイ拠点への良い影響も悪い影響も小さいことから、日本本社は、タイ拠点に積極的に関与することが少ない、と言う。N氏自身は、日本本社とのやりとりはスカイプでの、週次の進捗報告をしている程度だ、と言う。このことで、日本から離れていたり、日本本社とのコミュニケーションが足りなかったりすると、日本側がどういう情報を欲しいのかニーズを把握出来ないので、タイ側から発信すべきものが分からない、とも言う。N氏は、インターネットビジネスは流行り廃れが早いので出来るだけセンサーを張っておきたいです、とも発言している。したがって、上掲の二点目と併せて考えると、N氏も含む日本本社側が、日本側におけるニーズとタイで創出させたイノベーションのマッチングを考える機会もない、と言うことが出来る。

以上の証言を踏まえると、仮説4については、本社が現地発の知識を吸収する意欲を持っているかどうかというと、否定せざるを得ない。また、仮説5については、上掲のように「これから発信していかないと、と考えている」「もっと発掘出来るはず」と言う一方、「こちら（N氏）としても日本でのニーズも把握しなければならない」という証言を得た。意志はあるが、その実現には至っていないようだ。したがって、タイ側のイノベーションの種だけでなく、日本側にそのニーズがないかどうかを把握しなければ、仮説5をクリアすることは出来ない、と言うことが出来る。

ケース2：Amitie Sports Club Vietnam

Amitie Sports Club Vietnam（以降A社）は、ベトナムでのサッカースクール展開を検討］ていたアミティエスポーツクラブが、現在代表を務めるK氏を派遣させる形で設立された。出資は学校等教育機関に多く出資するベトナム人をオーナーとし、その合併という形で設立した。2016年から日本人の子供数十人も対象にしているが、受講するベトナム人子弟は、ホーチミン市およびハノイにおいて1300人とのことであり（日本では約4000人とのこと）、その背景には「日本ブランド」も一役買っている、とN氏は言う。ベトナムでポピュラーなFacebookといったSNSだけでなく、チラシを作成して比較的世帯収入の高い家庭の子弟が通う小中学校の校門前などで、ベトナム人、日本人スタッフが自ら配布している（月謝が高額であるため、とのこと）。その効果もあって、現在急成長中であるそうだ。

そのベトナムにおける「サッカースクール」の市場特性をK氏に問うと、教育に関する、日越間の考え方の相違を挙げた。一概に、サッカースクールは、サッカーの技術を向上させる（ためだけの）場所である、とベトナム人は考えるため、日本のように、スポーツを通じて、礼儀作法を身に着けたり、ものを大切にする心を養ったりすることを目的とするような、スポーツを教育の一環とするという考え方はない、と言う。そのため、A社の方針を説明し、理解してもらうことが必要であり、それに腐心する、と言う。加えて、ベトナムの親は過保護で、練習中にグラウンドに入って、子供に水を飲ませたり、汗を拭いてあげたりしてしまうため、一人で出来ることはする、という教育方針も理解してもらわないといけない、と言う。当然このような方針を受け入れない親もいると言うが、それでも急成長を続けているということで、仮説１、２、３にあるような現地ニーズを把握、現地知識の吸収、現地知識の吸収への抵抗といった諸条件はクリアしているものと考えることが出来る。

しかしながら、ベトナムで得られたスキルやプロダクトを日本に移転出来ているかどうかと言うと、ないという証言を得た。そこで、何がその原因なのかを探ると、K氏はヒントとなりうるいくつかの証言を挙げた。

第一に、市場環境の相違についてである。上述のように、ベトナムと日本とでは、教育に対する考え方が異なることから、ベトナムで得たスキルを日本に持ち帰って活用することは難しいのではないか、日本においてニーズを発掘することが困難であろう、と言う。

第二に、日本側とのコミュニケーションの問題である。良い意味で、日本側はベトナム側に物を言わず、自由放任だ、とK氏は言うが、出資を受けた後に、日本法人は他組織と合併をしてしまい、新組織はA社に対して関心を持ってもらってない、と言う。加えて、現時点で日本側と定期的なコミュニケーションはない、とのことから、こちらで組織として得たビジネスモデルや、K氏が個人的に得たスキルを、日本に還流する機会に恵まれていない、ということが出来る。

以上の証言を踏まえると、仮説4については、日本側が現地発の知識を吸収する意欲を持っているかどうかというと、コニュニケーションのチャネルを持っていないこと自体で、否定せざるを得ない。また、仮説5についても、新たなニーズを発掘するべきだとベトナムにいるK氏は考えているが、実現には至っていないようである。なお、K氏はベトナムにおいて、「起業家精神」や「経営理念を明確にして部下や顧客に発信することの重要性」を学んだので、日本側でも活用すべきだと考えており、日本に持ち帰りたいと考えている、と述べる。こうしたものを「イノベーション」と呼ぶことが出来るかどうかは怪しいものの、日本側の組織文化のイノベーションを促す何かを、K氏が個人的にベトナムで得ている、と解釈することが出来る。

ケース3：Sakura Kaigo　Vietnam

Sakura Kaigo　Vietnam（以降S社）は、日本では介護サービスのフランチャイズサービス支援事業を展開する企業であるが、ベトナムでは家事代行サービスを自ら行う。その経緯は、ベトナムを視察に訪れたさくら介護グループの社長が、ベトナムでの新規事業展開の可能性を見出し、家事代行サービスを始めるべくS社を設立したことにあると言う。U氏はその当時からホーチミン市在住だったが、その際に社長と知り合い、同社現地拠点社長に就いた、と言う。なお、タイにおいては、さくら介護のフランチャイジーが家事代行サービス業を既に展開しており、そのノウハウを、ベトナムに持ち込んだ、と言う。なお、日本で介護サービスを行っている企業が、海外で家事代行サービスを行っているという点について、U氏は、バックボーンには「人を助ける」というポリシーがあるのでスキルにはそれほど大きな差はない、と述べている。ただし、さくら介護自体が元々介護サービスを長年行ってきているわけではなく、日本での経験は15年である。同社の顧客は、当初は、（駐在）日本人を想定していたが、（インタビューを実施した）現在では、ベトナム人が多いと言う。彼らがS社と契約をする背景には「日本企業」というブランドも影響しているのでは、とU氏は言う。A社同様にSNSを活用する一方、パートナー制度と言う、マンションの受付の人を介した紹介制度、また既存顧客からの紹介で顧客を順調に増やしているという。

こうした現地市場の開拓には、現地社長U氏による従業員の管理にも要因がもあると伺える。上述のように、S社における家事代行サービスのマニュアルは、タイのフランチャイジーからのものを移転させてきたいというが、U氏は、従業員の行動を観ながら、日本と同質のサービスを提供するだけでなく、スタッフのスキルアップのための枠組みを新たに開発している。例えば、ベトナム人スタッフ（家政婦）が理解し易いように、ベトナム人のリーダー（トレーニー）を早期に育成している。また、マニュアルにも改変を加え、例えば、スタッフによる盗難を未然に防ぐため、原則としてスタッフ２名で顧客宅に訪問している。このことから、仮説１、２、３にあるような現地ニーズを把握、現地知識の吸収、現地知識の吸収への抵抗といった諸条件はクリアしているものと考えることが出来る。上述の２社とは異なり、日本のスキルではなく、フランチャイジーではあるもののタイでのスキルをタイで得られたスキルをベトナムで利用するという意味で、タイから第三国であるベトナムへの「リバース・イノベーション」が、実現出来ていると言うことが出来る。

一方で、ベトナム拠点発のそうしたスキルの移転はあるかどうかについては、現在はない、という回答を得た。その原因について、U氏は、第一に日本側とのコニュニケーションを挙げた。定期的なものは、テレビ会議は週１回のみで、後はLINEで情報の共有がほとんどだと言う。そして第二に、市場環境の相違を挙げた。U氏が述べるには、現在のサービスの枠組みはベトナム人スタッフによって、ベトナム人向けに「日本的サービス」を提供するものであること、さらに何より日本に家事代行サービスの市場が未熟であることを挙げた。したがって、日本国内で2017年に一部の「特区」で始められた、外国人による家事代行サービスの解禁が、全国的なものとなり、かつニーズがあった場合、U氏が述べるには、「将来的にこちらのスタッフを日本に持っていくことを考えている」と言う。したがって、市場環境が変化した場合、ベトナムで雇用しスキルを持ち合わせたスタッフを日本に派遣することが可能となり、管理スキルをはじめとした何かが日本にリバースする可能性はあると言えよう。なお、さくら介護は、それを狙っているのかもしれないが、執筆時点で、日本本社の意図を確認するまでには至っていない。

Ⅳ 考　察

ここでは、以上の調査結果を仮説と照らし合わせて、考察する。まず、3社が発信するリバース・イノベーションが実現しているかどうかという点については、残念ながら3社とも実現していないという結果であった。

仮説1から3までが全て肯定されている理由としては、全ての企業が日本人あるいは日系企業を主たる顧客としておらず、いわゆる「非日系」顧客が主であるから、と考えることが出来る。「非日系」すなわち現地顧客をターゲット

図表11－2　仮説の検証結果

	Interspace	Amitie	Sakurakaigo
仮説1：現地ニーズ把握	○	○	○
仮説2：現地知識吸収	○	○	○
仮説3：現地知識抵抗	○	○	○
仮説4：再移転先ニーズ発掘	×	×	？（日本本社の意向が不明）
仮説5：再移転先知識吸収	×	×	？（日本本社の意向が不明）

（出所）インタビュー調査を基に著者作

としているということは、３社とも現地のニーズの把握や吸収は積極的に行っており、かつ現地知識吸収に対する抵抗も低いと言えよう。また、現地人スタッフの雇用と教育も必要である。このことから、現地発のイノベーションは多かれ少なかれ起きていると言える。

しかし、日本には、現地発のイノベーションが還流していない。理由として３社全てが挙げたのは、市場環境の相違である。簡潔に述べるならば、タイやベトナム市場で得られたプロダクトあるいはプロセスイノベーションの、日本市場におけるニーズがない、あるいはそれを見出すことが出来ていない、と言うことである。ただし、S社のように、日本における市場環境の変化が期待出来る場合は、既にリバース・イノベーションの可能性を見込んで海外展開をしているのかもしれない。その意図の有無については、日本本社への調査を持って明らかにすべきであったと言える。

第二は、I社とA社が挙げた、日本本社とのコミュニケーションの問題である。これは、日本本社側が現地のニーズを把握（仮説４）したり、また日本から派遣された駐在員が日本側のニーズを把握（仮説５）したりするための行動を取っているかどうかに深く関連している。すなわち、これら二つの「ニーズの把握」のために、海外拠点と日本本社との間にコミュニケーションのチャネルがあるかどうかは、知識移転を可能にする上での鍵と言えるが、I社とA社では、見受けられなかった。その理由は、日本本社側における、当該海外拠点の影響力の低さのため、情報収集の必要性が日本側に欠けること、またそもそも海外拠点側から日本側の事情を把握する機会に欠けている、といったように、主に吸収能力（Cohen & Levinthal 1990他）に関して課題を持っていると言うことが出来る。

第三には、社内のコミュニケーションの問題である。これは、I社において挙げられたが、言語的要因、または文化的要因によって、社内のコミュニケーションが滞ると、現地人スタッフが持っている情報を吸い上げることに困難をきたし、現地のニーズが日本（人駐在員）側に伝わりづらくなる。以上のように、仮説4,5が否定される理由として挙げられた３点は、市場環境といった外部要因だけでなく、知識移転の阻害要因となる、送り手と受け手のコミュニケーションチャネルの不足、受け手である日本側のモチベーションや、といった組織内部における要因にもあることが分かった。

V 結　論

本章では、タイおよびベトナムの日系中堅サービス企業計３社を対象として、リバース・イノベーションの実現の有無とその成否の要因を明らかにした。調査結果として、いずれのケースにおいても、リバース・イノベーションが実現したという証言を得ることはできなかった。ただし、日本や第三国市場におけるニーズが生まれた場合、タイあるいはベトナムで起きたイノベーションが活用される可能性は大いにある。例えば、S社では、タイでのスキルをベトナムで活かしているし、日本での法的規制が緩和されれば、ベトナムで開発されたイノベーションを日本で活用する機会は大いに期待することが出来る。

第３章と併せた、本章のインプリケーションとしては、知識移転という観点からのリバース・イノベーションを理論的または実証的な研究を行ったことで、リバースがなぜ実現するのか、しないのかといった背景を、より包括的に捉えることが出来たという点である。知識が移転するには、コミュニケーションのチャネルを設定することが大前提であり、その上で、属人的あるいは組織的な阻害要因をクリアされなければならないが、この調査の中では、それらの実現の成否がリバース・イノベーションの実現を左右しているという示唆を得ることが出来た。

また、実務的インプリケーションとしては以下の点が挙げられる。仮説１、２、３に係る、現地化については、「現地顧客」を対象として海外展開しているサービス業にとってはハードルにはなりえないという点である。ただし、今回お話を伺った３社のインタビュイーである社長のいずれもが、海外志向が強かったり、現地在住歴が長かったり、異文化への理解のある方々であることから、それらは前提条件となるかもしれない。

ただし、リバース・イノベーション実現のためのハードルとしては、上述の考察で述べたように、仮説４と５はクリアされなければならないことは明らかになった。仮説４、５がクリアされるには、日本本社にとっての海外市場の重要性や、市場特性を理解すること、また知識移転を円滑にすすめるための、海外拠点と日本本社との間のコミュニケーションチャネルを確立させることや、海外拠点内において日本人マネージャーと現地人従業員とのコミュニケーションが十分であることが求められるであろう。現地拠点への権限委譲や現地スタッフへの権限移譲と同時に、現地拠点や現地スタッフからの情報をいかに吸収するか、同時に、日本側のニーズをいかに日本側が発掘し発信するかどうかも鍵となるであろう。

一方で、本章では以下の点において限界を挙げることが出来る。第一に、現地顧客を対象としているのであれば、そもそも仮説１、２、３はクリアして当然なので、所謂愚問だったかもしれないので設定する必要はなかったかもしれないという点である。また、海外拠点でのイノベーション自体が実現しているかどうかについての仮説ではなかったように見受けられる。

第二に、仮説５については、はっきりと判断出来なかった点も挙げられる。なぜなら、本国本社側が吸収するための資源や能力を持ち合わせているかどうかについて、海外拠点は当事者ではないので。日本本社に尋ねるべきであり、彼らも対象とした調査をすべきであると言える。その調査は、本書出版に間に合わせることは出来なかった。

第三に、リバース・イノベーションが実現している事例を得られなかった点である。今回調査した３社において、仮にそれが実現していても、著者が引き出すことができなかった可能性もあり、より適切な調査方法を考慮する必要があると考える。

最後にこの調査を踏まえた今後の展望として、以下の点を挙げる。第一に、日本本社も対象とした調査、またより多くの数の企業を対象とした調査を実施することである。第二には、現地のイノベーションの発掘、また海外拠点から日本への知識移転の困難性に焦点を当て、関連した仮説を精緻化させた質的研究を行うと主に、量的研究も実施する。このことによって、海外からの知識のより効果的な還流のための提言をしたい。

〔参考文献〕

Cohen & Levinthal (1990), "Absorptive Capacity : A New Perspective on Learning and Innovation", Administrative Science Quarterly, Vol:35-1 (S), pp.128-152.

林倬史（2016）『新興国市場の特質と新たな BOP 戦略開発経営学を目指して―』文眞堂。

Yin, Robert (2013), Case study research: Design and methods (5th edition), Sage.

（高橋 俊一）

まとめ編

第12章
中小企業の海外活動における法的視点からのリスク管理

Ⅰ　はじめに

明治時代から、商社をはじめ、海外に進出して事業拡大をはかった会社は存在していたが、近年、グローバル化の進展に伴って、多くの企業が海外進出を行っている。国内の需要拡大が多くは望めない中で、海外に積極的に事業展開をすることによって、企業の収益基盤を安定化する狙いもある。事実、海外での収益の方が国内収益を凌駕している企業も多い。国内よりも安価な労働力によるコスト競争力確保、消費者立地の観点から需要に近い拠点の確保など、その理由はさまざまである。また、海外展開の直接のきっかけも、自動車産業のように、自動車会社が海外に現地工場を立ち上げるために、系列の部品メーカーも同時に海外進出する場合から、独立系の企業が新たなビジネスチャンスを求めて海外進出するケースまである。従前は、典型的な国内産業と考えられた鉄道ビジネスを行う会社も、安全・安心の鉄道システムを海外に技術供与するために、海外進出する例も見られる。

以上のような背景から、今日においては、業種・業態・規模等にかかわらず、海外進出を行っている企業が多いし、今後、ますます増加するであろう。世の中は、名実ともに、グローバル社会となっているのである。

他方、海外進出を行い、現地で企業活動を行うのに伴い、民族・宗教・政治体制・文化・国民性に至るまで、わが国で企業活動を行っていた場合と比較して、周辺環境が激変する。また、現地の法令を遵守する必要があるばかりでなく、現地特有の商慣習にも直面する。かかる違いを認識した上で、適切なリスク管理を行わないと、大きなトラブルとなり企業活動に大きな支障をもたらすばかりでなく、現地での活動の撤退や訴訟提起を受けることも考えられる。

海外子会社の不祥事や多額の損失が時々報道されることもあり、海外子会社は、親会社主導でリスク管理を行うために、直接の監査業務を強化したり、さまざまなリスク管理を講じることに力を入れてきているが、多くの企業は、まだ手探りの状況のようである。まして、独立系の中小企業の場合には、法的リスクに巻き込まれるリスク対応が必ずしも十分ではない場合が多い。わが国の中小企業が海外展開を行い、とりわけイノベーション戦略を積極的に進めることと併せて、一定のリスク管理の必要性を認識し、かつ具体的な対応を行うことは不可欠である。

そこで、本章では、わが国の基本法たる会社法やその法務省令の規定を確認した上で、海外で設立・活動する会社の特有のリスクを認識しつつ、法的リスクへの対応の基本的方向性について、実務の視点を踏まえながら検討する。

Ⅱ 海外展開する会社の特性と特有のリスク

1．海外展開するための外国会社のパターン

会社法では、外国の法令に準拠して設立された法人その他の外国の団体であって、会社と同種のものまたは会社に類似するものを「外国会社」と定義している（会社法２条２号)。外国会社が設立された国や地域で活動することとなれば、そこでの法令によって規律される。したがって、わが国の経営者が、海外で新たに会社を設立する場合はもちろんのこと、既に存在している外国会社を買収したり、合弁等の方式で資本参加する場合も、当該会社は、その国や地域（以下、まとめて「国」という）の法令に従うこととなる。

海外に新たな会社を設立する場合も、日本の親会社が完全子会社として設立する場合と、取引先等にも一部協力を仰いで親会社が主導して会社を設立する場合がある。かかるケースでは、日本の親会社が設立準備から携わり、設立後も親会社としての関与を強める傾向が強い。外国会社を買収した場合には、既

に既存の会社として現地で活動・運営しているわけであるから、設立国の法令や商慣習について一定の知見がある場合が多い。したがって、新たに親会社として主導権を持ったとしても、現地職員との関係も含めて、会社運営の成功の鍵は、買収した後の会社といかに良好な関係を構築できるかがポイントとなる。他方、日本の会社が資本参加する場合には、持株比率の多寡によって、外国会社の運営方法が異なることになるが、いずれにしても、合弁の相手先企業が現地企業の場合は、当該国の法令については知見があることから、株主間協定で必要な事前協議事項を定め、リスクが発生したときには、対応の主体や責任費用の分担割合等の方針を明確にしておくことが基本となる。

独立系の中小企業が、新興国で新たな活動拠点として自らの意思で会社設立を行う場合には、基本的には、独自で一定の法的なリスク対応の整備を行う必要がある。加えて、新興国では、法体系が未整備な国もあることから、純粋な法的な対応が制限されるリスクも存在する(1)。意欲的かつ先端の活動を推進したとしても、公務員に対する贈賄の問題、情報漏洩の危険等が発生すると、当初の海外展開の経営目標を達成することが困難になる可能性があることに注意しなければならない。

2．外国会社の特性と特性から派生したリスク

海外に拠点を持つ外国会社の場合、当該国特有の法令への理解にとどまらず、当該会社と日本を含めた諸外国との間で、物やサービスの輸出入を行う場合には、外国貿易法や不正輸出入取引法等の理解も必要である。また、現地の法律の適用（準拠法）や現地特有の商習慣も理解しなければならない。さらには、日本に親会社が存在する場合には、親会社が、直接監査を行おうとしても、時間やコストの物理的なハンディも存在する。加えて、国内のグループ会社と比較して、海外拠点の外国会社は、一般的には独立意識が強い傾向にある。とりわけ、外国人が経営者のトップとして会社経営を行う場合、とくにその傾向が強いように見受けられる。

この結果、外国の会社では、以下のようなリスクが考えられる。

第一には、管理の目が届かないリスクである。外国会社を純粋に立ちあげて、一切の経営上の管理を当該会社において自己完結型で行う場合には、自社内で管理のレベルを上げていくことが基本となる。外国会社に親会社が存在したり、合弁形式を採用している場合には、親会社や合弁のパートナー会社が一定のリスク管理を行うことが考えられる。もっとも、日本の親会社が存在する場合は、海外子会社に対して十分なリスク管理ができない可能性もある。

一方、新たな外国会社を設立する場合には、現地役職員の配属も含めた経営管理体制が重要になる。出資するのみで、経営は一切現地役職員に委任する方法もあり得るが、外国会社によってイノベーションを実施し、企業としての飛躍・発展を考えるのであれば、単に株主としてのリターンを期待するのではなく、経営管理に深く関わることになる。いずれにしても、日本国内の子会社と比較して、管理の目が届きにくい問題は存在する。

第二は、現地特有の商慣習による不正の温床のリスクの問題である。典型的なものが、公務員への贈賄である(2)。とくに、安価な労働力を求めて、欧米中心の海外展開から、新興国への進出が本格化することに伴い、当局からの許認可が必要となる中で、新興国での商慣習によって、賄賂等が行われる例が散見される。

このような常態化に対しては、OECD（経済協力開発機構）が1997年に、「国際商取引における外国公務員に対する贈賄の防止に関する条約」（Comvention on Combating Bribery of Foreign Public Officials in International Business Transactions（1997））を採択したことに呼応して、近年、現地の公務員に対する不適切な慣習に対して、国際的に対応しようとする傾向(3)となっている(4)。すなわち、OECD条約の締結を受けて(5)、わが国でも改正不正競争防止法(6)によって、外国会社で発生した贈賄が、わが国の法律に基づいて適用となる域外適用となることにも注意が必要となる(7)。

第三には、とくに外国人の経営者にとっては、業績連動による報酬体系により、リスク管理の整備よりも収益向上志向が高い場合がある。リスク管理体制を構築し、適切に運用しようとすれば、一定のコストがかかるために、かかる管理体制の整備については抵抗感を持つことも考えられる。

第四は、IT統制の不備によるリスクもある。社内の機密情報や知的財産に係る情報が外部に流出したり、ハッカー等による不正な侵入によって、個人情報を含めた会社情報が盗まれるリスクもある。日本の親会社がリスクを評価しようと思っても、そもそも評価するに足るデータが揃わないリスクも考えられる。

Ⅲ 企業集団の内部統制システム

1．わが国の会社法の規定

海外拠点の外国会社については、前述したようなリスクが存在することから、わが国の会社法では、親会社が存在するときには、親会社として、企業集団の内部統制システムという概念を定めている。

会社法では、「当該株式会社及びその子会社から成る企業集団の業務の適正を確保するために必要なものとして法務省令で定める体制の整備」（会社法348条３項４号・362条４項６号）と規定している。企業集団の内部統制システムは、元々は法務省令である会社法施行規則で規定されていたが、平成27年５月１日から施行された改正会社法（平成26年法律第90号）において、会社法本体に格上げになった[(8)]。さらに、平成27年改正会社法施行規則（平成27年法務省令第６号）において、親会社が企業集団の内部統制システムを整備すべきことが明らかになるとともに[(9)]、①子会社取締役・使用人からの親会社への報告体制、②子会社の損失危険管理体制、③子会社の取締役・使用人の職務執行の効率確保体制、④子会社の取締役・使用人の法令・定款遵守体制の４つの内容が明示的に示された（会社法施行規則98条１項５号・100条１項５号）[(10)]。

内部統制システムとはリスク管理体制でもあることから[(11)]、親会社は、企業集団の内部統制システムの観点から、平成27年改正会社法施行規則で明示された内容を念頭に、子会社のリスク管理を行う法令上の義務が明確になったことになる[(12)]。しかも、内部統制システムについては、取締役会での決定・決議をした場合には[(13)]、その決議の内容の概要と内部統制システムの運用状況の概要を事業報告の内容としなければならない（会社法施行規則118条２号)。また、事業報告は、監査役（会）や監査（等）委員会の期末監査事項でもあることから、監査役等は、監査報告において、事業報告に記載された内容を監査した上で、その結果を記載する必要がある（会社法施行規則129条１項６号・130条２項２号)。したがって、親会社とすれば、自社単体の内部統制システムに限らず、企業集団の内部統制システムについても、取締役会で決議した構築とその運用状況について、広く株主に開示し、株主にその評価を委ねることになっている(14)。

現行会社法および会社法施行規則では、内部統制システムの決定・決議を求めているのは、会社法の大会社と委員会型の会社に限定しているものの、内部統制システムがリスク管理上も重要であることに鑑みて、会社法施行規則で規定されている親会社への報告体制等の整備を通じて、自主的に内部統制システムを構築している中小会社も増加してきている(15)。

２．外国会社への対応

海外拠点の外国会社は、当該国の準拠法に則って企業活動を行うことになることから、いわゆるリスク管理については、当該国の法令に従うことになる。たとえば、米国では、1977年に成立した海外腐敗行為防止法（Foreign Corrupt Practices Act of 1977）を契機として(16)、企業に内部統制システムの構築義務が課せられ、その後2002年に制定された連邦法であるサーベンス・オクスリー法（Sarbanes-Oxley Act of 2002）にもつながっている。また、米国司法省・米国証券取引委員会が考えているコンプライアンス体制は、①リスクの適切な評価、内規の整備、コンプライアンス部門の独立性と権限、社内の調査体制、第三者に対する調査、②効果的な研修、経営陣によるコンプライアンスへの注意喚起、③違反者に対する厳格な処分、効果的な内部通報制度などがある。

他方で、わが国の会社法が規定している企業集団の内部統制システムは、海外子会社にも適用となることに注意が必要である。すなわち、外国会社についても、日本法に基づいて設立された会社がその経営を支配していれば、会社法の子会社になるとの規定（会社法２条３号、会社法施行規則３条１項・２条３項２号）から、外国法に基づき設立された海外子会社も企業集団に含むことになる（江頭，2017）(17)。換言すれば、日本法に基づいて設立された親会社であれば、その海外子会社も日本国内の子会社と同様に、企業集団の内部統制システムの観点から、リスク管理体制を整備する必要がある(18)。企業集団の内部統制システムの構築・運用義務があるのは、会社法上の大会社または指名委員会等設置会社もしくは監査等委員会設置会社ではあるものの、リスク管理の重要性に鑑みると、これらに該当しない中小会社であっても、会社法施行規則で明定されている報告体制、損失危険管理体制、役職員の法令遵守体制等に留意した企業経営を心掛けることが大切である。

４．海外展開している中小企業のリスク管理

海外に拠点をもっている中小企業にとって、日本の親会社の子会社としての位置づけであっても、独立して海外進出した場合であっても、海外法令や商慣習等を念頭に、具体的にリスク管理を運用するのは当該会社であることに変わりはない。それでは、具体的には、どのような基本方針で、リスク管理を行ったらよいであろうか。

第一は、リスク管理体制の基本方針の周知徹底である。日本の親会社が存在していれば、親会社が企業集団の内部統制システムの観点に基づいて基本方針を定め、一方、独立系の外国会社であれば独自にリスク管理体制として相応しい基本方針を策定し、日本人役職員のみならず、現地役職員にも理解を徹底させることが重要である。具体的には、日本の親会社から直接説明する機会の確保や、独立系の外国会社であれば、当該会社の経営者が策定した方針を役職員が十分に理解できるように丁寧な説明を行うべきである。法令違反が繰り返されると、会社の将来はないとの理解が末端の現場役職員まで浸透しなければ、持続的な会社の発展はないと心得るべきである。

第二は、法令遵守状況を評価項目に入れることである。たとえば、不正会計

処理も含めた法令違反を犯した役職員については、懲戒解雇も含めて、降格・減俸・配置転換等の社内措置を行うことを明示することが考えられる。とくに、現地役職員を採用する際には、予め契約書や就業規則に明記しておくことを考えるべきである。とりわけ、現地トップについては、社内において法令違反をした場合には、業績が著しく向上したとしても評価されず、減俸となる場合や、会社に著しい損害を生じさせたときには、懲戒解雇となることを徹底させるべきである。

他方、法令遵守やリスク管理の向上のために、積極的な提案をした場合では、昇給・昇格に反映させるなどの仕組みも考慮に値する。すなわち、外国会社の役職員に対して、業績評価のみならず、コンプライアンスの観点からの提言・提案も評価項目に加えることである。

第三は、外国会社の役職員への定期的な法令遵守教育である。グループ会社も含めて、日本国内の会社では、職位や職務別に社内外の教育を実施することも多いが、外国会社の場合は、必ずしも十分に行われているとは言い難い。言葉の問題や社員教育を実施できる社員が不在という問題もある。しかし、会社法施行規則でも、内部統制システムの一環として、役職員への法令遵守体制の整備が規定されていることからしても、社員教育プログラムを策定した上で、定期的に実施していくことが重要である。とくに、知的財産情報の流出、贈賄等、当該国特有のリスクの高いと思われる事項については、法令の理解にとどまらず、具体的な対応について、行動規範やマニュアルに落とし込んで、周知徹底させるように役員クラスは心掛けるべきである。その際、当該国の法令にとどまらず、不正競争防止等、グローバルレベルで意識が高まっている項目についても、必要に応じて取り込んでいくことが必要である(19)。たとえば、独禁法違反のカルテル等では、国を跨った外国企業で行われることも多いので、独禁法違反の調査情報が、外国当局の間で共有されるリスクがある。いずれにしても、外国会社のトップにとっては、幅広い法令に対する一定の理解は不可欠である。なお、現地役職員の教育の際に、現地の商習慣・文化・企業風土等については、十分に尊重する配慮は必要である(20)。

第四は、現地の外部専門家の活用である。具体的には、現地の会計士・弁護士をはじめとした職業専門家との連携強化である。会計制度や法令については、当該国を拠点にしている会計士や弁護士がもっとも精通している。その際、できるだけ、日本企業の企業風土や文化にも、ある程度理解がある事務所や専門家を起用することが望ましい。法律分野では、近年、日本の大手法律事務所が積極的に海外に拠点を設置し始めているが、活動全体からみれば、まだ緒に就いたばかりである。また、大手法律事務所が新興国すべてに拠点を設けているわけではない。したがって、当該国に海外拠点として初めて会社を設立する場合には、既に進出している日系企業からの情報を参考にしつつ、慎重に外部専門家の起用を考えるべきである。日本国内では同業他社としてライバル関係にあっても、海外では、同じ日系企業として、情報交換を含めて相互に連携することも多い。海外では、不祥事が起きると、日系企業として一括りに批判を受けるケースが多いからである。もちろん、現地の法令や商慣習に精通した当該国の有能なスタッフを採用したり、合弁形態を採用している場合には、現地職員を含めた管理を基本的に合弁会社のパートナー会社の管理部門にある程度任せる方法もあり得る。

第五は、リスク発生のおそれや発生した際の情報伝達体制の整備である。すなわち、不正や不祥事のおそれ、または発生した際に、日本の親会社または外国会社内で情報が適切に伝達されることによって、リスク発生の未然の防止や損害の拡大を防止することが可能となる。リスク管理のための情報伝達体制については、会社内の属人性に任せることとはしないで、体制として整備することが重要である。たとえば、外国会社のトップの人間性に依拠し過ぎると、そのトップが異動や転職等で職場を去ると、情報伝達機能がストップする可能性が大きくなる。

情報伝達体制の仕組みとしては、内部通報制度や現地役職員に対する匿名のアンケートの実施が効果的である。内部通報制度は、わが国の企業文化では、必ずしも効果的に機能しているか疑問ではあるが[21]、海外では、内部通報制度の利用は、日本国内よりも抵抗感がないのが一般的である。もっとも、内部通報制度が十分に機能するか否かは、通報者に不利益な扱いをしないこと、通報を受けた内容の中で、コンプライアンスに関係する事項については、組織または会社全体として、目に見える形で対応を行うことが重要である[22]。

その上で、リスク対応の基本方針を予め定めておき、仮に不祥事が発生したときには、事実関係の迅速な確認と再発防止策の検討について、外国会社として最優先に対応すべきである。また、日本の親会社が存在する場合には、親会社の管理部門にも連絡をして、親会社も協力して直接関与する形を採用する。国によっては、政治問題化する可能性もあり、製品の不買運動等にも発展するリスクもあるからである。

V むすびにかえて

企業にとって、積極的な海外進出は、コスト競争力の確保のみならず、消費者立地による新たな需要を発掘したりすることにより、経営基盤の強化にもつながる。とりわけ、中小企業にとっては、日本国内需要が飽和化している中で、新興国の潜在的成長力は魅力である。また、新たな需要とあわせて、積極的なイノベーションを展開する土壌もある。

他方で、日本国内に限った活動とは異なり、それ相当の法的リスクを伴う。しかも、インターネット社会においては、不祥事や事件・事故は、瞬く間に拡散することになる。企業集団の内部統制システムが海外子会社にも及び、かつ親会社として整備する必要が明示的に示されたことから、日本の大手親会社は、海外子会社のリスク管理の具体的な整備を模索し始めている。もっとも、海外子会社により、その設立経緯や体制等が大きく異なることから、トータル的なリスク管理はこれからのようである。

企業集団に属しているか否かに関係なく、中小企業にとっても、海外特有のリスクを踏まえて、一定の法的リスク管理を行うことが重要である。海外で新たな挑戦をする一方で、不祥事に巻き込まれてしまっては、その挑戦に割くことができる経営資源を法的対応に傾注せざるを得なくなり、企業活動にとって大きな支障となるからである。

今後は、法的整備が必ずしも十分でない新興国において、個別の国の事情や状況を勘案しながら、海外進出を展開している日系の外国会社における具体的なリスク管理の在り方をきめ細かく検証し、提言していきたいと考えている。

（注）

(1) 法律が形式的に制定されていても、執行や運用が追いついていなかったり、朝令暮改的に通達一本で変わってしまうリスクの指摘（長谷川，2017, p.56）もある。

(2) 官僚の給与が安いことから、賄賂の受取りを前提にした給与体系となっていることも一因のようである。内田（2017），p.97.

(3) 国際連合では、「国内および海外の公務員に対する贈賄等を禁止する腐敗防止に関する国際連合条約」（*United Nations Convention against Corruption*）を2005年に発効した。

(4) 内田（2017），pp.106-108。

(5) OECDの外国公務員贈賄防止条約については、2015年末現在において、41ヶ国（日本も含む）が署名・批准している。“Ratification Status as of May 2014” OECD Convention on Combating Bribery of Foreign Public Officials in International Business Transactions.

(6) 不正競争防止法の改正によって、外国公務員等に対する不正の利益の供与等の禁止が規定された（不正競争防止法18条）。

(7) 外国公務員への贈賄のためにわが国の不正競争防止法違反の域外適用となった事案として、中国の公務員への贈賄によるフタバ産業事件（名古屋簡易裁判所平成25年10月3日罰金の略式命令）、ベトナムやインドネシア、ウズベキスタンの政府関係者に利益供与を行った日本交通技術事件（東京地判平成27年2月4日公刊物未搭載）がある。

(8) 法制審議会会社法制部会の岩原部会長は、会社法本体に格上げになったことによって「親会社取締役には、子会社を監督する責任は原則として存在しないというような考え方は少なくともとりにくくなった」と発言している。岩原、坂本、三島、斎藤、仁科（2014），p.5.

　また、立案担当者も、子会社の経営効率性と適法性が極めて重要になっている現状から、会社法で規定することが適切であると判断したとのことである。坂本（2014），p.4.

(9) 会社法施行規則100条の柱書に「当該株式会社における」と明示されたが、「当該株式会社」は、条文中親会社を指している。

(10) 監査等委員会設置会社は、会社法施行規則110条の4第2項5号、指名委員会等設置会社は、同規則112条2項5号。

(11) 大和銀行株主代表訴訟事件（大阪地判平成12年9月20日判時1721号，p.3）。

　なお、大阪地方裁判所は、「取締役には広い裁量権が与えられているが、取締役は会社経営を行うに当たり、外国法令を含む法令を遵守することが求められている」と判示し、取締役が遵守すべき法令には、外国法令も含むことを明確にしている。

(12) 会社法上の子会社は、議決権または発行済株式総数の過半数を所有されている会社のみならず、所有されている割合が40％以上50％以下であっても、役職員の過半数を他社出身者が構成していたり、重要な財務および事業の方針の決定を支配する契約等が存在しているような実質的に支配されている場合には、会社法上の子会社となる（会社法２条３号、会社法施行規則３条３項２号）。

なお、実質支配力基準を採用した理由として、立案担当者は、社外要件の規定、監査役の調査権の規定、子会社による親会社株式取得禁止の規定などの立法趣旨に鑑みると、実質支配関係の有無によって判断することが適当であると考えたと説明している。相澤（2009），p.71.

(13) 会社法上の大会社（資本金５億円以上または負債総額200億円以上）・指名委員会等設置会社・監査等委員会設置会社の場合は、取締役会で決定・決議しなければならない（会社法362条５項・399条の13第１項１号ハ・416条１項１号ホ）。

(14) 親会社取締役としては、「子会社管理・監督義務を意識させる改正である」（北村，2015年，p.42）ということになる。

結果として、子会社で不祥事が発生すれば、親会社取締役は、企業集団の内部統制システムの観点から任務懈怠責任を問われる可能性が高まったものと認識すべきこととなる。中村直人『役員のための法律知識』商事法務（2013），p.67.

(15) 会社法が規定する内部統制システムは、取締役等の善管注意義務を具体化したものと解すべき（神田，2017，p.218）との視点も影響しているものと思われる。

(16) 海外腐敗行為防止法の成立や内容等を説明したものとして、内田（2017），pp.100-105.

(17) 江頭（2017），p.9.

(18) 米国の合弁会社のカルテル行為に対して、日本の親会社が量刑合意による司法取引を行ったことに関して、親会社の株主が株主代表訴訟を提起した事案では、当該親会社は、各種業務マニュアルの制定、法務部門の充実、従業員に対する法令遵守教育の実施など、北米に進出する企業として、独禁法の遵守を含めた一通りの企業集団の内部統制システムが構築されていることが認められるとして、原告株主の請求は棄却された（三菱商事株主代表訴訟事件、東京地判平成16年５月20日判時1871号、p.125）。本事案の経緯や判旨の概要については、高橋（2015），pp.190-196参照。

(19) 従前より、欧米諸国では不正競争に対する規制は厳しいものがあった（とくに、アメリカのシャーマン法）が、近年、中国や新興国でも独禁法の整備が図られている。

(20) 経済産業省の「外国公務員贈賄防止指針」（2015年７月30日改訂）では、「現地社会慣習に基づく季節的な小額の贈答品提供」や「日本や第三国の自社工場の視察に要する一定の経費を負担すること」については、贈賄にならない可能性もあるなど、柔軟な解釈指針を示している。したがって、具体的な対応としては、「社交儀礼として許される合理的な範囲に収まるように贈答、出張費、接待費に係る社内規程を策定し、支出については、贈答・接待の時期や頻度、視察旅行の範囲、金額、理由等を適切に管理すること」（遠藤，2016，pp.162-163）となろう。

(21) 東芝の不正会計事件では、外部の第三者委員会報告書で、東芝の内部通報制度は機能していなかったとの評価をしている。㈱東芝第三者委員会「調査報告書」（2015年７月20日），p.287.

(22) その他、内部通報制度の実効性確保のためには、内部通報を利用できる範囲を正社員に限定しないで非正規社員や家族まで含めたり、外部機関を通報窓口にするなどの工夫も場合によって必要である。高橋（2015），pp.73-76.

〔参考文献〕

United Nations(2005). *United Nations Convention against Corruption.*

OECD(2014). Convention on Combating Bribery of Foreign Public Officials in International Business Transaction.

相澤哲（2009).『一問一答　新・会社法（改訂版)』商事法務。

岩原紳作＝坂本三郎＝三島一弥＝斎藤誠＝仁科秀隆（2014)「改正会社法の意義と今後の課題［下]」商事法務2042号。

内田芳樹（2017).「国際投融資と贈収賄対応実務」国際取引法学会第２号。

江頭憲治郎（2017).『株式会社法（第７版)』有斐閣。

遠藤元一（2016).「海外子会社を含めたコンプライアンス体制」国際取引法学会創刊号

株式会社東芝第三者委員会（2015).「調査報告書」。

神田秀樹（2017).『会社法（第19版)』弘文堂。

北村雅史（2015).「親会社株主の保護」法律時報87巻３号。

経済産業省（2015).「外国公務員贈賄防止指針」。

坂本三郎他（2014).「平成26年改正会社法の解説［Ⅵ]」商事法務2046号。

高橋均（2015).『グループ会社リスク管理の法務（第２版)』中央経済社。

中村直人（2013).『役員のための法律知識』商事法務。

長谷川俊明（2017).『海外子会社のリスク管理と監査実務』中央経済社。

（高橋 均）

第13章
分析・結論・含意
―中小企業のリバース・イノベーション―

以下では、各章の内容を簡潔に整理し・総括することによって、理論編で提起した課題に対して応え、結論づけていくことにしたい。

Ⅰ節では、ケーススタディ編で取り上げられた中小企業の海外展開事例のポイントを整理し、各事例のポイントの比較を踏まえて、リバース・イノベーションを実現させる要因分析を行う。

Ⅱ節では、中小企業のリバース・イノベーションの有効性と実現のために必要となる能力を示すとともに、国から国を跨ぎイノベーションを「逆流（還流）」させるための仕組みについて、イノベーション能力とその能力構築の観点から議論を深めることにする。

Ⅲ節では、以上の議論を踏まえ、包括的な結論を導く。そのうえで、本研究の理論的な含意を示すとともに残された課題について述べて本書をくくりたい。

Ⅰ 中小企業のリバース・イノベーションの要因分析

本書では、日本の中小企業が海外展開を機に進出国でイノベーションを起こす、そして、そのイノベーションを日本へリバース（フィードバック）させることで組織の持続的成長につなげる、そんな戦略を実現するための手順と方法論の枠組みを明かにすることを共通する一つの問題意識として、「戦略」と「マネジメント」にかかわる複数の切り口から事例分析を行ってきた。こうした各章のケーススタディから、以下の点についてあらためて整理を行ったうえで、それぞれ実現要因をみていくことにする。なお、検討する以下の点は、各社の共通点や相異点を比較分析するために、各章の問題意識を幅広く捉え最小公倍数としての意味合いで分類・整理したものである。

●進出国においてどのようなイノベーションが実現されているのか。
●どのようなイノベーションが逆流（環流・横展開）されるのか。
●どのようにイノベーションを逆流させ本国競争優位が構築されるのか。
●逆流するケースとしないケースの違いは何か。
●リバース・イノベーション実現の条件とは何か。

それでは、上掲の問題意識に対する解を導いていきたい。

1．進出国で実現されたイノベーション

分析の比較軸（変数）を「起きた変化」をもとに以下のイノベーション類型に分類し、議論のポイントを絞りこんだうえで、各章の整理を進めていく。大枠は、海外進出によって起きたイノベーションを「タイプ１」（ビジネスモデルのイノベーション）と「タイプ２」（組織のイノベーション）に分類した。さらにこれらの類型を、それぞれ(a)～(f)の６分類の分析軸に細分化した。

この類型と分析軸を使って、各国・各社（５ヵ国10社）の比較分析を行ってみたい。ここで挙げる企業はすべて第１章で定義するところの中小企業である。また、ここには現地発イノベーションを実現できた企業とそうでない企業、リバース・イノベーションを実現できた企業とそうできない企業がすべて含まれる。ここでいう「現地発イノベーション」とは理論編でも定義してきたとおり、微細な変化を意味するプロセス・イノベーションの意味合いではなく企業の持続的な成長をもたらす競争優位の構築にかかわる抜本的な変化を意味するプロダクト・イノベーションを指す。なお、第11章の事例は中小企業ではなく中堅企業のため本節の分析からは除いている。ただし、リバース・イノベーションに至らなかった中堅企業とリバース・イノベーションを実現できた

中小企業の比較を通じて、実現するうえでの中小企業の優位性を示していくため部分的に本文の中で触れる。

【タイプ1】 ビジネスモデルのイノベーション

(a)販売先・顧客、(b)生産品目／サービス内容、(c)製造方法／サービス生産方法、(d)現地拠点の機能、(e)流通経路、(f)提供価値の変化

【タイプ2】 組織のイノベーション

(a)現地人材の活用、(b)人材育成、(c)現地主導（権限移譲)、(d)学習の機会（社外)、(e)実践の機会、(f)人事評価

以上を企業別・イノベーション類型別にマトリクス表にまとめたものが**図表13－1**および**図表13－2**である。なお、タイプ1・2の構成要素となっている細分化されたイノベーション類型の要素一つ一つの変化は、それだけでシュムペーターがいうところの「非連続性（新しい価値)」を生み出すようなイノベーションとまではいえないが、ここでは企業成長にかかわる要因の一部を構成する要素としてのイノベーションともいうべく「新しい価値創造にむけた変化」を意味するものと捉える。そして、一般的には、タイプ1の構成要素を総じてビジネスモデルと定義されるため、「ビジネスモデルのイノベーションと呼ぶ。同様に、タイプ2の構成要素を総じて組織と定義し、「組織のイノベーションとここでは呼ぶことにする。すなわち、これらの構成要素がセットとなり、タイプ1「ビジネスモデルのイノベーション」やタイプ2「組織のイノベーション」を創出するものと捉え分析を進めていく。

図表 13－1　ビジネスモデルのイノベーション

タイプ1	実際に現地拠点で起きた「ビジネスモデルのイノベーション」					
イノベーション要素	顧客／販売先	生産品目／サービス内容	製造方法／サービス生産方法	現地拠点機能	流通経路	提供価値
★★ イタリア　F社 （第 6 章）	◎ 国内外の富裕層、ファッションインテリア分野、高齢者まで展開	◎ ARTE・NERO・TEWAZA、機能性陶磁器の開発	◎ 産学連携の導入、産地の活用、製造工程の簡素化	◎ 展示機能＋情報収集・情報発信機能	◎ 国内外展示会、コンセプトショップ、ネット販売へ多様化	◎ 手頃で美しい機能的なインテリア感覚、ライフスタイルの提案・共創
★★ タイ　M社 （第 7 章）	◎ 大手日系メーカーに加えて欧米の大企業およびタイの中小サプライヤーへ展開	◎ メンテナンス、試作品の提供、技術コンサル、技術指導学校の運営	◎ タイの地場サプライヤーや日系異業種と連携体制でワンストップサービス化	◎ 販路開拓機能＋技術者養成、コンサル機能	◎ 外資・日系の自動車製造の産業用機械のメンテナンス、地場サプライヤーへのファブレス化へ多様化	◎ 自社が日本で培ってきた技術知識を強みとした提案型ワンストップサービス
★★ タイ　K社 （第 7 章）	×	○ 発砲樹脂を使ったビックトラック用シートコア材を使って開発	◎ スチールから発泡樹脂材に素材を変えて50％の軽量化を実現	○ 単なる受注型の生産機能＋マネジメントの現地化による提案型の生産機能	○ ASEAS 域全体にサプライチェーンを広域化	○ よりよい素材や製品（部品）の提案・共創
★★ 中国　A社 （第 8 章）	○ 日本料理店に拡大	○ 現地資源を活用して質のよい純米酒に特化・集中（醸造酒をなくす）	◎ 機械化、生産工程のマニュアル化	◎ 製造機能＋営業機能	◎ 卸を介さず直接販売網を構築	○ 品質の高い日本酒の安定価格・安定供給
★ マレーシア A社 （第 9 章）	◎ 家電部品→自動車部品	○ 粉末冶金の金型製造に特化	○ 日本から技術移転・機械化	◎ 製造機能＋営業機能	×	×
★ マレーシア B社 （第 9 章）	◎ カメラメーカー＋半導体へ展開	○ 切削部品の小型化	◎ 熱処理工程とメッキ工程の内製化、メッキ工程の独自開発	◎ 追随による受託生産機能→営業・生産による販路開拓機能	○ 世界中へ販路拡大	○ ニッチ・スピード対応
★ マレーシア C社 （第 9 章）	○ 部品受注から設計受注へ	○ 金型製造・メンテナンス→ CADCAM による技術提供	×	◎ 生産機能→設計機能	×	×
★ マレーシア D社 （第 9 章）	× 世界シェア 100％	○ 研磨フィルムのスリットを開発	×	◎ 生産機能＋→技術開発統括拠点	×	◎ オンリーワン、ワンストップサービス
× マレーシア E社 （第 9 章）	×	×	×	×	×	×
★★ フィリピン G社 （第 10 章）	◎ B to C →＋　B to B、一般消費者→＋海外展開する日系中小企業、オフショア開発を導入する日系中小企業	◎ EC 事業→＋ BPO、人材派遣、コールセンター業務、コンサル事業	◎ オフショア開発、人材バンクとして OJT で現地人材を育成し活用	◎ オフショア開発機能→＋コールセンター機能、コンサルサービス機能	◎ 世界中の個人および企業にネット販売→＋直接サービスを提供	◎ 人材と技術をセットでビジネスノウハウとして売り込むトータル・ソリューションの提案・提供

★は現地発イノベーション　★★はリバース・イノベーション　◎は抜本的な変化　○は微細な変化　×は変化なし

（出所）筆者作成

図表 13－2　組織のイノベーション

タイプ2	実際に現地拠点で起きた「組織のイノベーション」					
イノベーション要素	現地人材の活用	現地人材の育成	現地主導／権限移譲	学習の機会（社外）	実践の機会	人事評価
★★ イタリア　F社 （第６章） 2005 年海外拠点設立	○ 現地人材のみ、現地の大学院を修了し現地に永住権を持つ日本人従業員を活用	○ 定期的にメール・電話の他 Face to Face で本社の社長やブランド責任者と意見交換の機会を設けている	◎ 現地主導のイベントの開催、情報収集・分析した結果を本社にフィードバックし改善点を提案、現地採用日本人が責任者	◎ インスタレーションや実演会などを通じて現地顧客・陶磁器ファンとともに新商品を検討するなど、共創の場を設けている	◎ イベントの結果を本国にフィードバック、現地から提案された意見が社長・デザイナー・伝統工芸士へと伝えられ新商品化	×
★★ タイ　M社 （第７章） 2014 年海外拠点設立	◎ 現地人材は９割以上（大学新卒採用、経験者中途採用）	◎ 社長自らＯＪＴ指導、定期的なミーティング、委員会・勉強会、経営理念教育、目標設定、日本研修を制度化・実施、技術学校の設立	◎ 社長自ら現地駐在し営業・人材教育・地域連携を実施、現地責任者を育て権限移譲を行う、年度計画のボトムアップ化、現地人材がマネジャー	○ 地場のサプライヤーとの連携、日系同業異業種との研究会、試作品の共同開発、大手メーカーにむけた共同受注体制の構築	◎ 委員会制度による企画から予算執行までの実践、どぶ板営業の実践、定例会議での業務改善の提案	◎ 人事評価を導入・制度化、年に２回面談形式で相互評価、結果を昇給・昇進などに反映
★★ タイ　K社 （第７章） 1988 年海外拠点設立	◎ 現地人材は９割以上（大学新卒採用、経験者中途採用）	◎ 経営理念研修、技術研修（マニュアル化・直接指導）、定期的なミーティング、マネージャー養成、セミナー開催、目標設定	○ 日本人駐在員４名に対して現地人マネジャー 15 名を配置・権限移譲	○ 日本人駐在員の日系コミュニティにおける経営改善における情報交換	○ 改善活動プロジェクト、技術営業、ミーティングでの提案と実行・評価	◎ 人事評価を導入・制度化、面談形式で相互評価、結果を昇給・昇進などに反映
★★ 中国　A社 （第８章） 1995 年海外拠点設立	◎ 現地人材のみ	◎ マニュアル化・社長自ら指導・研修	○ 副総経理を社長が信頼を置く現地人材に登用し権限移譲	N	○ 品質管理や与信管理な社長から学んだことを実践・フィードバック	N
★ マレーシア A社 （第９章） 1997 年海外拠点設立	◎ 現地人材が責任者	○ 生産管理のノウハウをＯＪＴ指導	× 現地人材が責任者だが本国主導、権限移譲はしていない	N	×	N
★ マレーシア B社 （第９章） 1992 年海外拠点設立	○ 現地人材を活用	◎ 切削技術を現場でＯＪＴ技術指導	◎ 日本から派遣した技術者が現地で超小型切削の技術を指導し独自の発展	N	◎ 資金調達、工場取得、現地拠点の生産品目を小型化	N
★ マレーシア C社 （第９章） 1990 年海外拠点設立	○ 現地人材を活用	○ 金型設計のノウハウをＯＪＴ指導、日本へ派遣	×	N	○ 日本から金型業務を受注、日本へ派遣	N
★ マレーシア D社 （第９章） 1997 年海外拠点設立	◎ 現地人材は９割以上	◎ ＯＪＴで技術指導、日本の現場を短期研修	◎ 技術部門を設立し現地拠点だけで開発生産できる体制を構築、本社執行役員が駐在・統括	N	◎ 技術部門を設立、ハードディスク事業を統括、生産プロセスを改善	N
× マレーシア E社 （第９章） 1994 年海外拠点設立	○ 日本に留学経験のある現地人材を活用	×	× 現地人材が責任者だが、本国主導、権限移譲はしていない	N	×	N
★★ フィリピン G社 （第 10 章）	◎ 現地人材は７割以上（大学新卒採用、経験者中途採用）	◎ ＯＪＴ、プロジェクトマネジメント、目標設定、目標管理、自己評価、社員交流会	◎ 原則現地主導、グローバル人事評価制度によって責任者となった現地人材は管理職として権限移譲を行う	○ オフショア開発に関する自社に足りない機能は他社と連携して実施、日系コミュニティとの連携・情報交換	◎ 社内プロジェクトによるＯＪＴ、社外プロジェクトへの人材派遣	◎ グローバル人事評価システムを導入・制度化、年に１回面談形式で相互評価、結果を昇進・昇給に反映

★は現地発イノベーション　★★はリバース・イノベーション　◎は抜本的な変化　○は微細な変化
×は変化なし　Nはデータなし

（出所）筆者作成

2．現地発イノベーションの実現要素

理論編でも示したとおり、リバース・イノベーションを実現するためには前提として、日本や第三国へ還流させる何らかのイノベーションを進出国において起こすことが必要条件となる(1)。**図表13－1**、**図表13－2**からは、現地発イノベーション創出を実現している中小企業は、海外進出にともないビジネスモデル（タイプ1）、組織（タイプ2）のイノベーションにかかわる(a)～(f)のいずれかあるいはすべてに変化を起こしていることが分かる。逆に、(a)～(f)のいずれの変化も起こしていない企業は、現地発のイノベーションを実現していない。このことから、現地発イノベーションを実現するためにはこれらの要素を取り入れることが必要になることが指摘できる。

具体的にみていくと、タイプ1では、現地発イノベーションを実現した事例企業のすべてが、進出後に「生産品目・サービス内容」「現地拠点の機能を変化させている（9社中9社)。同様に事例企業のほとんどが進出後に「顧客・販売先」が多様化するとともに、「生産品目」「生産プロセス」に関するイノベーションを起こし、「提案・共創」や「ワンストップサービス」などをキーワードとして「提供価値」そのものを変化させている（9社中7社)。また、直接販売網の構築やコンセプトショップを介した新たな販路開拓などのような抜本的な「流通経路」に関する変化を起こした企業は6割強となっている（9社中6社)。

続いて、タイプ2では、現地発イノベーションを実現した企業もそうでない企業もすべての進出企業が現地人材を活用している（10 社中10社)。現地発イノベーションを実現した企業のすべての企業は進出後に「現地人材の育成」（9社中9社）と「社外における学習」（Nを除く4社中4社）に取り組み、ほとんどの企業が現地主導・権限移譲を行い、育成された内容に関する何らかの実践の機会を与えている（9社中8社)。また、現地発イノベーションを実現しているほとんどの企業が人事評価を制度化し、人材育成にフィードバックしている（Nを除く4社中3社)。

以上のポイントを整理したものが図表**13－3**である。このように、現地発

イノベーションの実現には、これらの要素のすべてではないにせよビジネスモデルにかかわる諸要素のいずれかの変化を取り入れていくことが有効である（Point 1）といえそうである。なかでも、現地拠点の機能を変化させることや現地人材の活用・育成は不可欠となる（Point 2）。人事評価や社外での学習機会を制度化し能力開発の仕組みに取り入れることは効果的となる（Point 3）ほか、現地主導・権限移譲を推進することで、新たな製品や生産プロセスの開発が行われるようになる（Point 4）。この一連のプロセスを通じて、新たな提供価値が創造されたり新たな流通経路の開拓の実現が可能となる基盤が作られる（Point 5）。

図表 13－3　現地発イノベーション実現要素のポイント

Point 1	ビジネスモデル諸要素の変化（一部も可）を取り入れる
Point 2	現地機能を変化させる、現地人材の活用・育成する
Point 3	人事評価・社外での学習の機会を制度化する
Point 4	現地主導、権限移譲を推進する
Point 5	Point 1 から Point 4 までの一連のプロセスを実施することで新たな提供価値、新たな流通経路を開拓する基盤ができあがる

（出所）筆者作成

3．リバース・イノベーションの実現要素

つぎに、リバース・イノベーションを実現している企業の実現要素を整理してみよう。現地発イノベーションを実現した企業は９社で、このうちリバース・イノベーションの実現に至った企業は５社である。整理にあたっては、リバース・イノベーションを実現できた企業は、既述した現地発イノベーションの実現要素をすべてカバーしたうえで、リバース・イノベーションには至らなかった企業と比較してどこが違うのかに焦点を絞って整理を行う。

まずタイプ１でみていくと、リバース・イノベーションを実現している企業すべての企業が「製造方法」「現地拠点機能」「流通経路」「提供価値」において変化が起きている。残りの２つの要素「顧客」「生産品目」についても、５社中４社に変化が起きている。リバース・イノベーションを実現している企業

の特徴は、これら６要素すべてを含むかほとんどの要素を含む（５要素以上）変化を起こしていることが分かる。これらの要素は５要素以上を含めば、一般的にはビジネスモデルを意味する。したがって、ビジネスモデルの変革を起こしていることが特徴としてみてとれる。とくに、「提供価値」の要素については、現地主導による「提案・共創」をキーワードとした共通点をみることができる。

リバース・イノベーションを実現しなかった企業と実現企業との比較をしてみると、タイプ１では「流通経路」と「製造方法」に大きな違いがみられる。実現しなかった企業は、「流通経路」では５社中１社、「製造方法」では５社中２社しか変化が起きていなかった。さらに細かくみてみると、リバース・イノベーションに至った企業は、「生産品目・サービス内容」の要素において、「抜本的な」変化が起きているが、現地発イノベーションに留まる企業は「生産品目」の要素において微細な変化のみであった。たとえば、もともと保有している製品を現地仕様にマイナーチェンジして売るような微細な変化ではなく、現地市場ニーズあるいは現地の顧客やオープン・ネットワークに自社の技術・技能を「サービス」として売る、提供価値そのものを抜本的に変化させるようなビジネスモデルの変革を起こしている（Point １）。

続いてタイプ２では、リバース・イノベーションを実現しているすべての企業が「現地人材の活用」「現地人材の育成」「現地主導・権限移譲」「学習の機会（社外）」「実践の機会」において変化を起こしている。残りの要素である「人事評価」についてもデータを確認できかなった中国Ａ社を除く４社中３社が変化を起こしている。

ここで、リバース・イノベーションを実現しなかった企業と実現企業との比較をしてみると、リバース・イノベーションを実現している特徴は、組織面においても諸要素において総じて「抜本的な変化」を起こしている（Point ２）。たとえば、イタリアのＦ社やタイのＭ社、フィリピンのＧ社などは、業種に関わらずこれらの事例にみられるようなサービスの高度化、いわゆる「サービス・イノベーションを実現している（Point ３）。こうした実現には進出国資源

（産業集積）の能動的活用がみられる（Point 4）。また、同じ「現地主導・権限移譲」といっても、リバース・イノベーションを実現している企業では、必ずしも日本から「駐在員を派遣する」形で責任者を配置するのではなく、日本への帰国を前提としない現地に根付いている日本人を責任者として現地採用し権限を与えるか、もしくは現地人材を責任者として現地採用し権限を与えている（Point 5）ことも相違点として指摘できる。このように、リバース・イノベーションの実現要素のポイントが整理できる（**図表13－4**参照）。

それでは、これらの実現されたイノベーションの要因について詳しくみていこう。

図表13－4　リバース・イノベーション実現要素のポイント

Point 1	提供価値そのものを抜本的に変化させる
Point 2	組織面諸要素についても抜本的に変化させる
Point 3	サービスの高度化（サービス・イノベーション）に取り組む
Point 4	産業集積を能動的に活用する
Point 5	現地人材に権限を与える

（出所）筆者作成

4．日本中小企業のリバース・イノベーションの要因分析

上掲で述べてきたタイプ1・2のイノベーションの実現には、どのような要因が関係しているのだろうか。ここで挙げた事例企業の分析からは、（ⅰ）外部環境の変化への適応・対処、（ⅱ）経営者（企業幹部）のアントレプレナーシップ、（ⅲ）現地人材の能力開発、（ⅳ）産業集積の能動的活用、が共通していることが指摘できる（**図表13－5、図表13－6**参照）。

なお、ここで挙げた要因は、主にリバース・イノベーションの要因として記述しているが、現地発イノベーションも基本的には、これらの要因がベースになっておりほぼ同様と考えて間違いはない。ただその明確な違いは、ビジネスモデルにしても組織にしてもほぼすべての構成要素を網羅的に、そして「抜本的」に変革を行っているという点である。

以下に一つ一つ具体的に詳しくみていこう。

図表13－5　タイプ1の要因

タイプ1	現地発「ビジネスモデルのイノベーション」の要因					
イノベーション要素	顧客／販売先	生産品目／サービス内容	製造方法／サービス生産方法	現地拠点機能	流通経路	提供価値
★★ イタリア　F社 （第6章）	◎ 国内市場の低迷、経営者の意思、新市場開拓	◎ 現地のユーザーからの声、現地ニーズ、知識移転	◎ 機能性の追求、量産化、地元意識回帰、産地・産業集積、実践コミュニティの存在、知識移転	◎ 社長の方針転換、現地人材からのアドバイス、現地ニーズ、知識移転	◎ 市場調査、専門家のアドバイス、現地での実践と実感	◎ 展示会やコンセプトショップでの顧客とのface to faceの交流
★★ タイ　M社 （第7章）	◎ 国内市場の低迷、経営者の意思、脱下請戦略	◎ 現地ニーズ、経営者の情熱、ビジネスチャンス、裾野産業・人材の成長、日本本社と現地拠点の交流、知識移転	◎ 産業集積、日系コミュニティ、実践コミュニティの存在、知識移転	◎ 現地ニーズ、親日人材、経営者自ら駐在、サプライヤーの存在、知識移転	◎ ネットワークの構築、人材能力開発、どぶ板営業・販路開拓	◎ 実践コミュニティでの経験
★★ タイ　K社 （第7章）	×	○ 現地人材の自発的な提案、現地主導・権限移譲、知識移転	◎ 産業集積、アジア域でのサプライチェーン、現地人材の成長	○ 現地人材、サプライヤーの存在、本社役員の駐在、日本と現地との密な情報交換、知識移転	×	○ 人材育成を通じた人材の成長
★★ 中国　A社 （第8章）	○ 国内市場の低迷、ロールモデルの存在、流通業者の不在	○ 良質で安価な豊富な現地資源（原料・人材）	◎ 熟練技術者（杜氏）の不在、現地人材の活用、知識移転、品質保持	◎ 直接販売網の構築、知識移転	◎ 現地人材の成長、知識移転	○ 機械化、海外拠点の資源を活用
★ マレーシアA社 （第9章）	◎ ローカル企業の台頭、日本から機械導入・技術移転	○ 本社の方針転換、現地市場の変化	○ 機械化・人材育成	◎ 本社の方針転換、販路開拓、技術移転	×	×
★ マレーシアB社 （第9章）	◎ 追随から現地販路開拓	○ ニーズ、日本からの派遣技術者によるＯＪＴ技術移転	◎ 顧客ニーズ、スピード対応、機械化、技術移転	◎ 権限移譲・現地主導、販路開拓、技術移転	○ 営業機能を強化、ワンストップサービス化	○ 現地主導、技術移転、実践の機会
★ マレーシアC社 （第9章）	○ 顧客の海外移転、調達構造の変化	○ 市場の変化、主要取引先の移転	×	◎ 本社主導、技術移転、ニッチ分野に特化	×	×
★ マレーシアD社 （第9章）	×	○ 戦略立案の現地主導、日本からの技術者派遣によるＯＪＴ技術移転	×	◎ 権限移動・現地主導、販路開拓、技術移転	×	◎ 現地主導、技術移転、実践の機会
× マレーシアE社 （第9章）	×	×	×	×	×	×
★★ フィリピンG社 （第10章）	◎ ＩＴブーム、ニーズ、新事業の立ち上げ、現地人材、日系コミュニティ	◎ 現地主導・権限移譲、現地人材の活用、人材育成、知識移転	◎ 人材育成、人材評価、技術系現地人材	◎ 経営者自ら駐在、親日人材、日系コミュニティの存在、現地大学とのネットワーク、知識移転	◎ ネットワークの構築、人材能力開発、販路開拓	◎ 海外拠点の資源の活用、実践コミュニティでの経験

★は現地発イノベーション　★★はリバース・イノベーション　◎は抜本的な変化　○は微細な変化
×は変化なし

（出所）筆者作成

図表 13－6　タイプ２の要因

タイプ2	現地発「組織のイノベーション」の要因					
イノベーション要素	現地人材の活用	現地人材の育成	現地主導／権限移譲	学習の機会（社外）	実践の機会	人事評価
★★ イタリア　F社 （第６章）	○	○	◎	◎	◎	×
	コストパフォーマンス、現地事情に精通	現地ニーズの収集、情報発信戦略、企業コンセプトの市場浸透	情報収集、現地人材によるアイデア・発案を新商品に反映、商品コンセプトを現地顧客に伝達・浸透	現地人材の成長、現地人材の自発的行動、インテリア・ファッション集積	現地顧客ニーズの反応を知る、実験・マーケティングの場	
★★ タイ　M社 （第７章）	◎	◎	◎	○	◎	◎
	コストパフォーマンス、親日	社長の情熱・夢、ビジョナリー経営方針、新事業への挑戦、現地営業の強化	ビジネスモデルの転換、柔軟な資源配分、現地を重要市場と認識、外部環境の変化（製造業増）	日系コミュニティとの出会い、地場企業ネットワークの育成	社長の方針、現地人材の要望、学習と育成の視点、技術移転、知識移転	人材のモチベーション向上、昇給・昇進、離職防止、ビジョナリー経営の浸透
★★ タイ　K社 （第７章）	◎	◎	○	○	○	◎
	コストパフォーマンス、親日	企業幹部の方針、離職問題の防止、責任者の育成、現地営業の強化	外部環境の変化に伴う現地拠点の重点化、主要な取引先、豊富な人材	現地人材の離職問題、育成課題を共有	マネージャーの養成、技術移転、知識移転	人材のモチベーション向上、昇給・昇進、離職防止、ビジョナリー経営の浸透
★★ 中国　A社 （第８章）	◎	◎	○	N	○	N
	コストパフォーマンス、日本での縁	新しい生産品目・生産方法の導入、新しい流通網の構築の必要性	外部環境の変化に伴う現地拠点の重点化、豊富な地域資源（原料・人材）		社長の方針、技術移転、知識移転	
★ マレーシア A社 （第９章）	◎	○	×	N	×	N
	コストパフォーマンス	販路開拓、営業機能強化、技術移転				
★ マレーシア B社 （第９章）	○	◎	◎	N	◎	N
	コストパフォーマンス	取引先の多様化、技術移転	外部環境の変化に伴う現地拠点の重点化、主要な取引先、豊富な人材		現地責任者の方針、技術移転	
★ マレーシア C社 （第９章）	○	○	×	N	○	N
	コストパフォーマンス	事業内容の転換、技術移転			技術分野を特化、技術移転	
★ マレーシア D社 （第９章）	◎	◎	◎	N	◎	N
	コストパフォーマンス	開発機能を強化、技術移転	外部環境の変化に伴う現地拠点の重点化、主要な取引先、豊富な人材		現地拠点の開発部門としての重点化、技術移転	
× マレーシア E社 （第９章）	○	×	×	N	×	N
	コストパフォーマンス					
★★ フィリピン G社 （第10章）	◎	◎	◎	○	◎	◎
	コストパフォーマンス、親日、英語人材、ＩＴ人材	ＯＪＴ、プロジェクトマネジメント、目標設定、目標管理、自己評価、社員交流会	社長の方針、人脈、外部環境の変化に伴う現地拠点の重点化、豊富な人材資源	オフショア開発に関する自社に足りない機能は他社と連携して実施、日系コミュニティとの連携・情報交換	社内プロジェクトによるＯＪＴ、社外プロジェクトへの人材派遣	グローバル人事評価システムを導入・制度化、年に１回面談形式で相互評価、結果を昇進・昇給に反映

★は現地発イノベーション　★★はリバース・イノベーション　◎は抜本的な変化　○は微細な変化
×は変化なし　Nはデータなし

（出所）筆者作成

(1) 外部環境の変化への適応・対処（マインドセット）

リバース・イノベーションを実現させた事例企業の共通点は、タイプ1の実現の最初の段階で自社を取り巻く環境の変化に敏感で迅速に対応を行っている。国内市場の縮小に危機感を持つこともそうであるが、むしろ成長市場に前向きに目を向け新たな市場を模索することに常に挑戦し続けている。かつては親企業に追随していった企業も、地場企業の成長や現地人件費・原料の高騰、外資の参入など常に変化し続ける現地市場に対して、撤退ではなく新たな生産品目の開発や販路開拓、人材確保やモチベーション向上の方法を取り入れる努力をし続けている。ほぼ例外なくどの事例企業も現地人材の離職問題に直面する中で、次から次へと人材を取っ替え引っ替えするのではなく、限られた資源であってもコストや手間をかけてでも人材を定着させ成長させる道を暗中模索している。現地の異なる商慣習やニーズに目を向け耳を傾けながら手探りで現地に最適な方法を実験的に実践し、失敗を繰り返しながら最終的にビジネスモデルの変革と組織イノベーションを実現している。Govindarajan（2012）も、厳密な現地ニーズ分析に着手し白紙の状態の「マインドセット」の重要性を主張している。

海外市場は多様なニーズが豊富に存在するが、日本と同じやり方が通じることの方が少ない。そのため非連続性の壁に立ちはだかることは日常茶飯事である。試行錯誤のチャレンジと実験の繰り返しの中で上掲6要素の変化が起こり、その変化の積み重ねの上に新たなビジネスモデルとそれを支える盤石な組織体制が構築されている。いずれの事例企業も、ビジネスモデルの変化と組織の変化は決して切り離して語れる別物ではなく、それぞれが車の両輪のごとく連動し支え合って機能している。それゆえ、天候が厳しく変化し続ける道でも走行し続けることが可能になるのである。

このように、こうしたマインドセットと外部環境の変化に対する適応・対処の巧拙が、タイプ1・2の連動したイノベーションの創出の成功と失敗の分水嶺となっていることを指し示すことができる。

(2) 経営者（企業幹部）のアントレプレナーシップ

ここでもリバース・イノベーションの実現企業の共通点から要因を紐解いていくと、事例企業の経営者ないし企業幹部の情熱、強い意思など、いわゆる「アントレプレナーシップ」がタイプ１・２のイノベーションを実現した要因となっていることが指摘できる。一般的にアントレプレナーシップとは「起業家精神」のことを指し、不確実性の中でも、リスクを負って自己の夢・ビジョンの実現のために果敢に挑戦し、事業を創造することを通じて、社会課題を解決するための新たな価値の創造をしようする精神のことをいう。

実際にタイプ１・２のイノベーションの実現をすることは、言葉で説明するほど簡単な話ではない。同じことをやってみろと言われて容易に真似できるものでもない。リバース・イノベーションの実現には、海外進出に関わった経営者や企業幹部などの、かねてより抱いてきた夢であったり、自己実現に対する強い意思だったり、過去の体験や経験から「とにかくこの国・地域が好きだ」などといった理屈では説明のつかない並々ならぬ思いが原動力となっている。たとえば、就職前からいつかは学校教育に携わりたいという強い「教育」に対する思いを抱いていたタイ（M社）のM社長は、自らが培ってきた経験を強みとして、まだ何色にも染まっていない新卒採用した現地人材を一から丁寧に教育する機会そのものをやりがいと捉えている。そのため言葉も文化も異なる困難な状況でも一人前に育つまで繰り返し丁寧にそして粘り強く指導することができている。その甲斐あって、地場の生産工場を活用することで生産工場を日本から移転させることなく現地では営業とコンサル中心の新たなビジネスモデルを構築することに成功した。直近の新たな挑戦では、設立した技術学校、修了生を地場企業に就職を斡旋することで自社のネットワークの信頼性を高めながら守備範囲を広げる展開を狙っている。フィリピン（G社）のH社長とK役員は、もともと長年のフィリピン駐在を経験し、フィリピンという国柄・国民性を深く理解していたことがグローバル人事評価制度や研修制度導入のきっかけとなっている。現地人材の性格とペースに合わせながら試行錯誤を繰り返し、現地に馴染む形で導入させたことで、人材バンクとしての競争優位を確立することに成功した。中国（A社）のA社長の中学生の頃から中国に関心があり独学で中国語を学んだり、就職後も商社で中国への投資審査業務を担当したりするなどもともと中国市場に経営者が精通していたことが、言語の障壁のみならず文化や考え方の違いの障壁を乗り越えた人材教育を可能とさせた。生産方法や流通経路において日本とはまったく異なるビジネスモデルへの挑戦と実践は、それを動かす人材が育ち定着し軌道に乗ったからこそ実現できたことである。

このように、リバース・イノベーションには、海外展開を推し進める経営者や企業幹部のアントレプレナーシップが原動力となっていることが指摘できる。

(3) 現地人材の活用

海外進出において現地人材の活用は避けて通れない道である。ここで挙げた事例企業も例外なく現地人材を活用しているが、その活用方法は企業によって異なるようだ。本国主導のもとで現地人材を活用するパターンと現地主導で現地人材を活用するパターンがみられる。現地主導は、日本から責任者として技術者や幹部を送り込むパターンと現地にマネジャーを配置させたり、社内で育てたり、中途採用したりするパターンがある。

リバース・イノベーションの実現という観点からいえば、権限移譲のもと現地マネジャー（本国への帰国を前提としない現地に根付き現地で採用した日本人を含む）が現地主導で現地人材を活用していくやり方が共通する実現要因として説明できる。なぜならば、現地に精通した人間が現地のニーズを吸収しそれを社内にフィードバックさせ、実験と実践を繰り返すことで新たなビジネスモデルを創出しているからである。Govindarajan（2012）は、ソリューションや組織を一から設計するLGT（Local Growth Team）を発足させリーダーを指名することともに、進出国の成長を主要テーマして恒例かつ重要な年次イベントを進出国で実施することの重要性を主張する。本研究が対象とする中小企業においても、大企業とやり方は異なるが同様の主張が成り立つ。

たとえば、イタリアのF社の現地採用人材は、現地拠点を使ってイベントを幾度となく企画・開催し、実際に現地の消費者に自社の商品を使ってもらい改善点を探った。その改善点を繰り返し社長やブランドマネジャーに伝達することでまったく新しいコンセプトの商品が完成しヒット商品となった。タイのＫ社は、人事育成と人事評価を制度化し現地マネジャーを社内で育て、数々の重要な提案と決定に関わらせたことで、新しい素材と生産方法から新商品（自動車部品）を生み出し同社の主力商品となった。

本調査から、ここで同時に重要な要因として指し示すことができるのが、人材育成と人事評価を現地人材の昇給・昇進に反映する仕組みを制度化することである。タイのＫ社のほかにも、たとえば、タイのＭ社もフィリピンのＧ社も、人材育成と評価を制度化してから離職率は確実に減少し、現地人材のモチベーションを高め飛躍的に業績を上げることに成功した。Govindarajan (2012)は、大企業のリバース・イノベーションではLGTにおいてCEO直属と異なる業績評価方法を設定することの必要性とLGTの組織強化を行うことの重要性を主張しているが、その具体的な方法までは示されていなかった。

このように、中小企業の現場から見えてくる具体的方法から、現地人材からの提案を新たなビジネスモデルの構築につなげていくためには、現地人材に責任と権限を与え、評価をフィードバックすることで定着率を上げるとともに、提案と実践の機会を与える（制度化する）ことが重要となることを指摘できる。

(4) 産業集積の活用

事例企業で挙げた中小企業のリバース・イノベーションの実現を可能としていた極めて重要となる要因の一つが進出国における産業集積の活用であると考える。なぜならば、ここで挙げてきた成功企業の聞き取り調査からは、原料、顧客、ニーズ情報、サプライヤー、人材など多くの現地の地域資源を活用することで、新たなビジネスモデルの構築や組織イノベーションを実現していることが明らかにされたからである。理論編でも論じたとおり、とりわけ資源に乏しい中小企業にとってはこうした外部経済を狙った戦略は有効となるのである。

リバース・イノベーションを実現した事例企業の実態から見えてくるのは、安価な労働力や原料との距離、取引コストなど単なるコストパフォーマンスによる古典経済学派が主張する外部経済を必ずしも主目的とした産業集積の活用ではなかった。すなわち、産業集積は、Face to Faceの実践を通じた学習（人的能力開発）の場として活用されていた。ここでいう実践を通じた学習の場とは、自らの関心や問題意識を共有し何らかの具体的な解決法を共創する場である。

たとえばタイのK社は、日本人駐在員が現地人材の離職問題や育成の課題などについて日系コミュニティの仲間たちと非公式に共有しアイデアを出し合うことで改善点を模索し新たな人材評価制度の構築に成功した。タイのM社については、日系の同業他社（日本人現地責任者）と販路開拓の課題を非公式の勉強会を立ち上げ共有する中で、コラボ製品の共同開発に成功している。フィリピンのG社は、進出国の日系コミュニティとの交流の中で知り得た彼らの抱える課題（ニーズ）から、自社のノウハウを使ってそれを解決するビジネスアイデアを思い付き、その解決を目的とした新事業が成功した。このように日系コミュニティを利害関係のない学習の場がきっかけとなり、能力開発が行われている。その成果として、斬新なアイデアを創出したり新たな販路開拓につなげていたりすることが指摘できる。

こうした効果は、日本人駐在員に限らず、現地人材の産業集積との関わりにおいても指摘できるが、これこそがリバース・イノベーションの実現において重要な意味を持つものと思われる。権限移譲を受けた現地人材にとって、産業集積内の取引先やサプライヤーへの営業や商談、関連会社とのFace to Faceによる情報交換などは日常業務の一つとなる。そこで得た「知識」や「文脈」を日本人責任者や駐在員とFace to Faceの伝達方法によって共有するプロセスに知識移転が行われている。なぜならば、現地人材だからこそ知り得る文脈を、自社に持ち帰り日本人駐在員や技術者に伝達するからである。ケーススタディ編第6章と第7章が検証しているように、日本人駐在員や技術者から現地人材に再び何らかの知識のフィードバックが行われる。そして、このプロセスにはマニュアルでは伝えられない経験に根差した主観的な知識が蓄積されていく。この蓄積された知識が新たな生産品目の開発や流通経路の開拓に実践を通じて応用され図面やマニュアルなどの形式知で再び目に見える形で表出しているのである。

リバース・イノベーションを実現しているすべての事例企業において、現地人材の実践の機会が設けられている。こうした実践の機会は、集積という場があってはじめてFace to Faceによる文脈の知識を生み出している。現地で起こるイノベーションの背景には、この文脈の知識である「暗黙知」が知識移転されることによって実現している。海外に不慣れで言葉や異文化に壁を感じがちな日系中小企業では、過去の経験においてよほど現地に精通していない限り、日本人経営者や責任者がこの現場に飛び込みダイレクトにニーズを吸収していくことは難しい現実がある。また、ニッチな分野の専門化を強みとする日系中小企業にとってその高い専門性をダイレクトに市場ニーズに適応しようとしても消費者の認知能力や市場ニーズとの間に大きなギャップが邪魔をして簡単には市場までその強みが届かないことも現実である。現場調査から見えてきた重要な示唆は、そうしたギャップを埋める文脈を「伝える」ことを抜きにして知識移転は起こりえない、ということである。この意味で、言葉のみならず文脈を含み適切な「通訳」を行える「トランスレーター」の果たす役割は大きい。いうまでもなく、受け取り側の日本人駐在員や出張者の幹部などの吸収能力がここで試されている。産業集積は現地人材を通じてそのギャップを埋める触媒の側面を持つのである。Govindarajan（2012）は、大企業のリバース・イノベーションにおいて富裕国と途上国におけるニーズのギャップを認知する重要性を説いているが、その具体的方法論までは描けていなかった。

このように、中小企業のリバース・イノベーションの実態からは、産業集積の活用は能力開発のツールとして、知識移転の触媒としての役割を果たす実践コミュニティとなり、イノベーション創出の要因となっていることが指摘できる。

以上、リバース・イノベーションの要因を解説してきたが、アントレプレナーシップや社外での学習の機会にかかわる産業集積の能動的活用などに関しては、現地発イノベーションではあまり見られなかった、あるいは確認できていないものであり、逆に、リバース・イノベーションでは確認できたものであった。本書で取り上げた事例を分析する限り、現地発イノベーションもほぼ同様の要因がベースとなっているものの、若干の違いもあることに留意も必要となる。

II 中小企業のリバース・イノベーションの有効性と能力構築の仕組み

リバース・イノベーションを実現することで、どのようなメリットが生じているのだろうか。メリットがあるのだとすれば、その実現にはどのような能力が求められ、その能力はどのように構築可能なのだろうか。本節では、中小企業のリバース・イノベーションの有効性と実現のために必要となる能力を示すとともに、国から国を跨ぎイノベーションを「逆流（還流）」させるための仕組みについて、能力構築とイノベーション能力の観点から議論を深めたい。

1．中小企業のリバース・イノベーションの有効性

これまでの分析を踏まえ導出できるリバース・イノベーションの有効性は、第一に、自国優位性から脱却し、現地事情やニーズに合わせて新たな生産品目を新たな生産方法によって生産するために営業機能が強化され、販路開拓が行われることにある。第二に、自国優位性からの脱却による販路開拓活動は、自社の強みの再確認と現地市場ニーズとのマッチングを経て、現地化されたシステムによる新製品や新製法を生み出すことにある。そのため、現地拠点機能は本国ではなかなか抜け出せなくなっていた前例主義や主要取引先との柵（しがらみ）などから完全に解き放たれた形で変幻自在に「現地化」が推進される。この一連の実践の中で、日本人責任者および現地人材の能力開発が行われている。事例企業の多くは、日本人責任者は日本に帰国したときにこの能力が移転

されることで本社のインフルエンサーとなっている。やがて責任あるポジションに就いた現地人材は吸収された知識と実践経験による自信から自律性を持つようになり現地での不確実性に対応できるイノベーターとなっている。

もちろん、リバース・イノベーション戦略を導入しなくても現地発イノベーションで十分な成長を遂げるケースがあることに留意が必要だ。第9章でも述べているとおり、技術やノウハウ、設備など日本本社に優位性が存在するとき日本本社に変化を導入する動機が少なくリバース・イノベーションを知っていても敢えて狙わないケースもあろう。また、日本国内拠点と海外拠点とで、生産品目の分業体制が構築されているとき、変化を導入するうえでの障壁となりリバース・イノベーション戦略を導入しないケースもある。企業によってポジショニングもサプライチェーン・マネジメントも重要な戦略であり、リバース・イノベーションが常に万能な戦略なわけではない。いうまでもなく、本国や移転先にそのニーズがなければ、そもそもリバース・イノベーションに意味はない。

ここで強調すべきは、日本の中小企業の場合、本国の「前例主義」や「系列関係」がイノベーション活動の障壁となっている場合が多いため、そうした柵から脱却し、グローバルな視点から自社の強みを見つめ直すことで、まったく新しい販路が切り拓ける可能性が広がるということである。新たな販路開拓は、人材の能力開発につながる。もともと経営資源が少ない中小企業は、従業員一人一人に与えられる職務における裁量と実践の機会は多く、能力を発揮しやすい。重要な決断や新しい取り組みに対する意思決定も早く、変化への対応には優位性がある。日本中小企業のリバース・イノベーションの有効性は、ここにある。すなわち、海外展開を機に、本来持つ変化への対応力に対する優位性を最大限発揮することで、成長の機会とすることが可能である。変化のための豊富で適切な材料（イノベーションの源泉）は、いまや世界中に散りばめられている。自社が本国で培ってきた強みを基盤として、適切な材料が豊富なロケーションで時代に通用する新しい価値を生み出すことは有効な成長の源になる。国境を乗り越え本国にその新たに得た知識を移転させ、有効活用を図ることは、持続的成長に有効な戦略となる。中小企業論のみならずナレッジマネジメント論の先行研究の潮流が示すように、知識の源泉は、人と人とのコミュニケーションにある。人と人とのコミュニケーションに、いかにITやIOT、ナノ、ロボットなどの技術革新を取り入れていくかが重要な視点となる。

翻って、リバース・イノベーションを実現できない企業は、第11章で論じている中堅企業の事例のように、本国本社と現地拠点との間に知識移転のためのコミュニケーション・チャネルが確立されていなかったり、そもそも現地拠点からイノベーションの足音が聞こえてくるはずがないといったような本国本社の期待値の低さ（認識不足）などの理由から課題や失敗を乗り越えるための試行錯誤のプロセスまで至らないことが多い。知識移転のためのコミュニケーションプロセスなくして新しい価値が生み出されることはない。中小企業は、こうした中堅企業（大企業）に比べ、フットワークが軽く社内や拠点間においてインタラクティブなコミュニケーションが取りやすいため、知識移転のためのツールを意図的に仕掛けやすい強みを持つ。したがって、大企業や中堅企業に比べ中小企業はリバース・イノベーションの実現可能性は高いといえるのではないだろうか。

2．必要となる能力

以上の議論を踏まえ、我々はリバース・イノベーション実現のために何を学び取るべきだろうか。実現に関わるのは人材である。したがって、次のとおり実現に必要となる能力を導き出してみたい（**図表13－7**参照）。

通常以上に外部環境が激変する海外市場においては「適応力」は、変化に向けた出発点に備えるべき能力となっている。海外経験がない中小企業にとって、海外市場は前例のない新たな取り組みを要する場面が連続する。こうした不確実性が高い状況下において、怯むことなく**果敢に実践と実験に繰り返し挑戦するタフなアントレプレナーシップ**が求められる。闇雲に場数で勝負するようなことではなく、**試行錯誤の経験の中で知識を吸収し習得して進化するための吸収能力**が必要となる。

図表13－7　リバース・イノベーションの実現に必要となる能力

a. アントレプレナーシップ
b. 吸収能力
c. ネットワーク力
d. 事業創造力
e. 機動力
f. コミュニケーション力

（出所）筆者作成

日本と現地を行き来する社長や企業幹部（技術責任者など）が吸収能力を発揮することで、国境を乗り越えて日本側の強みが知識移転されるとともに、現地で習得した体験知が日本にフィードバックされる。そして、日本で共有化された知識が再び海外拠点へと人の移動を通じてループする。したがって、知識伝播できる立場の人材が頻繁に日本と現地を行き来する必要がある。

受け手側である現地人材が吸収能力を発揮することで、現地での能動的なイノベーション活動の機会が増えることになる。吸収能力を発揮しイノベーション活動につなげていくためには、「実践の機会」が重要な役割を果たすため、企業内部のOJTの場にその機会を設けることはもちろんのこと、社外での勉強会や研究会など、外部の地域資源の活用が重要な課題となる。たとえば、自分の問題意識やミッションを共有できる場であり、その問題解決の方法を柵なく検討することのできる学習の場である。こうした**実践可能なコミュニティにアクセスしたり自ら形成したりするネットワーク力**は現地で行うイノベーション活動の基盤づくりにおいて重要な能力となる。

最終的には、実践したことが結果として利益を生み出さなくてはいけない。そのためには、市場調査できる能力、アイデアを提案できる提案力、採算を分析できる財務分析力など、**実験の結果を製品やサービスに反映させることができる事業創造力**が求められる。イノベーションは単独プレーがもたらす発明ではない。以上の一連のプロセスには、**チームを動かす機動力、協働して動けるコミュニケーション力**が不可欠となる。

3．能力構築のための仕組み

結論を述べる前に、中小企業のリバース・イノベーションを有効なものにするための仕組みづくりについて能力構築の観点から触れておきたい。

現地発イノベーションを起こすにも、イノベーションを日本や第三国に移転させるのも、結局のところ「知識（日本的経営の強み、理念、技能やノウハウなど）」が移転され、それが基盤となり再び現地なり本国なりで新しい価値構築をともなって再生産できるのかどうかにかかっている（**図表13－8**）。現地発イノベーションには、当該企業が日本で培ってきた強み（技術・技能・ノウハウ）や考え方（企業理念・社長の考え方）を現地人材にしっかりと「知識」として伝えられるかどうかが重要な鍵を握っている。リバース・イノベーションには、現地で共創されたイノベーションが日本本社や第三国の責任者にしっかりと「知識」として伝えられるかどうかが実現可能性を規定するものと考える。

事例企業の分析から言えることは、知識移転において重要となるのは、日本の社長・企業幹部や技術指導責任者がFace to Faceによって現地人材に知識移転を行うことである。マニュアルは図面、レシピなどは知識を習得するうえで重要な役割を果たす。言葉も文化も異なる海外では一層重要な意味を持つ。しかし、より重要となるのは、研修や勉強会などの失敗が許される場を意図的に作るほか、OJTや勉強会などの実践を通じて知識移転を行う指導の機会を制

図表13－8　能力構築のための仕組み

a．マニュアル・図面・レシピなど移転させたい知識を可視化する
b．OJTや勉強会を使って実践を通じて知識移転を行う指導の機会を制度化する
c．インタラクティブなコミュニケーション・チャネルを設ける
d．インタラクティブなマネジメント・コントロールを組み合わせる
e．駐在員ならびに現地人材に対する権限移譲を行う
f．新しいアイデアを実践の場に移しそれに対する柔軟な資源配分を行う
g．現地責任者と現地人材との信頼関係を築きモチベーションの向上を図る
h．あらかじめ失敗を想定した実践の場を設ける
i．失敗を許容し修正する形で成功体験を導く機会を取り入れる

（出所）筆者作成

度化することである。ここでのポイントは、上掲の分析でも触れたとおり、人事評価制度とリンクさせた仕組みにすることで、実践の結果をしっかりと評価し本人にフィードバックすることである。そうすることで、現地人材のモチベーションが向上し知識移転がスムーズに進むからである。逆に、問題があるときは、具体的な課題点をお互いにすることができる。すなわち、インタラクティブなコミュニケーション・チャネルを設けることで、知識移転を効率化できる。

この意味で、知識移転の仕掛けとして、第4章で論じた「マネジメント・コントロール」が有効になるものと思われる。**個別企業の文脈に合わせて信条システム、事業倫理境界のコントロール、診断型のコントロール、インタラクティブなコントロールを組み合わせる**ことで、組織全体に対話と学習を促し、組織学習を通して新しいアイデアが創出されるようになる。この仕組みを起動させるためには、**駐在員ならびに現地人材に対する権限移譲が不可欠**となる。なぜならば、新たなアイデアの創出を促進させるには、部下の自律性を阻害せずに対話を生み出し、新たな価値創造の機会探索する必要があるからである。また、焦点の定まらない機会探索への浪費を避けるためにも、理念を軸に自律性を促すビジョナリー研修が有効となる。**新しいアイデアを実践の場に移し、それに対して柔軟な資源配分を速やかに行い、現地責任者と現地人材との信頼関係を築くことやモチベーションの向上を図る**ことも有効となる。したがって、権限移譲を前提として、ビジョナリー経営が行えて現地に柔軟は資源配分の権限を持った人材（すなわち企業幹部以上）を一定期間配置したうえで、マネジメントコントロールによる実践の機会を制度化することが有効な仕組みとなる。

既に繰り返し言及してきたとおり、この実践の機会は社内に限らず社外の場を活用していくことで効果が増す。**実践の機会においては、あらかじめ失敗を想定し、失敗の経験をある程度までは許容し、失敗を修正する形で成功体験をさせていくことがイノベーション創出には有効となる**。今回の調査では明らかにすることはできなかったが、コーディネーターを介在させることで、社外でのコミュニティへのアクセスは比較的容易になる。（Wenger et. al. 2002）また、アイデア・ジェネレーターを絡ませることで、実践コミュニティ内での議論が活発化する可能性はある（D. Leonard & W. Swap, 2013）。こうした仕掛けづくりを行うことも有効になるかもしれない。

Ⅲ　むすびにかえて

1．結論

日本の中小企業は、海外拠点を日本の「分工場」といった意識から脱却する必要がある。そして、現地への権限移譲や現地資源の活用といった「現地拠点・資源の積極的な活用」を行うことが、国内本社を含めた今後の中小企業の生き残り策の一つである。この実現には、ビジネスモデルと組織の抜本的な変革をも厭わないアントレナーシップにかかわる能力構築とその発揮、そしてマインドセットが強く求められる。

以上から、中小企業企業のリバース・イノベーションの概念化モデル（プロトタイプ・モデル）は以下のようにまとめられる（図13－９参照）。

図13－９　中小企業のリバース・イノベーション概念化モデル

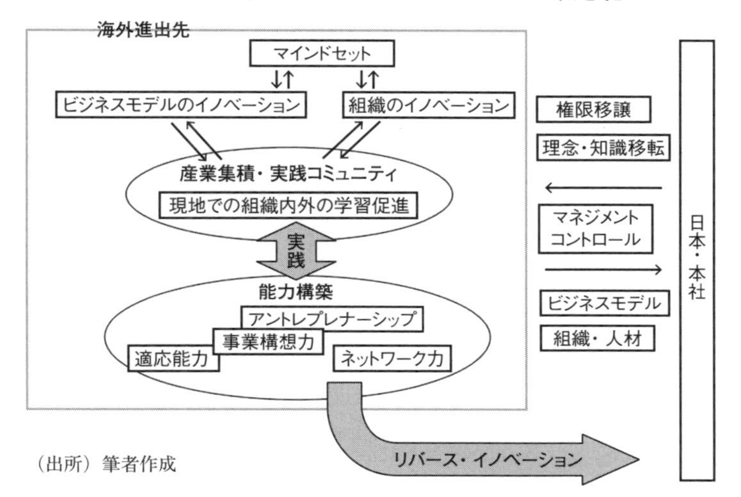

（出所）筆者作成

先に述べたようにリバース・イノベーションの実現企業の特徴は、現地拠点においてビジネスモデルを国内のそれと比較し抜本的に変革していることである。すなわち、海外進出を契機に新たなビジネスモデルを構築している。新たなビジネスモデルの背景には、外部環境の変化に対して存続のために否応なしに適応していく必要があったり、日本とは異なる市場ニーズや価値観に対して自らの提供価値を変えていく必要があったりする。理論編第２章において主張してきたとおり外部経済効果としての地域資源の活用に依存しがちな中小企業にとって、現地資源の活用は極めて重要な課題であり、進出先での地域資源の活用にともなう流通経路の変更や組織転換は不可欠な変化となる。加えて、日本に比べ人材の流動性が高い海外市場において現地人材のモチベーションを向上させたり、現地責任者を育成したりする方法を現地流に取り入れる必要がある。このため、何か一つの要因がビジネスモデルや組織イノベーションを起こす決定的となっているというよりさまざまな要因が密接に関係していることが指摘できる。何よりも、単に自社が変化すればよいというものではなく、自社が提供する製品やサービスを受け入れてくれそうな新たな顧客を開拓したうえで継続的に顧客の満足度を高めることに成功しなければならない。そうしなければ新しい価値を提供する企業が世界中から次々と参入してくる厳しい国際競争の中で勝ち残れることはできないからである。

ここで指摘できることは、ビジネスモデルの諸要素一つ一つの微細な変化よりむしろ重要となるのは、集合体として起こるビジネスモデルのイノベーションのプロセスがもたらすシナジー効果であり、試行錯誤のすえ抜本的変革に耐え抜いた、結果として生み出される変化への耐性の強い盤石な組織体質にある。すなわち、外敵から身を守るために気候変動にともなって個体の色を変化させることで進化したモリフクロウのように、環境変化ともに自らを適応・進化させることのできる組織体質が求められる。

２．含意と残された課題

本書では、日本中小企業が海外進出先においてどのようにイノベーションを起こし、その現地発イノベーションをどのように本国本社にリバースさせるのかあるいは第三国に横展開させるのか、という視点で行ってきた。ここから観察できた、海外進出を契機として売上・利益ともに向上させることに成功した企業の共通点は、新たなビジネスモデルの構築と実践であった。すなわち、既述したような、もともと保有している製品をそのまま売る、あるいは現地仕様にマイナーチェンジして売る、といったような「製品を売る」市場拡大型のビジネスモデルではなく、現地市場ニーズあるいは現地の顧客やオープン・ネットワークに自社の技術・技能を「サービス」として売る、「顧客と組織の変革」をともなうビジネスモデルの変化が中小企業におけるグローバル企業経営の持続的成長戦略の成功の鍵を握るのではないか、とのインプリケーションが得られた。この新たなビジネスモデルを実現するために現地の産業集積における経済メリットと社会関係性の能動的な活用を試みていることが明らかにされた。つまり、中小企業が海外展開を契機に成長戦略としてのイノベーションを実現するためには、第一に、「自国中心主義」から脱却し「現地主義」経営への転換を図り進出国の資源を能動的に有効活用すること、第二に、現地ネットワーク内における Face to Face の知識共有や組織内における国境を越える知識移転のプロセスにおける人的能力開発が行われること、が必要条件となる。このように、これまであまり日本中小企業の現地拠点をイノベーションの視点から議論されることがなかったことに対し、その実態を明かにできたことは些かなりとも貢献があったと自負している。

一方で、残された課題も指摘しておく必要がある。第12章で論じたように現地のイノベーション活動を実現させるために会社法の制度改正や海外展開向けの公的制度の活用にかかわるリスク管理が不可欠となるとの重要な示唆を得ることができたが、現実的に現地で直面している課題と具体的な対策を論じるには至らなかった。ここを明かにすることで具体的な政策提言を試みることが可能となる。また、本研究にかかわる分析視角を、先行する研究史の中から位置付ける作業を今後も引き続き掘り下げる必要がある。本書では、日本中小企業がグローバルな事業活動を展開する中で、諸外国の産業集積の構成要員として、海外展開における現地拠点でのイノベーション活動の実態を明らかにすることを重視した。そして、ここで有効なリバース・イノベーション戦略の実践的な条件や能力構築を提示することを目的とした。そのため、本書で扱った先行研究の論点に限定せざるを得なかったが、国際経営における直接投資論からイノベーション論的アプローチに至るまでの先行史の経緯に海外日系企業論や技術移転論などの「日本企業研究」の要点を加え、本研究の目指す目的に照らして関連性を示すことで学際的発展の可能性が広がるものと思われる。近年のイノベーション研究史の代表ともいえる「オープン・サービス・イノベーション」論の要点を紹介するとともに本研究との関連性についての解説をより詳しく加える形で先行研究史の再整理することで、本書で主張した海外展開におけるビジネスモデルの変革の必要性に対してもより明確に理解できるものと思われる。

また、日本中小企業のリバース・イノベーション戦略を一般化していくためには、本章で示した変数にかかわる統計データを収集し、定量的に分析を加える必要がある。さらに、リバース・イノベーションと時間軸との関係、中堅企業のみならず大企業との比較、業種別の比較軸を加え精緻化していく必要もあるものと思われる。なお、本研究ではリバース・イノベーションと人事評価や社外（実践コミュニティ）での学習の機会との関係に十分な定性的調査におけるサンプル数を確保することができなかった。現地人材の実践コミュニティの活用とイノベーション創出の関係性については更なるフォローアップ調査が必要となる。とりわけ日系コミュニティのみならず地場企業ならびに外資系企業との関係性にまで対象を広げた調査を行うことで本研究の提言をより意義深いものにするだろう。今後引き続き、これらの残された課題に問題意識を強く持ち、本研究で示した「日本中小企業のリバース・イノベーション戦略」の蓋然性を高める一層の努力をしていきたい。

最後に、小さくても機動力と志が高い戦艦が我が国から一社でも多く出航し、リバース・イノベーション戦略を実践し、荒波の大海原を制してくれることを心から願いたい。本書がその背中を押す一助となれば幸いである。

"Eddie Would Go."

by Stuart Holmes Coleman

（注）

(1) 現地発イノベーションの前提には、日本において元となる競争優位のあるイノベーションあるいは強みとなる製品・サービスを保有していることが条件となる。ここでいうイノベーションは、特定分野の技術・技能・ビジネスモデル等を指す。

〔参考文献〕

Drothy Leonard & Walter Swap.(2005). *Deep Smarts : How to Cultivate and Tranfer Enduring Business Wisdom.*（池村千秋訳『「経験知」を伝える技術』ダイヤモンド社、2015年）.

Etienne Wenger, Richard McDermott, William Snyder.(2002). *Cultivating Communities of Practice: A Guide to Managing Knowledge.*, Harvard Business School Publishing（野村恭彦監修・野中郁次郎解説・櫻井祐子訳『コミュニティ・オブ・プラクティスナレッジ社会の新たな知識形態の実践』翔泳社、2007年）.

Joseph A. Schumpeter.(1912). *Theorie der wirtschaftlichen Entwicklung*（ジョセフ・シュンペーター『経済発展の理論―企業者利潤・資本・信用・利子および景気の回転に関する一研究』（塩野谷祐一他訳）岩波書店、1977年）.

Stuart Holmes Coleman(2004). *Eddie Would Go. Yellow Jersey.*

Vijay Govindarajan.(2012). *Reverse Innovation: Create Far From Home, Win Everywhere, Harvard Business Review Press*（渡部典子訳『リバースイノベーション』ダイヤモンド社、2012年）.

（吉田 健太郎）

巻末付録

大企業と中小企業の海外市場向け製品（商品）開発に関するアンケート調査票

●御社の進出状況についてお答えください。

	御社の工場・支店の進出国すべて（複数選択可）	海外の主力拠点（工場または支店）（単一選択）
中国		
韓国・台湾・香港・シンガポール		
タイ		
ベトナム		
マレーシア		
フィリピン		
インドネシア		
その他アジア		
米国		
豪州		
欧州の先進国		
欧州諸国（先進国ではない）・アフリカ・中東		

■主力拠点に海外進出した時～現在までの状況についてお伺いいたします。

問３　現地で販売するための新製品を開発、あるいは自社の既存製品の改良等を行いましたか。

→

1．主力拠点に海外進出した時　　行った　　行わなかった
2．主力拠点に進出後～現在まで　　行った　　行わなかった

問４　どのように開発・改良をしましたか。

■問３の１. で行ったと回答した人へ

１）主力拠点に海外進出した直後に開発あるいは改良した製品

→

現地で販売するための新製品をゼロから企画・開発した
その通り　　まあその通り　　やや違う　　違う

現地の生活習慣に合うように既存製品を改良した
その通り　　まあその通り　　やや違う　　違う

既存製品の機能を落とし現地人が買えるよう低価格品に改良した
その通り　　まあその通り　　やや違う　　違う

既存製品に付加価値を付けて高価格品を開発し現地で販売
その通り　　まあその通り　　やや違う　　違う

■問３の２．で行ったと回答した人へ

２）進出後～現在までに開発あるいは改良した製品

→

現地で販売するための新製品をゼロから企画・開発した
その通り　　まあその通り　　やや違う　　違う

現地の生活習慣に合うように既存製品を改良した
　　　　その通り　　まあその通り　　やや違う　　違う
既存製品の機能を落とし現地人が買えるよう低価格品に改良した
　　　　その通り　　まあその通り　　やや違う　　違う
既存製品に付加価値を付けて高価格品を開発し現地で販売
　　　　その通り　　まあその通り　　やや違う　　違う

問５　その製品はどこで開発・改良されましたか

■問３の１，２で行ったと回答した項目だけ表示
→
主力拠点に海外進出した時に開発、改良した製品　　日本　　現地拠点
主力拠点に進出後～現在までに開発、改良した製品　　日本　　現地拠点

問６　その製品は現地国で売れましたか。

■問３の１，２で行ったと回答した項目だけ表示
→
主力拠点に海外進出した時に開発、改良した製品
　　大変売れた　　まあ売れた　　あまり売れなかった　　ほとんど売れなかった
主力拠点に進出後～現在までに開発、改良した製品
　　大変売れた　　まあ売れた　　あまり売れなかった　　ほとんど売れなかった

問７　現地国での販売開始後、下記の国での販売状況はいかがですか。

■問３の１．で行ったと回答した人へ
１）主力拠点に海外進出した時に開発あるいは改良した製品
→
周辺国で売れた（売れている）　　その通り　　まあその通り　　やや違う　　違う
他の第3国で売れた（売れている）　　その通り　　まあその通り　　やや違う　　違う

■問３の２.で行ったと回答した人へ
２）主力拠点に進出後～現在までに開発あるいは改良した製品
→
周辺国で売れた（売れている）　　その通り　　まあその通り　　やや違う　　違う
他の第３国で売れた（売れている）　　その通り　　まあその通り　　やや違う　　違う

問８　その製品を、その後、日本で販売しましたか（もしくは販売予定ですか）（１つ）

■問３の１，２で行ったと回答した項目だけ表示
→
主力拠点に最初に進出した時に現地向けに開発、改良した製品
　　日本で売ることは考えていない　　まだ日本で売ってないが、今後販売を検討中
　　日本で売っているが売れていない　　日本で売れている

進出後～現在までに現地向けに開発、改良した製品
　　日本で売ることは考えていない　　まだ日本で売ってないが、今後販売を検討中
　　日本で売っているが売れていない　　日本で売れている

訪問先リスト

通し番号	訪問企業名（業種）	訪問年月日	調査時間	国・地域・従業員数	聞き取り調査対応者
1	井上（天津）汽車部件有限公司（自動車製造業）	2012年3月8日	2時間	中国天津市・日本本社（愛知県）従業員数180名	井上恵介　総経理
2	那美鋼（天津）汽車有限公司（自動車製造業）	2012年3月8日	2時間	中国天津市・日本本社（兵庫県）従業員数254名	N工場長
3	西青経済開発区管理委員会	2012年3月9日	2時間	中国天津市	慕鵬 外資誘致第一部項目主管
4	A社（清酒製造業）	2012年11月	1.5時間	日本本社（奈良県）従業員数5名	N代表取締役
5	ガリバーオフショアアウトソーシング株式会社（コールセンター業、ITサービス業）	2013年9月24日	2時間	フィリピンセブ・従業員数100名	馬場良・支店長
6	Wellbe（医療支援・サービス業）	2014年2月21日	2時間	ベトナムハノイ・グループ（本社香港）従業員数495名	I氏・アシスタントマネジャー
7	ハヤカワ電線工業（ワイヤーハーネス製造業）	2014年2月26日	2時間	ベトナムハノイ・日本本社（兵庫県）従業員数200名	N氏・現地責任者
8	NISHIO RENT ALL VIETNAM CO., LTD.（建設・産業機器レンタル業）	2014年2月26日	2時間	ベトナムハノイ（海外拠点）・従業員数46名	H氏・現地責任者
9	A社（ビジネスホテルサービス業）	2014年2月28日	1時間	ベトナムホーチミン・従業員数120名	K氏・CEO
10	昭和化成工業（コンパウンド製造業）	2014年3月3日	2時間	ベトナムホーチミン・日本本社（埼玉県）従業員数40名	T氏・セールズマネジャー
11	ジェトロ・ロンドン	2014年8月20日	1.5時間	イギリスロンドン（海外事務所）	村上久・所長、園田早紀・駐在員
12	JPT EUROPE Ltd.（日本出版貿易）（メディア業、出版サービス、教材・雑貨の輸出入業）	2014年8月21日	1.5時間	イギリスロンドン（海外店舗）・従業員数1名	増田慎也・現地統括者
13	サイバーテック セブITアウトソーシングセンター（ITサービス業）	2014年10月1日	1.5時間	フィリピンセブ（海外拠点）・従業員数43名	Takao Yamamoto・支部長
14	Infinite Points（ITサービス業）	2014年10月1日	1.5時間	フィリピンセブ（海外拠点）・従業員数15名	Y氏・現地マネジャー
15	ガリバー・オフショア・アウトソーシング株式会社（ITサービス業）	2014年10月2日	2時間	フィリピンマニラ（海外拠点）・従業員数220名	洪耕一・取締役
16	KOM VIETNAM CO., LTD（金型加工製造業）	2015年3月2日	1.5時間	ベトナムハノイ（海外拠点）・従業員数39名	岩崎剛・ジェネラルディレクター
17	ジェトロ・ハノイ	2015年3月2日	1.5時間	ベトナムハノイ（海外事務所）	細野次郎・アドバイザー
18	NISHIO RENT ALL VIETNAM CO., LTD.（建設・産業機器レンタル業）	2015年3月3日	2時間	ベトナムハノイ（海外拠点）・従業員数46名	H氏・現地責任者
19	株式会社ゼクウ セブ開発・研修センター（語学学校）	2015年3月10日	1.5時間	フィリピン・セブ（開発・研修センター）従業員数は不明	猪狩貴文・マネジャー
20	MOBILIA PRODUCTS.INC（家具製造業）	2015年3月10日	2時間	フィリピン・セブ（本社）・従業員数250名以下（詳細は不明）	yasushi kato・代表取締役社長
21	ガリバーオフショアアウトソーシング株式会社（コールセンター業、ITサービス業）	2015年3月10日	3時間	フィリピンセブ（海外拠点）・従業員数100名	野田浩平・人事担当執行役員、馬場良・支店長
22	K社（電子部品製造業）	2015年3月	2時間	中国昆山市・従業員数100名以下（詳細は不明）	K副総経理、C副総経理
23	NI社（自動車部品製造業）	2015年3月	2時間	中国常熟市・従業員数120名	T董事長（親会社代表取締役）
24	J社（自動車部品製造業）	2015年3月	2時間	中国常熟市・従業員数20名	T董事長（親会社代表取締役）

25	T 社（清酒製造業、A 社の中国現地法人）	2015 年 3 月	2 時間	中国天津市・従業員数 50 名	N 董事長（親会社代表取締役）
26	S 社（自動車部品製造業）	2015 年 3 月	2 時間	中国上海市・従業員数 300 名以下（詳細は不明）	A 董事長（親会社専務取締役） H 総経理
27	KO 社（電子部品製造業）	2015 年 3 月	2 時間	中国香港特別行政区・従業員数 10 名以下（詳細は不明）	Y 氏（生産管理部次長）
28	TA 社（電子部品製造業）	2015 年 3 月	2 時間	中国珠海市・従業員数 300 名以下（詳細は不明）	H 氏（品質保証部課長）
29	Y 社（飲食サービス業）	2015 年 3 月 21 日	1 時間	フランスパリ・従業員数 10 名	S 氏・現地責任者
30	深川製磁株式会社（陶磁器製造販売）	2015 年 3 月 30 日	3 時間	佐賀県有田（本社・チャイナオンザパーク）・日本本社（佐賀）従業員数 133 名	深川一太・社長、橋山豊・貿易部マネージャー、瀬戸口太一・営業部員
31	ジェトロ・山梨	2015 年 5 月 25 日	1.5 時間	山梨県甲府市（国内事務著）	高野光一・所長
32	ジェトロ・バンコク	2015 年 6 月 15 日	1.5 時間	タイ王国バンコク（海外事務所）	岡部 研一郎・海外投資アドバイザー
33	ジェトロ・ミラノ	2015 年 6 月 16 日	1 時間	イタリアミラノ（海外拠点）	山内正史・現地駐在員
34	深川ミラノスタジオ（コンセプトショップ）	2015 年 6 月 17 日	2 時間	イタリアミラノ（海外拠点）・従業員数 1 名	栗原和美・現地駐在員
35	Manufacture Overhaul Rapid and Optimal Co., Ltd.（茂呂製作所）（金型加工製造業）	2015 年 6 月 19 日	2 時間	タイ王国バンコク（海外拠点）・従業員数 8 名	茂呂哲也・代表取締役社長
36	ジェトロ佐賀	2015 年 7 月 24 日	2 時間	佐賀県佐賀市（国内事務所）	清水幹彦・所長
37	ガリバーオフショアアウトソーシング株式会社（コールセンター業、ITサービス業）	2015 年 9 月 24 日	2 時間	フィリピンセブ（海外拠点）・従業員数 100 名	馬場良・支店長
38	ジェトロ・バンコク	2015 年 11 月 9 日	2 時間	タイ王国バンコク（海外事務所）	岡部 研一郎・海外投資アドバイザー
39	MATSUNAGA (THAILAND) CO., LTD.（車いす販売）	2015 年 11 月 9 日	1.5 時間	タイ王国バンコク・従業員数 10 名	早矢仕真史・現地法人社長
40	TEORIC (THAILAND) CO.,LTD.（半導体電子部品製造業）	2015 年 11 月 10 日	1.5 時間	タイ王国サムットプラカーン・従業員数 10 名	秋国元・現地マネジャー
41	Manufacture Overhaul Rapid and Optimal Co., Ltd.（茂呂製作所）（金型加工製造業）	2015 年 11 月 11 日	2 時間	タイ王国バンコク・従業員数 8 名	茂呂哲也・代表取締役社長
42	佐賀ダンボール商会（紙器加工各種の製造販売、有田焼を用いた新商品の企画製造販売業）	2015 年 12 月 14 日	1 時間	佐賀県有田（本社・工場）・日本本社（佐賀）従業員数 22 名	石川慶蔵・代表取締役社長
43	深川製磁株式会社（陶磁器製造販売）	2015 年 12 月 15 日	3 時間	佐賀県有田（本社・工場）・従業員数 133 名	深川一太・社長、瀬戸口太一・営業部員
44	KANAYAMA KASEI (THAILAND) CO.,LTD.（発泡樹脂加工製造業）	2016 年 2 月 25 日	2 時間	タイ王国チョンブリー・従業員数 320 名	倉地俊哉・現地法人社長（本社取締役）
45	アズビルプロダクションタイランド株式会社（建物・産業関連機器の開発・製造業、システム開発業）	2016 年 2 月 24 日	1.5 時間	タイ王国チョンブリー・従業員数 150 名	根本敦之・現地法人社長、酒井信之・現地駐在員
46	Meltex Asia (Thailand) Co., LTD.（電子工業品薬品製造販売業）	2016 年 2 月 25 日	1 時間	タイ王国チョンブリー（生産拠点）・日本本社（東京）従業員数 204 名	田中秀明・工場長、一色博・現地法人社長
47	大和産業（自動車部品製造業）	2016 年 2 月 25 日	1.5 時間	タイ王国チョンブリー・日本本社（東京）従業員数 147 名	I 氏・現地法人社長
48	日本政策金融公庫タイランド事務所	2016 年 2 月 29 日	1.5 時間	タイ王国バンコク	田原宏・主席駐在員
49	KAWASHIMA (THAILAND) CO., LTD.（自動車部品製造業）	2016 年 2 月 29 日	1.5 時間	タイ王国サムットプラカーン・従業員数 8 名	川島謙一・現地法人社長
50	ジェトロ・バンコク	2016 年 3 月 7 日	1 時間	タイ王国・バンコク	浅野義人・現地駐在員
51	インタースペース（インターネット関連サービス業）	2016 年 3 月 8 日	2 時間	タイ王国・バンコク・日本本社（東京）従業員数 371 名、タイ拠点 20 名	N 氏・CEO

52	S社（飲食サービス業）	2016年3月9日	2時間	タイ王国・バンコク・日本本社（東京）従業員数395名、タイ拠点20名	S氏・代表
53	T社（飲食サービス業）	2016年3月14日	1時間	台湾台北・従業員数不明	T氏・理事
54	みずほ銀行（金融サービス業）	2016年3月15日	2時間	台湾台北・日本本社（東京）従業員数29,452名	Y氏・現地駐在員
55	KANAYAMA KASEI (THAILAND) Co.,Ltd.（発泡樹脂加工製造業）	2016年6月8日	2時間	タイ王国チョンブリー・従業員数320名	倉地俊哉・現地法人社長（本社取締役）
56	Manufacture Overhaul Rapid and Optimal Co., Ltd.（茂呂製作所）（金型加工製造業）	2016年6月9日	3時間	タイ王国バンコク・従業員数10名	茂呂哲也・代表取締役社長
57	深川製磁株式会社（陶磁器製造販売）	2016年7月22日	1時間	佐賀県有田（本社・チャイナオンザパーク）・従業員数133名	深川順三朗・営業部長（東京営業所長）、橋山豊・貿易部マネージャー
58	FISA THAI TECHNO CO.,LTD（プラスチック加工製造業）	2016年8月30日	1.5時間	タイ王国チョンブリー・従業員数35名	都筑久雄・現地マネジャー
59	Siam Take Pro（機械設計業）Siam Take Pro（機械設計業）	2016年9月1日	1.5時間	タイ王国バンコク・従業員数12名	時乗謙二・社長
60	Manufacture Overhaul Rapid and Optimal Co., Ltd.（茂呂製作所）（金型加工製造業）	2016年9月1日	3時間	タイ王国バンコク・従業員数10名	茂呂哲也・代表取締役社長
61	Manufacture Overhaul Rapid and Optimal Co., Ltd.（茂呂製作所）（金型加工製造業）	2016年11月2日	3時間	タイ王国バンコク・従業員数10名	茂呂哲也・代表取締役社長
62	KANAYAMA KASEI (THAILAND) Co.,Ltd.（発泡樹脂加工製造業）	2016年11月4日	2時間	タイ王国チョンブリー・従業員数320名	倉地俊哉・現地法人社長（本社取締役）
63	FISA THAI TECHNO CO.,LTD（プラスチック加工製造業）	2016年11月4日	1.5時間	タイ王国チョンブリー・従業員数35名	都筑久雄・現地マネジャー
64	Manufacture Overhaul Rapid and Optimal Co., Ltd.（茂呂製作所）（金型加工製造業）	2017年2月13日	2時間	タイ王国バンコク・従業員数10名	茂呂哲也・代表取締役社長
65	ジェトロ・ブラッセル	2017年2月13日	1時間	ベルギーブラッセル	土屋朋美・現地駐在員 村岡有・現地駐在員
66	欧和ビール（アルコール飲料製造業）	2017年2月14日	1時間	ベルギーブラッセル郊外・従業員数1名	I氏・代表
67	S社（ITコンサルティングサービス業）	2017年2月15日	2時間	フランスパリ・従業員数4名	S氏・経営者
68	W社（飲食・不動産サービス業）	2017年2月16日	2時間	フランスパリ・従業員数不明	M氏・現地責任者
69	ジェトロ・ロンドン	2017年3月15日	1.5時間	イギリスロンドン（海外事務所）	佐藤丈治・現地駐在員
70	忠平企画（飲食コンサルティングサービス業）	2017年8月23日	2時間	台湾台北従業員数・20名以下（詳細は不明）	松崎英明代表
71	太陽のトマト麺（飲食サービス業）	2017年8月23日	1.5時間	台湾台北・日本本社従業員数346名	鍔部慎二董事長
72	台湾交流協会	2017年8月24日	1.5時間	台湾台北	南澤紘美
73	HIKI（教育サービス業）	2017年11月19日	3時間	アメリカホノルル・従業員数2名	T氏代表
74	First Hawaiian Bank（金融サービス業）	2017年11月24日	1時間	アメリカホノルル・従業員数2200名	Wing Fung Tse 営業担当
75	Palolo Honganji（宗教法人）	2017年11月28日	1時間	アメリカホノルル・従業員数不明	Noriaki Fujimori 代表
76	East- West Center（研究機関）	2017年11月28日	3時間	アメリカホノルル・従業員数不明	Yukiko Abe Leadership Fellow
77	Go Law Office（法律事務所）	2017年12月2日	3時間	アメリカホノルル・従業員数7名	Go R Kobayashi 弁護士
78	HOMEIQUE（不動産サービス業）	2017年12月26日	1時間	アメリカホノルル・従業員数6名	Atsuko Sato 代表取締役

79	S sato LLC（会計事務所）	2017 年 12 月 26 日	2 時間	アメリカホノルル・従業員数不明	Daisuke Asai 米国公認会計士
80	SUN NOODLE（製麺製造業）	2017 年 12 月 26 日	2 時間	アメリカホノルル・従業員数 200 名	Uki Hidehito 代表取締役社長

注）肩書はヒアリング時点のものを記載している。
注）2014年 4 月 1 日以前の記載は本科研助成研究の着想を得るためのパイロット調査として実施したものである。
注）匿名を希望された企業については Initial 表記をさせて頂いた。

在外研究先のハワイ大学マノア校

筆者撮影

【分担執筆者紹介】（担当章順）

高橋 俊一（たかはし としかず）……………………………… 第３章、第11章執筆
立教大学大学院経済学研究科博士後期課程修了。博士（経営学）。立教大学経済学部助教、立正大学経営学部講師を経て、現在・立正大学経営学部准教授。

藤井 博義（ふじい ひろよし）……………………………… 第４章、第７章分担執筆
大阪市立大学大学院経営学研究科博士後期課程単位取得満期退学。立正大学経営学部講師を経て、現在・立正大学経営学部准教授。

中山 健（なかやま たけし）……………………………………………………… 第５章執筆
東京大学大学院教育学研究科博士後期課程単位取得満期退学。博士（学術）。独立行政法人中小企業基盤整備機構を経て、現在・横浜市立大学国際総合学部・国際マネジメント研究科教授。

丹下 英明（たんげ ひであき）……………………………… 第８章、第９章執筆
埼玉大学大学院経済科学研究科博士後期課程修了。博士（経済学）。中小企業診断士。日本政策金融公庫総合研究所主席研究員を経て、現在・多摩大学経営情報学部准教授。

野田 浩平（のだ こうへい）……………………………………… 第10章分担執筆
東京工業大学大学院社会理工学研究科博士後期課程修了。博士（学術）。アクセンチュア、IBM、株式会社ガリバー（第10章事例会社）人事担当役員等を経て、現在、株式会社ココロラボ代表取締役、Starting Point English Academy 校長。

高橋 均（たかはし ひとし）…………………………………………………… 第12章執筆
一橋大学大学院国際経営戦略研究科博士後期課程修了。博士（経営法）。新日本製鐵株式会社（現、新日鐵住金㈱）米国シカゴ支店シニアマネージャー、本社監査役事務局部長を経て、現在・獨協大学法学部教授。埼玉大学大学院経済科学研究科にて客員教授を兼務。

【編著者紹介】

吉田 健太郎（よしだ けんたろう）………まえがき、第１章、第２章、第６章、
第７章分担、第10章分担、第13章執筆

1976年、東京生まれ。
横浜国立大学大学院環境情報学府博士後期課程単位取得満期退学。JETRO（日本貿易振興機構）、アジア経済研究所研究員、立正大学経営学部講師、准教授を経て、現在・立正大学経営学部教授。
この間、Center for Strategic & International Studies, Washington D.C, Visiting Fellow,（米国戦略国際問題研究所訪問研究員）University of London, SOAS, Visiting Scholar（ロンドン大学東洋アフリカ研究学院訪問研究員）、University of Hawaii at Manoa, Department of Urban & Regional Planning, Visiting Professor（ハワイ大学都市地域計画学部客員教授）を歴任。

主著書：『地域再生と文系産学連携―ソーシャル・キャピタル形成にむけた実態と検証』同友館、2014年（編著）、『持続性あるまちづくり』創風社、2013年（共著）、『21世紀中小企業の発展過程―学習・連携・承継・革新』同友館、2012年（共著）、*The Flowchart Approach to Industrial Cluster Policy*. Palgrave Macmillan 2008年（共著）、『一村一品運動と開発途上国―日本の地域振興はどう伝えられたか』アジア経済研究所、2006年（共著）。

2018年４月６日　第１刷発行

中小企業の
リバース・イノベーション

 編著者　吉田健太郎
発行者　脇坂　康弘

〒113-0033 東京都文京区本郷 3-38-1
発行所　株式会社 同友館
TEL.03(3813)3966
FAX.03(3818)2774
URL　http://www.doyukan.co.jp/

乱丁・落丁はお取り替え致します。　三美印刷／松村製本所
ISBN 978-4-496-05345-0　Printed in Japan